서드에이지,
마흔이후 30년

THE THIRD AGE by William A. Sadler
Copyright © 2006 by William A. Sadler

All rights reserved.

First published in the United States by Da Capo Press, a Member of the Perseus Books Group.

Korean Translation Copyright © 2015 by Sa-I Publishing.
This Korean edition is published by arrangement with the Perseus Books Group, Boston, through Duran Kim Agency, Seoul.

이 책의 한국어판 저작권은 듀란킴 에이전시를 통해 저작권자와 독점 계약한 사이에 있습니다. 신저작권법에 의해 한국 내에서 보호를 받는 저작물이므로 무단 전재와 무단 복제를 금합니다.

서드 에이지,
마흔 이후 30년

The Third Age

마흔 이후,
인생의 2차 성장을 위한
여섯 가지 원칙

윌리엄 새들러 지음
김경숙 옮김

사이

차례

들어가는 글

역할 모델 없이 나이 들어가는, 경계선 위의 중년들 _9
평가절하되어 온, 마흔 이후 30년 _12
퍼스트 에이지, 세컨드 에이지, 그리고 서드 에이지 _14
마흔 이후, 인생의 새로운 2차 성장 _16

1 우리가 선택할 수 있는 마흔 이후 30년의 두 가지 삶의 방식

중년과 노년의 연장, 예기치 않은 도전 _23
우리가 선택할 수 있는 두 가지 중년의 삶 _28
마흔 이후, 인생의 2차 성장을 위한 6가지 원칙 _38
나이 듦에 대한 낡아빠진 각본을 세뇌시킨 사회 _46

2 마흔 이후, 인생의 2차 성장을 위한 6가지 원칙

마흔 이후, 인생의 2차 성장을 위한 첫 번째 원칙
중년의 〈정체성〉 확립하기

왜 이 나이에 〈정체성〉을 생각해야 하지? _55
우리를 위축시키는 건 세월이 아니라, 삶의 방식이다 _59
내 안의 〈어린아이〉에게 손 내밀기 _66
"관 속에 누운 채 한 아이가 죽어가고 있었습니다. 그 아이가 바로, 저더군요." _69
죽음을 인식하는 건 오히려 성장에 도움이 된다 _73
젊음과 원숙함, 그들의 대통합 _76

중년 남자로 산다는 것, 중년 여자로 산다는 것 _83
"남자다움으로 무장하려 했던 것이 어리석은 일이었죠." _86
"스물다섯 살 시절로 돌아가고 싶나요?" _90
"중년이 되어서야 제 자신에 대해 많은 걸 발견했습니다." _92
나이 들수록 자신이 어떤 사람이 되어가고 있는지 얼굴에 드러난다 _95

마흔 이후, 인생의 2차 성장을 위한 두 번째 원칙
〈일〉과 〈여가 활동〉의 조화

중년에 가장 두려워하는 것 _101
일의 개념, 일의 포트폴리오 확대하기 _104
일에 대한 스트레스는 우리의 봉쇄된 에너지가 원인이 되기도 한다 _105
중년의 위기가 가장 고조되는 시기에 필요한 것 _108
여가 시간을 가질수록 삶에 대한 적응력이 향상된다 _111
"제 인생을 그런 식으로 낭비해 온 거죠." _116
"사실 실패가 저를 자유롭게 풀어준 셈이죠." _120
나이 들어 가치관과 관심사가 변할 때 _124
일에만 몰두한 삶이 직면해야 하는 시험대 _129
삶의 방식을 바꾼다는 것 _130
좀 더 다채로운 삶을 스스로에게 허락하라 _138

마흔 이후, 인생의 2차 성장을 위한 세 번째 원칙
〈용감한 현실주의〉와 〈성숙한 낙관주의〉의 조화

인생이 늘 해피엔딩은 아니지만 그럼에도 긍정하는 힘 _147
용감하게 현실을 받아들이는 힘 _152
타인에게 도움 요청할 줄 알기 _156
때론 기다리면서 우회로를 이용할 줄 아는 용기 _164
"내 자신이 행복하다는 느낌이 안 드는데 그 이유를 몰랐죠." _170

자신을 향해 웃을 줄 알기 _176
현실적 낙관주의를 받아들였을 때 _181

마흔 이후, 인생의 2차 성장을 위한 네 번째 원칙
〈자신에 대한 배려〉와 〈타인에 대한 배려〉의 조화

배려심, 마흔 이후 2차 성장의 키워드 _185
중년의 과제, 〈나 자신을 배려하는 법〉 배우기 _187
"오늘은 다른 누구도 아닌, 당신을 위해 무엇을 할 건가요?" _188
홀대해 온 자신의 감정 풀어주기 _194
자신을 사랑해야 타인을 사랑하는 능력도 커진다 _198
타인에 대한 배려 _200
다양한 배려 사이에서 균형 잡기 _205

마흔 이후, 인생의 2차 성장을 위한 다섯 번째 원칙
〈진지한 성찰〉과 〈과감한 실행〉의 조화

아직, 인생의 전성기를 도둑맞지 않았다 _211
"예전 같았으면 이렇게 화려한 옷은 절대 입지 못했을 거예요." _212
리모컨이 작동시키는 것처럼 살아가는 삶 _217
나이 듦에 대처하는 두 가지 방법 _222
변화를 거부한 채 현 상태를 고집하는 데에도 고통과 비용이 따른다 _225
"내 인생에서, 과연 내가 무얼 할 수 있을까요?" _231
건강한 자기 인식에 도달한다는 것 _240
인생의 주사위 _250

마흔 이후, 인생의 2차 성장을 위한 여섯 번째 원칙

〈자신만의 자유〉와 〈타인과의 친밀한 관계〉의 조화

〈중년의 해방〉과 〈중년의 위기〉의 혼동 _255
자신만의 북소리를 따라가라 _261
자기 책임을 다하는 것 vs. 자신만의 북소리에 맞춰 가는 것 _265
무엇으로부터의 자유, 무엇을 할 자유, 그리고 함께하는 자유 _269
서로에게 혼자만의 자유 허락해 주기 _271
마흔 이후, 새로운 유형의 결혼 생활 _273
마흔 이후 결혼 생활의 세 가지 특징 _275
"우리 부부의 이런 관계가 절대 하루아침에 이루어진 건 아니에요." _277
우정은 사춘기만의 전유물이 아니다 _282

맺는 글
나이 들수록 더 나은 사람이 되어간다는 것 _290
인생의 네 가지 꼭짓점 _294
직함을 잃는다는 것, 사회적 타이틀을 잃는다는 것 _300
성장, 그리고 예기치 않은 시련 _306
일에 대한 의미의 변화 _310
여정 그 자체가 중년의 목표 _312
나이 들어가는 과정에도 〈혁신〉이 필요할 때 _316

들어가는 글

역할 모델 없이 나이 들어가는, 경계선 위의 중년들

중년을 넘어선 사람들에게 세상은 그동안 이렇게 말해 왔다.
"이륙은 무슨……, 안전벨트를 매시고 착륙할 준비나 하시지요."

나는 30년 전에 젊은 교수 신분으로 아프리카 사람들과 함께 기거하며 동아프리카에서 한 해 여름을 보낸 적이 있었다. 그들과 함께 진행하는 농업 프로젝트에 지원한 미국과 캐나다 대학생들의 지도 교수로 그곳에서 시간을 보낸 것이다. 그런데 그 여름은 내게 굉장한 놀라움으로 다가왔다. 돌이켜 생각하건대, 아마도 그때의 놀라움이 이 책을 쓰는 계기가 되지 않았나 싶다.

   스와힐리어를 조금 배우고 친절한 집주인들과 좀 더 가까워지면서, 나는 그곳에서 알고 지낸 아프리카 남자들의 나이를 한 스무 살 정도 낮게 잡고 있었다는 사실을 깨달았다. 한 번은 기껏해야 대학생쯤 되려니 생각한 아프리카 청년 한 명과 가벼운 농담을 주고받았다. 그런데 나중에 알고 보니 그는 놀랍게도 학교 교직원이었고 나이가 마흔 살이나 되었다. 그 정도면 당시 내 상사가 될 수도 있었던 연배였다! 그 외에도 내 또래쯤으로 생각했던 동료들 가운데 몇몇은 나이가 쉰 살 가까이 될 정도였다. 또 5킬로미터 정도의 빠른 자전거 하이킹을 앞장서서 이끌었던 당시 아프리카인 집주인은 그에게 뒤처지지 않으려고 애를 쓰는 우리 모습을 보더니 자기 나이가 65세라고 털어놓았다. 중년에 들어선 아프리카 남성들의 젊은 활력은 이처럼 주요 몸 상태나 신체 활동뿐 아니라 외모와 태도에서도 고스란히 드러났다.

프로젝트를 마치고 미국으로 돌아와 보니 내가 만났던 아프리카 남자들과 비교해 볼 때 4,50대의 내 지인들은 그들보다 훨씬 빨리 늙는 경향이 있는 것 같았다. 그러나 그저 잠시 그런 생각이 들었을 뿐 그런 의구심에 대해 내가 그때 당장 무엇을 어떻게 한 것은 아니었다.

내가 〈성인기 발달〉과 〈나이 듦의 정상적 패턴〉에 대한 우리 문화의 가설에 회의적인 시선을 던지게 된 것은 그로부터 여러 해가 지나고 나서 이 책을 집필하기 위한 기초 연구를 시작하고 나서부터였다. 내가 만난 아프리카 남자들처럼 나이 들어도 우리보다 수십 년이나 오랫동안 젊음을 유지하며 즐겁고 활기 넘치는 삶을 지속하고 있는 사람들이 있다면, 우리가 굳이 나이에 대한 전통적인 유형을 따라야 할 필요가 있겠는가? 대체 왜 우리는 〈나이 역할 놀이〉에 사로잡혀 살아야 하는가?

인생의 후반부가 어떻게 전개될 것인지에 대해 우리는 대체로 제한적이고 부적절한 전제들을 가슴속에 지니고 있다. 그 부적절한 전제들의 특징은 〈퇴행〉, 〈쇠퇴〉와 같은 단어들로 설명될 수 있을 것이다. 하지만 분명 그해 여름 우리 일행을 맞이했던 아프리카 남자들은 우리와 그 전제를 공유하고 있지 않았다. 중년의 삶과 나이 듦에 대한 〈새로운 대안〉이 될 모델이 없는지를 연구하는 동안, 나는 〈무엇이 정상적인 것인가〉에 대한 생각이 인생의 남은 절반을 재정비하기 위해 새로운 기회를 포착하거나 인식하는 데 걸림돌이 될 수 있음을 깨닫게 되었다.

우리들 대부분은 일찍이 스스로 예상했던 것보다 훨씬 더 오래 살 것이다. 하지만 이 늘어난 수명이 어떤 의미를 지니는지에 대해서는 그다지 깊이 생각해 보지 않는다. 나는 〈마흔 이후의 인생으로 뛰어들기〉라는 표제로 진행된 포럼을 준비하면서, 마흔 이후의 장래에 대해 진지하게 검토할 때 가장 중요한 문제는 우리가 과연 〈착륙〉을 준비하는 것인지 〈이륙〉을 준비하는 것인지, 그것을 결정하는 것이라고 지적했다. 중년 이후의 삶을 바라보는 우리 사회와 문화의 인습적인 시각은 우리에게 "안전벨트를 매시고 착륙할 준비나 하시지요."라고 말한다. 우리는 흔히 나이가 50대로 들어서면 속도를 줄이고 서서히 고도를 낮추어 60대에는 은퇴라는 육지에 안전하게 착륙할 수 있어야 한다고 생각한다. 하지만 나는 45세에서 80세 사이의 수십 명의 남녀를 대상으로 그들이 경험하고 있는 새로운 성장에 초점을 맞춘 12년간의 연구 프로젝트를 진행하면서 또 다른 선택, 즉 이륙이 가능하다는 것을 보았다.

평가절하되어 온, 마흔 이후 30년

마흔 이후 우리 인생의 한복판에 위치한 광활한 미개척지,
그 기나긴 30년의 세월을 우리는 〈서드 에이지〉라고 부른다.

나는 연구를 마무리하면서 내 부모님과 그 세대 어른들에 대해 생각해 보았다. 내 어머니는 30년 전에 세상을 떠나셨다. 노환으로 돌아가신 것은 아니지만 심장마비로 인한 어머니의 때 이른 죽음에는 〈늙는 것에 대한 두려움〉이 일조했다고 나는 믿는다. 외할머니가 그러셨고 또 증조할머니가 그렇게 사셨기에, 어머니는 아버지가 당신을 두고 먼저 떠나버려 쓸쓸한 미망인으로 홀로 남겨질까봐 두려워하셨는데 얄궂게도 아버지보다 훨씬 먼저 돌아가셨다. 어린 시절 내가 기억하는 어머니는 활기 넘치고 상냥하고 인생의 즐거움을 추구하는 분이셨다. 그러나 중년에 접어들자 세월이 어머니를 위축시키는 것 같았다. 대다수의 사람들이 그렇듯이 마흔을 지나 오십을 넘는다는 것이 어머니에겐 두렵고 불안한 일이었다. 뉴욕 태생

의 소설가이자 시인인 에리카 종이 말했듯이 "시간 자체가 짧게 느껴지기 시작하는 나이, 그때가 바로 오십이다." 앞으로 살날이 얼마 남지 않았다는 것과 점점 늙어갈 자신의 남은 인생을 생각하면서 어머니는 더럭 겁이 났던 것이다. 오십줄에 들어서면서 어머니는 오로지 "늙으면 어찌될 것인가?"라는 생각만 하셨다. 내 부모님은 인생의 후반기에 대해 옛날식 사고방식을 갖고 살아오신 분들이었다. 일단 그분들은 우리와 달리 장수 혁명으로 인한 〈수명 보너스life bonus〉를 기대하지 않으셨다. 그리고 설사 오래 살 것을 기대한다 하더라도 아마 착잡한 심정이었을 것이다. 몇 년 더 산들 무엇을 얻을 수 있겠는가. 그저 노년이 길게 늘어나는 것뿐인데. 쉰 살이 되자 내 부모님은 착륙을 준비하셨고 다른 길이 있을 거라는 생각은 전혀 해보지도 않으셨다. 그 당시에는 선택의 여지가 없는 것처럼 보였다. 그런데 불과 30년 사이에 우리의 삶은 눈부시게 변화했다.

    수명이 길어지면서 우리에게 덤으로 주어진 세월은 마치 복권에 당첨된 것과도 같다. 남아도는 이 세월을 가지고 우리는 무엇을 할 것인가. 우리에겐 부모 세대나 조부모 세대가 경험했던 것과는 완전히 다른 모습으로 인생의 후반기를 창조할 수 있는 가능성이 열려 있다. 그리고 그것은 전적으로 우리의 태도에 달려 있다. 즉 우리가 그 시간을 어떻게 보내느냐에 달려 있다.

퍼스트 에이지, 세컨드 에이지, 그리고 서드 에이지

우리는 미래를 생각하면서 마흔 이후 자기 인생의 한복판에 위치한, 거의 미지에 가까운 광활한 지역을 내다보아야 한다. 그곳이 바로 엄청난 성장 잠재력을 지닌 새로운 미개척지, 즉 〈서드 에이지third age〉라 불리는 시기다. 서드 에이지라는 개념은 비교적 최근에 등장한 것으로, 우리 대부분은 거기에 대해 명확한 개념이 없다.

유럽에서는 최근 우리 생애를 네 단계로 나누는 것에 대한 논의가 활발히 진행되고 있다. 아래에 나오는 그림에서 겹쳐지는 네 개의 S자형 곡선은 우리가 인생을 살아감에 있어 겪게 되는 네 단계의 연령기와 그 시기에 표출되는 가능성에 대해 보여주고 있다.

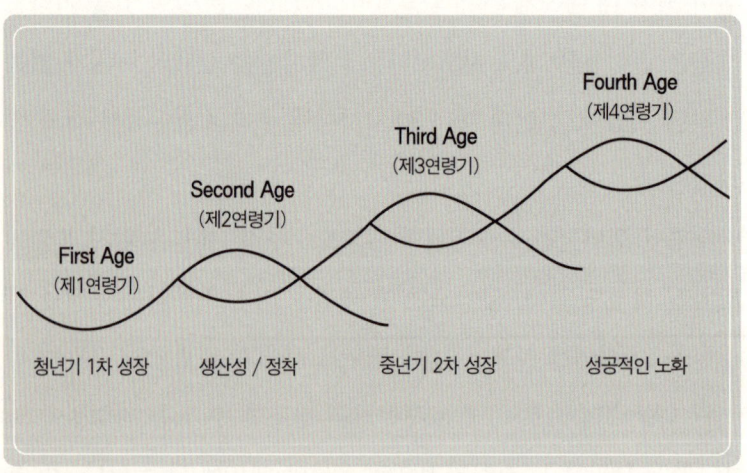

퍼스트 에이지, 즉 제1연령기는 〈배움〉을 위한 단계로, 태어나서 학창 시절까지의 시기를 포함한다. 이때는 학습을 통해 기본적인 〈1차 성장〉이 이루어지는데 주로 10대에서 20대 초반까지가 이에 해당한

다. 세컨드 에이지, 즉 제2연령기는 〈일과 가정〉을 위한 단계로, 제1연령기 때 획득한 1차 성장을 바탕으로 자신만의 생산성(직업을 갖게 되고 경제 활동을 하는 등)을 발휘하고 사회적으로 정착 생활(결혼을 하여 가정을 이루고, 조직 생활을 하고, 지역 사회를 위해 봉사하는 등)을 하는 시기로 규정된다. 2, 30대의 시기가 이 연령대에 해당할 것이다.

네 단계 중 가장 긴 기간을 차지하는 서드 에이지, 즉 제3연령기는 〈생활〉을 위한 단계로, 청년기인 제1연령기 때 학습을 통해 이루어지는 1차 성장과는 다른, 〈2차 성장〉을 통한 일종의 자아 실현을 추구해 나가는 시기다. 장수 혁명으로 새롭게 생겨난 우리 생애 중간쯤의 시기, 즉 40대에서 70대 중후반의 시기가 이 단계에 해당된다.

마지막으로 우리가 전통적으로 노쇠의 징후가 늘기 시작하는 하강기로 보아 왔던 제4연령기는 〈노화〉의 단계로, 이때는 성공적인 노화를 의미하는 또 하나의 곡선이 나타날 수도 있다. 제4연령기의 목표는 나이 들수록 젊게 사는 것, 최대한 오래 살다가 젊게 죽는 것이다. 이 그림을 통해 나는 만족스러운 인생 과정의 새로운 가능성을 본다.

이전 세대에게는 제3의 연령기라는 것이 없었다. 하지만 시대가 변했어도 여전히 많은 사람들이 제3의 연령기에 대해 아무런 준비가 되어 있지 않다. 성인기 인생에 대한 우리의 지도는 아직 마흔 이후 30년을 다루고 있는 제3의 연령기를 아우르고 있지 못하다.

오랫동안 우리는 인생의 정상에 다다르는 자신을 상상하며 살아왔을 수도 있다. 그러나 지금 우리는 원하기만 하면 올라갈 정상이 하나 더 있다는 사실을, 길어진 수명이라는 유리한 입장에서 바라볼 수 있어야 한다. 이 새로운 미개척지인 제3의 연령기는 그 코스를 완주하는 것뿐만 아니라 동시에 뚜렷한 목적의식을 갖고 멋지게 끝까지 가야 하는 과제를 우리에게 던져준다.

마흔 이후, 인생의 새로운 2차 성장

인생 전반기 〈청춘의 성장〉 vs. 인생 후반기 〈중년의 성장〉.
청년기 때의 1차 성장과 달리, 중년기 때는 깊이 있는 2차 성장을 한다.

나는 중년기 인생에서 인습에 사로잡히지 않은 새로운 길을 개척한 사람들을 10년 넘게 추적하면서 놀라운 가능성을 발견했다. 내게 자신들의 이야기를 들려준 사람들은 〈마흔 이후의 새로운 성장과 발달〉이라는 미개척지를 횡단하는 내게 의욕을 북돋워준 길잡이들이었다. 그들은 서로 다르고, 어쩌면 당신이나 나와도 다른 사람들일지 모르지만, 중년기라고 해서 개인적 성장이 멈추는 것은 아니라고 생각했다는 점에서는 모두 똑같았다. 그들 모두 자신들의 숨겨진 가능성을 발견해 나가고 있었고 창조적 변화를 시도하고 있었다. 40대, 50대, 60대, 심지어 70대의 나이에도, 그들은 〈나이 듦에 대한 케케묵은 인습〉을 비판하며 자신들만의 길을 개척하고 있었다. 당신이 이 책에서 만나게 될 사람들은 통상적인 노화의 과정과 인생의 내리막길이라는 일반적 원칙에서 벗어난 예외적인 사람들이 아니다. 그들은 그저 늘어난 중년기의 생애에서 무엇이 가능한지를 우리에게 보여주는 것이다.

나는 이번 연구를 위해 인터뷰한 사람들의 이야기를 분석하고 곰곰이 생각하는 동안 그들에게 이미 일어나고 있는 새로운 변화 과정이 서서히 눈에 들어오기 시작했다. 나는 제3의 연령기에 일어나는 이러한 쇄신 과정을 〈2차 성장second growth〉이라고 명명했다. 2차 성장은 어린 시절이나 청년기에 우리가 겪었던 초기의 1차 성장과는 다르기 때문이다. 2차 성장은 보다 복잡하고 한층 더 깊은 단계에서 이루어지는 성장이다. 초년기의 성장은 대개 일직선으로 진행되며 한 걸음 한 걸음, 한 단계 한 단계 순서대로 차근차근 그 과정을 밟아나간다. 따라서 이 일직선상으로 이루어지는 성장의 결과는 학식과 재능의 향상이며, 이것은 비교적 측정하기 용이하고 쉽게 눈에 띈다. 그러나 2차 성장은 이와는 다르다. 그것은 일직선으로 진행되지도 않으며 그 성과가 더 풍요롭다는 확실한 특징을 지닌다. 또 그것은 개인마다 다른 잠재 능력을 실현시켜 준다. 더불어 그것은 선택 가능한 대안들을 자신들의 인생항로에 받아들이기 위해 중년기 사람들이 어떻게 삶을 재편성하는지를 설명해 준다.

나는 내 연구의 조사 대상자가 된 사람들의 삶을 12년간 추적하면서, 그들을 통해 인생의 2차 성장을 위한 하나의 방법론이 될 만한 여섯 가지 원칙을 발견했다. 그것이 바로 〈마흔 이후, 인생의 2차 성장을 위한 여섯 가지 원칙〉이다. 이 책 제1부에서 그 여섯 가지 원칙을 소개하고, 제2부에서 본격적으로 그 내용을 사례와 함께 살펴볼 것이다.

미래에 대해 생각하는 일은 유혹적이기도 하지만 동시에 우리를 무기력하게 만들 수도 있다. 그러나 문제는 우리가 새로운 기회를 맞이했음에도 적절한 지식도, 우리를 이끌어줄 지도 한 장도, 역할 모델도 없다는 것이다. 심지어는 우리가 사용하는 용어조차 부정확하다. 예전의 낡은 각본에 나오는 단어들은 우리 앞에 새롭게 놓인 것들을 제대로 인식하는 데 오히려 방해가 된다. 따라서 구태의연한 사고방식으로 가득 찬 우리의 마음을 먼저 비워내지 않는 한 예전의 방식과 다른 대안을 발견하거나 새로운 방향을 향해 날아오르기는 어려울 것이다.

우리는 누구나 중년기 삶에 대한 통속적인 신화에 어느 정도는 포로가 되어 있다. 예를 들어, 중년기 삶에는 결국 언젠가는 위기가 찾아오게 되어 있다고 생각한다. 하지만 그건 사실이 아니다. 살아가면서 위기는 나이에 상관없이 온다. 사춘기 10대 때에도 위기는 오고, 20대 청춘의 시기에도 위기는 온다. 또한 우리는 나이가 들수록 비참한 기분에 젖을 수밖에 없다고 믿는다. 그러나 그것은 부분적으로 대중매체에서 나이 들어감을 그런 식으로 표현하는 데에서 기인한다.

오늘날의 〈21세기형 중년들〉은 옛것과 새것의 경계선상에 살고 있다. 개인적 성장이 우리를 손짓으로 유혹하지만 그 부름에 응하는 것은 각자의 마음이며 원치 않으면 얼마든지 피할 수 있다.

그렇다면 무엇이 우리를 앞으로 나아가게 도와줄 것인가? 그것은 아마도 먼저 개척지를 가로질러 새로운 방향으로 나아가고 있는 사람들, 삶을 새롭게 할 기회를 먼저 잡은 사람들의 이야기일 것이다. 그들은 시들어가는 젊음에 필사적으로 매달리거나 예전의 방식을 고수하거나 혹은 자신이 진심으로 무엇을 원하는지 확신이 없어서 새로운 길로 들어서는 것을 뒤로 미루는 사람들과는 달리, 치열하게 생각하고 자신의 시각을 바꾸고 예전보다 한층 길어진 새로운 성장기로 용감하게 뛰어드는 사람들이다. 통념대로라면 〈나이 들어 늙어간다는 것은 퇴보한다는 것〉이라는 생각에 빠져 있어야 할 시기에 그들은 보란 듯이 인생의 쇄신을 즐기고 있다! 그들의 방식대로라면 제3의 연령기는 반드시 우리 인생에서 가장 길고 가장 멋진 시기가 될 수 있다.

인간의 발달에 대한 발견들을 고려하면 20세기는 아동기와 청년기의 시대였다. 그러나 21세기는 중년기와 장년기의 시대가 될 전망이다. 나는 제3연령기에 일어나는 2차 성장이 우리가 예전에 인생 후반기에 대해 생각했던 모든 낡은 개념들을 변모시킬 것으로 본다. 그것이 바로 우리가 기대와 희망을 안고 인생의 후반기에 이륙을 준비해야 하는 이유인 것이다.

1

우리가 선택할 수 있는
마흔 이후 30년의 두 가지 삶의 방식

"나는 사람이 점점 늙어간다는 걸 믿지 않아.
그보다는 인생의 어느 시기에 딱 멈춰 서서 그때부터 썩어가는 거라고 생각하지."
— T. S. 엘리엇

"나와 함께 나이 들어가자! 가장 좋을 때는 아직 오지 않았다.
인생의 후반, 그것을 위해 인생의 전반이 존재하나니."
— 랍비 벤 에즈라 / 로버트 브라우닝의 시 중에서

중년과 노년의 연장, 예기치 않은 도전

골동품이나 고급 포도주를 제외하곤 〈나이 듦〉이란 단어는
절대 부가가치를 뜻하지 않는다.
〈젊음을 지향하는 사회〉에서 늙는다는 것은 이제 쓸모가 없어졌다는 뜻이다.

현대의 발전된 산업 사회에서 개인의 길어진 수명은 도전인 동시에 축복이다. 많은 사람들이 전에 비해 거의 두 배에 가까운 수명을 누리고 있다. 18세기 사람들의 평균 수명은 고작 40세 정도였다. 평균 수명이 1900년에 47.3세에서 1993년에 75.5세로 전례 없는 신장을 기록했다는 보고도 있다. 21세기가 되면서 현대인의 평균 수명은 거의 80세에 가까워지고 있다. 21세기에는 또한 100세 이상을 기록한

인구가 아마 수백만 명을 넘어설 것이다. 이렇게 길어진 수명의 결과 우리들 대부분은 이를테면 〈30년이라는 인생의 보너스〉를 받게 되었다.

이 길어진 수명이라는 과제에 대처하기 위해 우리는 무엇보다 우리의 인생 목표와 생활 방식을 검토할 필요가 있다. 건강 상태가 괜찮고 노후 대책을 준비한 사람이라 할지라도 길어진 수명은 희비가 교차하는 일이다. 수명의 연장은 젊음의 샘에서 나온 것이 아니다. 몇 년 더 산다는 것은 오직 늙은이로 살아야 할 세월이 더 길어졌다는 의미일 뿐이다. 골동품이나 고급 포도주를 제외하고는 〈나이 듦〉이란 단어는 부가가치를 뜻하지 않는다. 지금처럼 〈젊음을 지향하는 사회Youth-oriented society〉에서 나이 들어 늙는다는 것은 이제 별로 쓸모가 없다는 뜻으로 여겨졌다.

그러나 카네기 재단에서 고령화 사회에 대한 연구 프로젝트를 추진했던 애런 파이퍼 전前 회장은 장수로 인해 우리 일생에 3분의 1의 시간이 추가로 덧붙었다면서, 그 시기는 "재탄생의 시기가 되어야 하며 그와 더불어 삶에 대한 새로운 흥미와 열정, 생산적인 삶을 영위하기 위한 새로운 가능성에 눈을 뜨는 시기가 되어야 한다."고 주장했다.

수명이 길어져 오래 살게 될 가능성을 고려할 때, 우리는 부모 세대로부터 나이 듦에 대하여 배운 것들이 이제는 오히려 걸림돌이 된다는 것을 알아야 한다. 인생의 행로나 나이 듦에 대한 인습적인 패러다임과 전제들, 그리고 부정적인 태도는 다음과 같은 S자형 곡선으로 그려볼 수 있다.

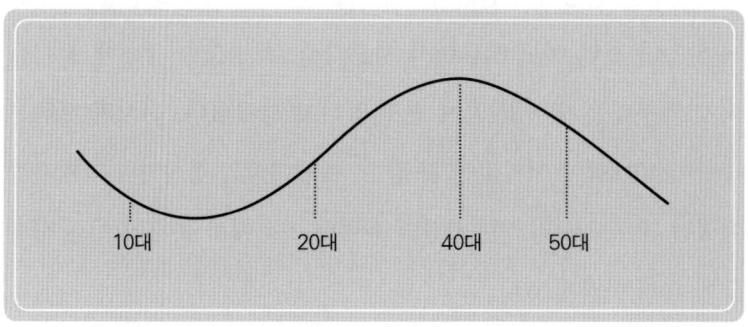

이 곡선을 보면 사람은 누구나 삶에 적응하는 인생 초기에 학습 과정의 곡선을 그리며 잠깐 하향 곡선을 그리게 되고, 중앙을 조금 지나서 정상을 향해 나아가며, 정점에 다다랐다가 결국 서서히 내리막길을 걷기 시작한다. 물론 특별한 장애나 불운이 없다고 가정했을 때 그렇다는 얘기다.

70세의 T. S. 엘리엇은 인생 후반기에 대한 자신의 인습적 시각을 이례적으로 통명스럽게 다음과 같이 표현했다.

"나는 사람이 점점 늙어간다는 걸 믿지 않아.
그보다는 인생의 어느 시기에 딱 멈춰 서서
그때부터 썩어가는 거라고 생각하지."

이런 시각에서 보면 우리의 전성기는 인생의 전반기에 온다. 만일 우리가 이런 시각을 견지한다면 수명이 길어졌다고 해봐야 아무

것도 기대할 게 없다.

예전에는 인생의 후반기에 도달하는 시기가 지금보다 빨랐다. 불과 6-70년 전만 해도 서른에서 서른다섯 살 정도면 중년에 접어들어 그때부터는 발전할 일이 별로 없다고 생각했다. 하지만 요즘은 중년이 40대쯤에 시작되는 것 같다. 예일대학의 정신의학과 학과장이었던 테오도르 리즈는 자신의 유력한 저서에서 40대에 이른 사람들에 대해 이렇게 썼다.

중년은 〈인생의 전성기〉가 지나가고 있다는 인식과 함께 시작된다. 중년에 들어서면 더 이상 진로를 개척하지 않고, 가는 방향이 대체로 정해져 있으며, 현재의 활동 능력에 따라 앞으로 자신이 어디까지 갈지 결정된다는 것을 깨닫는다. 중년에 이른 사람은 건강이 나빠지거나 심지어 죽음이 자신의 머리 위를 맴돌고 있음도 의식하게 된다.

거의 같은 시기인 1960년대에 리즈는 〈중년의 위기〉라는 개념이 미디어를 통해 유포되었으며 이것이 진리처럼 받아들여지고 있다고 자신의 견해를 밝혔다. 이전의 우리 사회에서 중년이 매력적이었던 적은 거의 없었다. 중년은 대개 성인기의 절정에서부터 노년기의 내리막길로 접어들기 이전의 〈과도기〉로 인식되었다.

점점 더 나이 들어간다는 것은 흔히 다섯 개의 〈치명적인 D〉와 연결되어 왔다. 쇠퇴decline, 질병disease, 의존dependency, 우울depression, 노망decrepitude이 그것이다. 물론 그 이후에는 여섯 번째의 끔찍한 D(death, 죽음)가 기다리고 있다가 이 문장의 끝을 장식한다.

그러나 이제 우리 인생의 후반기는 예상보다 길어지는 것으로 그치지 않고, 더 풍요로워질 수 있고 더 원기 왕성할 수 있으며 더 뜻깊어질 수 있다. 만일 우리가 보너스처럼 주어진 이 길어진 삶을 이용하는 법을 배운다면 갱신renewal, 재탄생rebirth, 쇄신regeneration, 원기 회복revitalization, 회춘rejuvenation의 〈활력적인 R〉과 함께 미래를 설계할 수 있을 것이다.

우리가 선택할 수 있는 두 가지 중년의 삶

"나와 함께 나이 들어가자!
 가장 좋을 때는 아직 오지 않았다.
 인생의 후반, 그것을 위해 인생의 전반이 존재하나니."

심리학자, 사회학자, 인류학자, 노인학자, 의학자가 많아지면서 중년의 삶과 나이 듦에 대해 예전에 우리가 당연하게 여겼던 일반적인 유형들이 실은 정상적이지도, 불가피한 것도 아니라는 사실이 밝혀지고 있다. 대안은 분명히 존재하는데 아직 진지하게 검토해보지 않은 것뿐이다. 나는 이번 연구를 통해서 우리 인생의 후반기를 위해 인간의 잠재 능력을 속박으로부터 풀어주는 방법을 찾게 되었다.

이 연구를 시작할 무렵 나는 정상적이고 건강한 삶을 살아가고 있는 것처럼 보이는 두 명의 남성을 한 달 동안 인터뷰했다. 당시 두 사람은 모두 사업가였고 결혼 생활도 행복했다. 둘 다 장성한 자녀들을 두고 있었고 그 중 한 명은 손자를 보았다. 두 사람 모두 인생의 전성기를 이미 지나온 사람들이었다. 그들은 이 정도면 자신들의 삶이 대단하진 않아도 그래도 나름대로 성공적이라고 생각하는 부류였다. 두 사람 다 건강에도 특별한 문제가 없었으며, 중년의 삶을 그린 문학작품에서 흔히 언급되는 정체된 느낌이나 우울증 따위도 그들과는 거리가 멀었다. 그들에게는 강한 통제력, 자신감, 유머 감각, 의미 있는 인간관계 등 건강한 성숙함의 특성들이 엿보였다. 두 사람의 차이가 있다면 오직 한 가지, 나이였다. 한 사람이 다른 한 사람보다 열네 살가량 많았다. 그 밖에 눈에 띄게 다른 점은 그들의 외모와 생활 방식이었다. 인습적인 사고방식으로는 외모나 생활 방식에서 드러나는 이러한 차이가 〈나이 차〉로 인한 것이라고 설명하겠지만 그게 과연 사실일까? 그들의 이름을 폴과 존이라 하고 아래에 나오는 그들의 인터뷰 내용을 살펴보자.

:: 폴과의 인터뷰

질문 | 지금 시점에서 당신 자신에 대해 어떻게 느끼시나요?

대답 | 지금은 제 인생에서 아주 만족스러운 시기입니다. 최고의 시

기가 앞으로 곧 올 거라고 생각합니다. 그리고 저는 몇 가지 변화를 시도할 계획도 있습니다.

질문 | 은퇴하실 계획은요?

대답 | 퇴직은 해도 은퇴를 할 생각은 없습니다. 하지만 다른 방향으로 제 경력을 계발해 볼 계획은 가지고 있습니다. 한때 알코올 중독자였던 친구가 있는데 그 친구와 요즘 이런 얘길 나눴어요. 제 개성에 맞고 가족과 좀 더 많은 시간을 함께 보낼 수 있는 그런 삶의 방식을 계획하는 문제에 대해서 말이죠. 몇 년 안에 변화를 시도해 보려고 합니다.

질문 | 인생의 중반에 다다르면 사람들은 자신이 언젠가는 죽을 운명이라는 것을 의식하게 된다고 하던데요. 자신이 유한한 존재라는 인식이 당신의 삶에 어떤 영향을 미쳤나요?

대답 | 저도 언젠가는 죽겠죠. 하지만 그렇기 때문에 제가 지금까지 하던 일을 마무리하고 인생의 새로운 단계를 시작하고 싶어요. 사고를 당할 수도 있고 심장이 발작을 일으킬 수도 있겠지만 그래서 더 열심히 살려고 합니다. 죽는 건 두렵지만 마음속 깊은 곳에서는 아직 살날이 많이 남았다고 느낍니다.

질문 | 당신의 결혼 생활과 가족에 대해 한 말씀 하신다면요?

대답 | 제 아내는 집에서 많은 시간을 보내고 특히 아이들이 어려서 되도록이면 함께 있어 주려고 노력하지요. 주중에는 제가 일을 하느라 시간이 별로 없어요. 일주일 동안 열심히 일을 하고 나면 혼자 조용히 쉴 시간이 필요합니다. 가족에게 진정으로

충실하려면 어느 정도는 저 혼자 있는 시간이 필요하다는 걸 깨달았거든요. 저는 종종 금요일 저녁이면 조용한 곳에서 혼자만의 시간을 갖습니다. 대신 주말과 휴일에는 가족들과 함께 보내지요. 제 아내는 자유에 대한 제 욕구를 이해해 주는 편입니다. 비록 그녀 자신은 다소 의존적인 사람이지만요. 우리 부부는 아주 친밀하고 결혼한 지 꽤 되었지만 여전히 섹스를 즐깁니다. 아내는 온통 아이들에게 둘러싸인 채 지내는 편이어서 저는 나중에 아내가 아이들에게서 좀 놓여나면 그때 둘만의 시간을 갖고 싶어요.

질문 | 가족을 돌보는 게 무척 중요하다고 말씀하셨는데, 당신 자신에게는 어떤 식으로 신경을 쓰시나요?

대답 | 저는 활동적인 사람이고 육체적으로 활기차게 사는 게 중요하다는 것도 깨달았죠. 특히 직장에서 쌓인 스트레스를 해소하려면 그런 게 필요하거든요. 그래서 점심을 거르고 그 시간에 체육관에 가서 운동을 하죠. 자전거를 타기도 하고 달리기를 하기도 하고 테니스, 수영 등에도 가능한 한 많은 시간을 투자하려고 합니다. 요즘은 어떻게든 제 자신을 위한 시간을 가지려고 좀 더 체계적인 노력을 하죠. 콜레스테롤 수치가 높다는 결과가 나온 이후로는 식이요법에도 신경을 씁니다. 담배는 피우지 않고 술은 조금 합니다.

:: 존과의 인터뷰

질문 | 지금 시점에서 당신 자신에 대해 어떻게 느끼시나요?

대답 | 현재 제 자신에 대해 아주 만족합니다. 어떻게 보면 요즘이 전성기인 것 같아요. 예전처럼 야망을 좇아 정신없이 살지는 않아요. 나이 들면서 많이 편안해졌죠. 최근에 20년을 넘게 다닌 회사를 그만두어야 하는 큰 변화를 겪었어요. 마치 부모 곁을 떠나는 심정이더군요. 새로 얻은 일자리는 마음에 듭니다. 곧 승진할지도 몰라요. 하지만 이제는 그런 게 그다지 중요하다고는 생각하지 않아요.

질문 | 은퇴하실 계획은요?

대답 | 나이가 나이니만큼 가끔은 은퇴에 대해 생각하죠. 하지만 내가 연금을 받을 수 있을 나이 때까지 살 수 있을까 하는 생각도 들어요. 그냥 하루하루 사는 거죠.

질문 | 죽음에 대한 인식이 당신의 삶에 어떤 영향을 미쳤나요?

대답 | 경제적인 안정이 좀 염려되어서 그렇지 죽음 자체는 별로 신경 안 쓰여요. 아이들은 다 커서 독립했으니 괜찮은데 아내가 좀 걸리긴 하죠. 아내가 요즘 은퇴하고 시골로 가자고 하는데 별로 그러고 싶지는 않아요.

질문 | 당신의 결혼 생활과 가족에 대해 한 말씀 하신다면요?

대답 | 좋은 관계를 유지하고 있어요. 젊었을 때는 무지막지하게 일을 했습니다. 주당 70시간을 일에 매달리곤 했으니까요. 아내

나 아이들에겐 힘든 시기였죠. 그때는 더 원대한 목표가 있었고 바쁘게 일하는 것이 저한테도 좋은 일이라고 스스로 되뇌곤 했지요. 하지만 지금은 좀 더 현명하게 균형을 유지하죠. 지금은 일에 그렇게 많은 시간을 쏟아 붓지는 않아요. 그러니 아내와 보내는 시간이 좀 늘었죠. 함께 정원 손질도 하고 아내의 손에 이끌려 쇼핑도 하고 그래요. 외식도 자주 하는 편이고요. 가끔 주말이면 함께 미술관에 가기도 합니다. 새로운 취미죠. 저희 부부는 지금도 섹스를 즐깁니다. 물론 예전만큼 중요하지는 않아요. 나이가 드니 흥미가 줄어드는 건 사실이에요.

질문 | 자신에게는 어떤 식으로 신경을 쓰시나요?

대답 | 사실 제 자신을 위해서는 하는 게 아무것도 없어요. 운동도 안 하고 스포츠도 좋아하는 게 없죠. 배가 점점 나오고 있어서 좀 걱정이 되긴 하는데 이상하게 운동에 흥미를 못 느끼겠어요. 당분이나 육류 섭취를 좀 줄이려고 노력하고는 있습니다. 억지로라도 샐러드에 맛을 들이려고 하고요. 체중을 줄이는 데 도움이 되어야 할 텐데 아직은 별 효과가 없네요. 담배도 아직 하루에 한 갑은 피우고 이따금씩 술도 하죠. 삶이 예전에 비해 많이 단출하고 느긋해지고 있어요. 필요한 건 다 갖추었으니 이제 좀 편안하게 살아야겠다고 생각해요.

이 두 건의 인터뷰는 자연스러운 인생의 얼개와 중년 남성이 느끼는 삶의 모습에 대한 인습적인 견해를 옹호하는 것처럼 보일지도 모른다. 폴에게는 여전히 야망이 있고 뱃심 좋은 꿈이 있고 에너지가 넘친다. 그는 자신의 삶을 제대로 장악하고 있고, 새로운 방향으로 나아갈 준비를 하고 있으며, 생각이 젊고, 여러 다양한 활동에 흥미를 느낀다. 그는 아직 인생의 또 다른 정상이 남아 있다고 느낀다. 반면 존은 중년의 후반부로 접어들고 있는 남자의 전형적인 모습을 보여주고 있다. 그는 이미 삶의 정상에 도달했다고 생각하기에 이제 속도를 줄이기 시작했다. 단순하고 안정된 삶을 추구하는 그는 폴에 비해 활기와 열정이 떨어지고, 삶이 아직 자신에게 제공해야 하는 것에 대해서도 큰 욕심이 없고 자족하는 경향이 강하다.

지금까지 알게 된 사실들을 바탕으로 아마 당신은 경험과 시각에 있어 두 사람에게 나타나는 이러한 차이가 나이 때문일 거라고 생각하는지 모른다. 열에 살 많은 사람은 아마 두 번째 인터뷰 당사자인 존이라고 생각할 것이다.

하지만 놀라운 사실이 우리의 억측에 도전장을 내민다. 이 인터뷰를 할 당시 첫 번째 인터뷰 대상자인 폴은 62세였고, 두 번째 인터뷰 대상자인 존은 겨우 48세였다! 나이가 적은 존의 사고방식이 더 구식이고 폴은 오히려 그걸 깨뜨리고 있다. 이 같은 놀라운 발견은 나로 하여금 나이를 먹는다는 것이 어떤 의미를 지니는 것인지 다시 한 번 생각해 보게 했다.

나는 40대 후반과 50대, 60대의 사람들을 200명가량 인터뷰한 끝에, 폴이 그랬듯이 그들 중 일부는 우리가 인생의 쇠퇴를 당연하게 받아들이는 바로 그 시기에 이례적인 성장을 보여주고 있음을 발견했다. 그들은 자신이 지금까지 살아온 방식과 나이를 먹는 것에 대해 갖고 있던 생각을 바꾸고 있었다. 나는 그들에게 초점을 맞추어 내 스스로 질문을 하기 시작했다. "도대체 그들의 삶에는 무슨 일이 일어나고 있는 것일까? 어떤 용어로 이 같은 현상을 적절히 설명할 수 있을까?" 처음에는 몇 가지 두드러진 특징이 눈에 들어왔다. 하지만 내가 보고 있는 것이 혹시 일반적인 원칙에서 벗어난 예외적인 것은 아닌지, 확신이 서질 않았다. 내가 알아낸 사실들로 무엇을 할 것인지도 알지 못했다. 생각을 정리할 수 있을까 해서 몇 장 정도 글로 써보기도 했지만 구체적인 것은 여전히 손에 잡히지 않았다. 나는 여전히 구식 패러다임에 사로잡혀 있었던 것이다.

결국 나는 점점 쌓여가는 인터뷰 녹취록으로 되돌아갔고 엄청난 양의 원고를 분석하고 또 분석했다. 그 작업이 도움이 되어 성인기 발달의 인습적인 패턴을 넘어서는 새로운 생활 양식을 찾아낼 수 있었다. 그리고 중년의 일반적인 삶의 방식을 바로잡고 다른 사람들을 위해 역할 모델이 될 수 있는 대상을 찾았다는 느낌이 들었다. 나는 30명 정도의 인터뷰 대상자들에게 다시 연락을 취해서 그들의 삶이 어떻게 전개되고 있는지 알아보기로 마음먹었다.

나는 폴 같은 성인들을 오랜 기간 추적하면서 마침내 평범한 중년으로 늙어가지 않고 새롭게 취할 수 있는 대안이 무엇인지 보다 분명하게 볼 수 있었다. 폴은 우리 대부분의 내면에 있는 뛰어난 잠재력을 상징적으로 보여준다. 반면에 존은 리즈가 묘사한 성인기의 일반적인 삶의 양상(40대에 정점에 도달했다가 누구나 그렇듯이 모든 면에서 점점 쇠퇴하면서 노화하는)을 그대로 보여준다. 우리는 존이 표방하는 삶의 방식을 따를 수도 있다. 존이 삶의 속도를 떨어뜨리는 이유는 그의 역할 모델이 과거에서 왔기 때문이다. 40대 후반에 그는 이미 아버지처럼 되어가는 자신을 발견했다. 그의 부친은 60세를 채우지 못하고 돌아가셨다. 그는 내게 가끔, 거울을 보면 거기 자신의 아버지가 서 있는 것 같고 살면서 문득문득 자신의 모습에서 아버지를 느낄 때가 있다고 말했다. 그는 이제 자신에겐 예전만큼 중요한 역할은 주어지지 않는다는 것을 깨달았다. 그의 사고방식이나 태도는 사람들이 많이 다니는 평범한 길로 그를 이끈다.

그러나 폴은 다른 길을 개척했다. 그는 부모님이나 그분들 세대의 모범을 따르지는 않겠다고 의식적으로 결심한 사람이었다. 60대의 나이에 그는 적극적인 방향 전환과 삶의 쇄신을 시도했고 부모 세대와는 다른 모델을 고심하면서 만들어 나갔다.

우리는 미래에 직면해서 어느 쪽으로도 갈 수 있다. 유럽인들이 제3의 연령기라고 칭하는, 40대에서 70대 중후반에 이르는 인생의 새로운 시기가 주어졌으니 우리에겐 선택을 할 혹은 선택을 하지 않을 권리가 있다. 심지어 심리학도 두 갈래로 나뉜다. 작고한 스위스의 정신분석학자 칼 융 같은 일부 심리학자들은 로버트 브라우닝의 시에 등장하는 랍비 벤 에즈라의 다음과 같은 말에 동의한다.

"나와 함께 나이 들어가자!

가장 좋을 때는 아직 오지 않았다.

인생의 후반, 그것을 위해 인생의 전반이 존재하나니."

이런 시각에서 보면 우리의 절정기는 삶의 전반기가 아닌 후반기에 온다. 하지만 미국의 심리학자 B. F. 스키너는 랍비 벤 에즈라의 말이 틀렸다고, 가장 좋은 때가 아직 오지 않았다고 생각하는 것은 엄청난 잘못이라고 주장한다. 하지만 나는, 융의 편에 서고 싶다.

마흔 이후, 인생의 2차 성장을 위한 6가지 원칙

중년의 2차 성장은 고통 없이 한순간에 오는 것이 아니다.
서로 상반되는 삶의 요소들을 〈통합〉하는 것이 중년기 성장의 기본이다.

당신이 나이를 생각할 때 40대에, 50대에, 60대에, 혹은 70대에 접어든다는 것은 무엇을 의미하는가? 어떤 연령기에 속한다는 것이 의미가 있는가? 앞에서 살펴본 우리를 낙담케 하는 D로 시작하는 단어들은 태어날 때부터 우리의 DNA에 입력되어 있는 것인가?

그렇지 않다! 달력 나이만으로는 중년의 성인들이 무엇을 경험하고 어떻게 사는지 예측할 수 없다. 문화와 사고방식, 경험과 역사, 개인의 창의성이 거기에 끼어들기 때문이다.

나는 이 책을 위한 연구 대상자들의 경험과 내 자신의 경험을 반성하면서, 지금 내가 보고 있는 것은 단지 성장기의 연장이 아니라 〈새로운 형태의 성장〉이라는 사실을 알게 되었다. 나는 이것을 앞에서 2차 성장이라고 명명했다.

새로운 인생 시나리오는 앞에서 나왔던 단일한 S자형 곡선과는 다른 이미지를 요구한다. 경제 분야 전문 저술가인 영국의 찰스 핸디는 그 변화를 창조적으로 담아낸 발달 과정을 설명하기 위해 일정 부분이 서로 겹치는 두 개의 S자형 곡선을 이용했다. 서로 겹치는 부분이 있는 아래의 두 곡선은 2차 성장이라는 대안을 그림으로 보여준다.

두 개의 곡선이 겹쳐진 모양에서 우리는 자신의 절정기에 도달하기 전에 새로운 방향으로 발을 떼어놓기 시작하는 사람들을 볼 수 있다. 또 인생의 후반기에 예정된 통상적인 하강은 새로운 상승 곡선으로 대체되는 모습도 볼 수 있다. 검게 칠해진 부분은 〈창조적 불확실성의 시기〉를 의미한다. 이 시기에 개인은 서로 〈상반되는 감정〉들로 인해 혼란을 느낄 수도 있다. 자신이 이룬 것에 대해 자부심을 느끼면서도 다른 길로 가보고 싶은 갈망, 성취감과 상실감, 만족감 이면의 두려움, 자신감과 회의, 체념과 희망의 감정이 혼란을 일으킨다. 위의 그림처럼 새로운 인생 시나리오는 우리가 느끼는 이러한 불확실성과 갈등이 새로운 가능성과 선택을 향해 우리를 이끌어줄 수도 있음을 시사한다.

두 번째 곡선에도 역시 배움의 구간이 포함되어 있다. 이 구간은 새로운 정점을 향해 상승하기 전에 실수나 시행착오, 잘못들로 인해 하강하는 구간이다. 새로운 성장이 고통 없이 한순간에, 그리고 꾸준히 일어난다고 생각하는 것은 착각이다. 이 과정에는 오르내림이 있고, 왜곡과 굴절이 있으며, 두려움과 희망, 야심에 찬 출발과 중단이 함께 있다. 성장 과정에는 이처럼 서로 상반되는 〈역설적인 요소〉들이 가득하다. 두 번째 곡선을 따라가는 삶은 종종 불안정한데, 그것은 우리가 이전에 세운 목표에 도달하기에 앞서 새로운 목표를 향해 움직이기 시작하기 때문이다. 두 번째 곡선이 새로운 방향으로 나아가기 시작할 때 첫 번째 곡선은 그 구성 요소들을 그대로 유지하면서 그것들을 이용해 두 번째 곡선을 지지하고 연료를 공급하기도 한다.

2차 성장은 우리가 그것을 놓칠 수도 있다는 생각을 할 때 우리 인생에 가치를 더해 준다. 앞으로 보게 되겠지만 이러한 2차 성장은 인간의 복잡성에 대한 우리의 숨겨진 잠재력을 분출하게 한다. 부분적으로 2차 성장의 풍요로움은 새로운 관심과 재능, 정서적 능력, 인간관계에서 발휘되는 창조적 능력 같은 다양한 지적 능력을 발달시키는 데서 비롯된다. 이 조사를 위해 만나본 사람들의 경험을 곰곰이 분석해 본 결과, 대부분의 경우 그들의 복잡성이 증가하는 것 역시 그들을 서로 다른 방향에서 동시에 잡아당기는 양극의 목적에서 온다는 것을 발견했다. 어떻게 보면 서로 양립할 수 없는, 그래서 역설적으로 느껴지는 이 〈양극의 목적들〉이 2차 성장의 원칙들을 형성한다.

〈역설paradoxes〉이라는 개념에 대해서는 인생을 직선의 형태로 이해하는 경향이 있는 서양 철학에서는 그리 탁월한 설명을 찾아보기 어렵다. 서양에서는 드라마의 고전적인 형식이 그렇듯이 삶에는 시작이 있고 중간이 있고 끝이 있다고 생각한다. 그래서 이전과 이후를 생각하고, 첫 번째에 이어서 두 번째를 생각하고, 시작이 있으면 그 뒤에 끝이 있다고 생각한다. 그러나 동양적인 관점은 인생을 이와는 다르게 본다. 삶의 과정에 내포된 역설에 대한 동양적인 인식은 중년기의 도전을 이해하려는 노력에 큰 도움이 된다. 예를 들어 음과 양이라는 동양 철학의 대표적인 상징 체계는 양극에 위치한 두 가지 힘, 즉 남성적인 것과 여성적인 것이 개인의 정체성이 발달하는 과정 중에 서로 통합되어 균형이 유지된다고 설명한다.

중년의 삶에는 도처에서 역설적인 측면들이 눈에 띄기 시작한다. 사실 역설이란 현실의 갈피갈피마다 존재한다. 예를 들어 우리는 진화 과정이 일직선상에서 점진적으로 진행된다고 생각했다. 하지만 우주와 지구, 그리고 생물 역시 폭발과 응축이라는 서로 상반되는 역설적인 요소들에 의해 진화한다는 증거를 우리는 보고 있다. 현대적 세계관은 이렇듯 질서와 무질서를, 예측 가능성과 불확실성을 동시에 포용한다. 이러한 역설적인 모습들은 해결되어야 할 문제들이 아니다. 그것들은 이해하고 받아들여야 하는 우리 현실의 본모습이다.

또한 인생의 실제 모습을 총체적으로 이해하기 위해서도 역설이라는 렌즈가 필요하다. 종교에서도 역설을 얘기하고 있다. 생명을 얻고 싶다면 먼저 그것을 버릴 각오가 되어 있어야 한다. 첫 번째가 마지막이 되고, 마지막이 처음이 될 것이며, 마음이 온유한 자가 땅을 물려받을 것이다. 사랑을 받으려면 우리가 먼저 사랑을 주어야 한다. 행복하기 위해서는 다른 사람들의 행복에 관심을 가져야 한다. 신을 발견하고자 한다면 지상의 이웃에게 정성을 쏟아야 한다. 철학에서도 역설을 옹호한다. 지혜는 자신의 무지를 인식하는 것에서 출발한다. 위대함은 우리의 한계를 알고 받아들이는 것에 있다.

오늘날은 심지어 비즈니스 세계에서도, 정치 세계에서도 역설이 발견된다. 많은 사람들이 직업적으로는 성공하지만 인생은 잃어버린다. 훌륭한 지도자는 권력을 강화하기 위해서는 권력을 내놓을 줄도 알아야 한다. 따라서 우리는 〈역설의 시대〉에 살고 있음을 인식하고 그에 알맞게 맞춰 나가야 한다.

인생의 후반기를 성공적으로 이끌려면 삶의 핵심에서 떠오르는 이러한 역설의 문제를 인식하고 이에 대처할 필요가 있다. 처음에 나는 중년에 뜻밖의 성장을 이룬 사람들의 이야기에 귀를 기울이면서 그들이 하는 말이 모순이라고 느꼈다. 그러다가 그들이 자신의 경험에 대해 이야기할 때 마치 정반대되는 것들이 자신을 서로 끌어당기는 것을 느꼈다고, 그래서 그 사이 한가운데에 붙잡혀 있었다고 말하는 것을 느꼈다. 나는 마치 수수께끼를 풀 듯이 이 문제를 해결하는 것이 그들의 목표였을 거라고 짐작했다. 하지만 그들의 성장이 현재 진행형이라는 사실을 생각해 보고 나서야 나는 이 역설적인 요소들이야말로 그들이 처한 현실의 핵심이라는 것을 깨닫게 되었다.

나는 그들과의 인터뷰 내용을 분석한 끝에 마흔 이후 인생의 새로운 2차 성장을 위한 여섯 가지 원칙을 찾아낼 수 있었다. 이 원칙들은 그들이 삶에서 마주치는 핵심적인 역설적 요소들, 즉 〈일〉과 〈여가 활동〉, 〈진지한 성찰〉과 〈과감한 실행〉, 〈자신에 대한 배려〉와 〈타인에 대한 배려〉 등 언뜻 보면 대립되는 요소들을 서로 균형 맞추어 통합하고 이를 실생활에 접목시킬 때 드러나는 원칙들이다. 이 원칙들이 바로 중년의 삶을 쇄신하는 길을 형성한다. 그 여섯 가지 원칙들은 다음과 같다.

> **마흔 이후, 인생의 2차 성장을 위한 6가지 원칙**
>
> - 중년의 〈정체성〉 확립하기
> - 〈일〉과 〈여가 활동〉의 조화
> - 〈용감한 현실주의〉와 〈성숙한 낙관주의〉의 조화
> - 〈자신에 대한 배려〉와 〈타인에 대한 배려〉의 조화
> - 〈진지한 성찰〉과 〈과감한 실행〉의 조화
> - 〈자신만의 자유〉와 〈타인과의 친밀한 관계〉의 조화

앞으로 우리는 제2부에서 이 여섯 가지 원칙들에 대해 하나하나 탐구해 볼 것이다. 나는 조사 대상으로 선정된 개인들이 일직선으로 된 단일한 목표를 향해 나아가는 것이 아니라, 여섯 가지 원칙에 포함된 서로 상반되는 두 관점들 사이에서 어떻게 〈균형〉을 잡아가는 방법을 터득했는지 보여줄 것이다.

당신은 앞서 소개한 폴과의 인터뷰에서 그가 60대의 나이에 자신의 자유와 타인과의 친밀한 관계라는 역설적 원칙 사이에서 균형을 찾은 하나의 사례를 볼 수 있을 것이다. 그는 타인과의 관계에 진심으로 마음을 쏟으려면 자기 자신을 위해서도 시간을 쓸 수 있고 스스로도 잘 챙겨야 한다는 것을 깨달았다. 폴의 이야기를 들으면서 나는 철학자 마틴 부버의 저서에 나오는 〈개인의 자유와 타인과의 관계 사이의 역설〉을 떠올렸다. 마틴 부버는 개인의 삶에서 관계가

가장 중요하다고 강조했다. 하지만 친밀한 관계가 더 깊어지고 더 진솔해지려면 때로는 혼자 뚝 떨어져서 외로움을 느껴보는 시간이 필요하다는 것이 그의 생각이었다. 폴은 자신이 사랑하는 사람들에게 든든한 동반자가 되어주려면 혼자만의 특별한 시간을 가질 필요가 있다고 느꼈다. 그래서 그는 직장에서 고된 한 주를 보내고 난 금요일 저녁이면 혼자 가까운 야외로 떠나곤 했다. 그가 그 시간을 금요일 저녁으로 선택한 이유는 직장에서 쌓인 긴장을 풀고 과중한 책임감에 짓눌린 마음을 회복시켜 주기 위해서이기도 했지만 이어지는 주말과 휴일을 이용해 아내나 아이들과 더 가까운 유대감을 쌓기 위해서이기도 했다.

  2차 성장을 통한 중년기의 쇄신은 우리가 이들 여섯 가지 원칙들에 관심을 쏟을 때 서서히 전개되어 간다. 그러나 무엇보다 2차 성장을 이루기 위해서는 두 역설적 요소 사이에 〈창조적 균형〉을 유지하는 것이 우선적으로 요구된다. 균형을 찾는다는 것은 어려운 문제다. 그러나 그 균형은 우리가 삶의 궤도에서 이탈하지 않도록 막아주는 역할을 한다.

나이 듦에 대한 낡아빠진 각본을 세뇌시킨 사회

젊음을 최우선 가치로 삼는 사회에서 나이란 크나큰 약점이다.
나이 듦에 대한 이런 경멸적인 관점은 그렇게 〈배워왔기〉 때문이다.

마흔 이후의 창조적이고 활기찬 쇄신을 위한 청사진을 계획하고 이를 발전시키기 위해서는 의식적인 노력이 요구된다. 설사 우리가 새로운 성장에 대한 잠재력을 느끼고 있다 할지라도 대다수는 미래를 어떻게 설계하는 것이 최선인지 확신을 갖지 못하고 있다. 때로는 우리의 앞길에 심각한 장애물이 놓여 있음을 감지할 수도 있다. 그것은 그리 놀랄 일이 아니다. 우리는 나이 듦에 대해 선대로부터 물려받은 낡은 개념에 덧붙여서, 〈젊다는 것〉을 모든 가치의 최우선에 놓는 세상에 살고 있다. 영국의 황태자비 다이애나의 죽음을 세계가 애도할 때 한 논평가가 날카롭게도 이런 지적을 했다. 세상 사람들이 그녀의 죽음에 대해 슬픔을 느끼고 애도하는 것은 부분적으로는 그녀가 아름다움과 하나가 된 〈젊음이라는 상징적인 존재〉였기 때문이라는 것이다. 그녀의 죽음은 한 개인의 비극적인 종말인 동시에 젊음과 아름다움이라는 가장 소중한 상징에 초래된 참화를 의미한다는 것이다. 젊음을 중시하는 사회에서 나이란 약점이다. 따라서 인생의 전성기를 후반기에 위치시키려고 노력하는 것은 어쩌면 근본적으로 자가당착인 것처럼 보일 수도 있다.

나이 듦에 대한 경멸적인 관점과 더불어 우리는 사회학자들이 연령 기준(일정 연령 단계에서 기준이 되는 심신의 발달 수준)이라 일컫는 것까지 물려받았다. 연령 기준은 생물학적인 사실이 아니라 문화적인 사실이다.

연령 기준은 우리가 제3의 연령기에 도달하기 훨씬 전에 이미 마음속 깊이 새겨진다. 불과 25년 전만 해도 인생의 전성기를 남녀 공히 20대 초반에서 40대 후반이라고 믿었다. 50세 이후는 쇠퇴기로 접어드는 기점, 그러니까 더 적은 것을 바라고 차선의 것으로 만족하기 시작하는 기점으로 인식되었다. 그리고 이것은 대다수의 사람들에게는 지금도 사실이다. 나이가 무려 오십이나 되었다는 것은 많은 사람들에게 노화라는 긴 겨울에 대비해서 인생에 판자를 둘러쳐야 할 때라는 의미로 다가온다. 심리학자 엘렌 랭거는 사람들이 나이가 드는 과정을 쇠퇴로 느끼는 이유 중 하나가 "나이가 들면 정신적, 사회적으로 적응력이 떨어진다."고 〈배웠기〉 때문이라고 지적한다. 젊었을 때 미리 굳어져버린 노화에 대한 때 이른 인식은 종종 2차 성장을 가로막는 걸림돌이 된다. 따라서 연령 기준은 행동과 발달을 동결시키고 정체시키는 역할을 한다.

그렇다면 우리는 이러한 문화적 편견을 어떻게 극복할 것인가? 전통적인 성역할 구분은 인위적인 것이라는, 30년 전 여성들의 발견에서 우리는 교훈을 얻을 수 있다. 연령 기준은 성적 고정관념 못지않게 인위적인 것이다. 연령 기준이든 성별에 대한 기준이든 둘 다 문화의 산물이지 우리가 유전적으로 타고난 것이 아니다. 여성들이 성역할을 비판하고 좀 더 오늘날의 현실에 맞게 재정의했듯이, 중년의 연령 기준에 대해서도 우리 모두가 그 유효성에 이의를 제기할 수 있고 중년의 개인을 규정하려는 그 영향력에서 벗어날 수 있다. 우리 마음속에서 굳어진 연령 기준이라는 것이 우리의 행동을 얼어붙게 만들고 어떻게 나이를 먹을 것인가에 대해 잘못된 정보를 제공하는 낡아빠진 각본인 것이다.

따라서 우리에게는 새로운 개념이 필요하고 미래의 가능성을 설명할 수 있는 새로운 어휘가 필요한 것이다. 〈서드 에이지, 제3의 연령기〉, 나는 이것이 중년의 삶을 쇄신하는 문제를 새롭게 생각해 보는 데 도움이 되는 개념이라고 생각한다. 우리의 인생 계획은 마치 유럽과 아시아 대륙 사이에 자리 잡고 있는 신세계에 대해 아무런 정보도 없었던 콜럼버스 이전에 만들어진 세계 지도와 같다. 우리가 지금까지 무의식적으로 그려온 지도에는 D로 시작되는 끔찍한 단어들로 정의되는 어두컴컴한 중간 지대가 있다. 그러나 지금 우리는 그 중간 단계에 많은 의미를 부여하는 새로운 지도를 그릴 수 있다. 그 시기는 우리의 잠재 능력이 발현되고 쇄신의 활력이 울려 퍼지는 R로 시작되는 단어들로 정의된다. 지금 우리는 성인기 발달에 있어서 역사상 중대한 분기점에 도달해 있다. 제3의 연령기는 무대를 마련하고 새로운 2차 성장을 시작하기 위한 미증유의 기회를 제공하고 있다. 우리는 그 무대로 성큼성큼 걸어 나가서 30년이라는 인생의 보너스를 활용해야 한다.

만일 우리가 이 책에서 소개한 마흔 이후 2차 성장을 위한 여섯 가지 원칙들을 생활 속에서 실천하는 법을 배운다면 사회와 개인에게 두루 그 과실이 돌아갈 것이다. 내가 지금까지 살펴본 사람들의 생애는 개인적인 성장 잠재력을 어떻게 실현시킬 것인가의 문제뿐 아니라 너무나 다양하고 훌륭한 사회적 명분에 개인으로서 어떻게 기여할 것인지 그 방법 또한 제시해 주었다. 변화와 발견에 관한 이야기, 예전에 비해 가능성이 증대된 개인적 성장과 사회적 향상에 관한 이야기, 그리고 더 커진 나눔과 희망에 관한 이야기들이야말로 성인기의 삶에 대한 우리의 조사 연구가 가져온 희소식이다.

2

마흔 이후, 인생의 2차 성장을 위한 6가지 원칙

중년의 2차 성장은 청춘의 1차 성장과는 다르다.
그 과정에는 오르내림이 있고, 왜곡과 굴절이 있으며,
두려움과 희망, 성취감과 상실감, 자신감과 회의, 야침 찬 출발과 중단이 함께 있다.
이처럼 자신을 휘감는 서로 상반되는 감정들로 인해 혼란을 느끼는 때가 중년이다.
하지만 이런 삶의 역설적인 요소들을 〈통합〉하는 것이 2차 성장의 시작이다.

**마흔 이후,
인생의 2차 성장을 위한
첫 번째 원칙**

중년의 〈정체성〉 확립하기

중년의 우리를 위축시키는 건 세월이 아니라,
지금 내가 살아가고 있는 고리타분한 삶의 방식이다.

왜 이 나이에 〈정체성〉을 생각해야 하지?

중년에는, 젊은 시절 사회와 타협했던 자신의 정체성으로부터
우리 자신을 자유롭게 풀어줘야 한다.

중년에 정체성을 재확립한다는 것은 제3의 연령기가 우리 앞에 던져놓은 가장 두려우면서도 흥미로운 도전 과제이다. 얼마 전까지만 해도 신뢰할 만한 정체성을 확립하는 일은 기본적으로 젊은이들에게만 주어지는 주된 과제로 인식되었다. 우선 건강한 정체성이 확립되어야 성인기의 도전 과제에 맞설 마음의 준비를 할 수 있기 때문이다. 그래서 심지어 아메리칸 익스프레스 사의 모토는 "정체성을 갖추지 못했으면 집을 나서지 마라."였다.

종종 뒤틀린 모습으로 나타나는 청년기의 정체성 형성 과정을 훌륭하게 조명한 심리학자 에릭 에릭슨은 말년에, 개인의 정체성 형성은 끊임없이 계속해서 진행되는 과정이어야 한다고 말했다. 우리는 눈부시게 빠른 속도로 발전하는 복잡한 세계 속에서 살아가게 되면서 전에 없던 새로운 성향을 띠게 될 뿐만 아니라 자신에 대한 인식 또한 확대하고 재정의하게 된다. 자신을 끊임없이 다시 규정하는 것은 건강한 성인기 발달을 위한 정상적인 요소로 받아들여지고 있다.

우리는 몇몇 연구 조사를 통해서 자신의 정체성을 새롭게 하고 심지어는 기본적인 틀을 바꾼 성인들을 만나볼 수 있었다. 예를 들어 무려 70년이 넘게 진행된 장수에 대한 버클리 대학의 유명한 연구에서, 사회학자 존 클로센은 성공적인 삶을 살아온 건강한 성인들의 경우 세월이 흐르면서 정체성이 진화한다는 것을 발견하고 스스로도 놀랐다. 수명에 대한 대부분의 연구들이 성인기에는 변화보다 안정에 더 중점을 둔다는 것을 보여주었지만, 클로센과 그의 동료들은 전혀 예기치 않은 방향으로 나아가고 있는 사람들을 발견했다. 그들은 지적으로 보다 활력이 넘치고, 정서적으로도 더욱 민감하며, 감정 표현도 풍부하고, 새로운 생활 방식에 그 어느 때보다도 지대한 관심을 가지면서 자신의 정체성을 새롭게 만들어 나가고 있었다. 그들은 때로 깊이 숨겨져 있던 자신의 특성을 발견하거나 새로운 방향을 계발하면서 자기 자신에게 스스로 놀라기도 했다. 그들은 오랫동안 당연한 것으로 알아왔던 자신의 역할과 습관적인 패턴에 의문을 제기했고 그럼으로써 스스로 변화할 수 있도록 문을 열어놓았다. 그들이 사회적 역할을 벗어버리고 젊음의 특성을 회복하면서 그것을 성인이 되어 얻은 강인함과 결합시킬 때 그들의 정체성은 점점 진화해 나갔다.

얄궂게도, 많은 경우 정체성의 새로운 발전을 가로막고 있는 요인은 우리가 중년 이전에 정체성을 구축하면서 거두었던 〈성공〉, 바로 그것이다. 그래서 우리는 중년에 이르기까지 우리 삶을 이끌어 준 정신적 모델, 습관, 역할들 속에 갇혀버리게 되는 것이다. 과거의 사회화 과정을 그대로 따르게 되면 새로운 가능성을 소홀히 하게 된다. 그저 아무 생각 없이 과거의 역할과 규범대로 나아가다 보면 눈앞에 더 넓은 수평선이 펼쳐져 있어도 종종 보지 못할 때가 있다. 우리 대다수는 신기한 것에 주의를 기울이지 않는다. 따라서 우리가 제3의 연령기를 위해 보다 새롭고 적절한 정체성을 수립하는 일에는 과거의 성취로부터 우리 자신을 자유롭게 풀어주는 것도 포함된다.

심리학자 로버트 키건과 리사 라헤이는 중년기에 우리가 풀어야 할 과제에 대해 흥미로운 제안을 내놓았다. 그것은 우리가 〈제도를 초월한 정체성〉을 구축해야 한다는 것이다. 우리의 정체성은 젊었을 때 사회화하는 과정에서 가정, 학교, 직장, 지역 사회와의 관계 속에서 각자 획득한 역할에 의해 형성되었다. 그 결과 우리는 사회와 자아 사이에서 타협을 하게 되었다. 젊었을 때는 자신에게 주어진 사회적 역할과 자신을 동일시하는 경향이 있지만, 이제는 그 역할을 초월해서 자율성을 가져야 하고 그러면서 동시에 자아를 실현할 수 있어야 한다. 더욱 길어진 수명과 더 건강한 생활 방식으로 우리는 젊었을 때의 타협을 넘어설 수 있는 기회를 얻었고, 그리하여 더욱 풍요롭고 색다른 정체성을 창조할 수 있게 되었다. 그것이 바로 이 조사 연구에 응해준 사람들이 발견하게 된 사실이었다. 그리고 이런 깨달음은 사실 작정하고 얻은 것이라기보다는 우연히 얻어지는 경우가 훨씬 많았다. 어떤 남성은 이 과제를 이런 식으로 표현했다.

"제 자신이 다시 한 번 사람이 되어야 할 때인 거죠."

이들은 보다 자유로운 상태에서 개성 있는 자아를 창조할 수 있는 공간인 미지의 영역으로 나아가면서 과거에 자신에게 부과되었던 다양한 역할들을 재정의했다. 그들은 과거에 자신에게 주어졌던 역할을 지나치게 심각하게 받아들일 필요가 없다는 것을 마음에 새기고, 동시에 자신의 개인적 가치는 어떤 특정한 역할을 넘어서는 것임을 깨닫고 있다.

아마도 제3의 연령기의 성공 여부는 장수 혁명이 우리에게 제공한 기회에 우리가 현재 얼마나 성실하게 부응하느냐에 달려 있을 것이다. 인생의 후반기에 우리가 어떤 사람이 되고 있는지를 살펴볼 때 가장 중요한 것은 외적인 성취가 아니라 개인적인 삶의 다양성과 그 질적 수준인 것이다.

우리를 위축시키는 건 세월이 아니라, 삶의 방식이다

"거울아, 거울아. 이 세상에서 누가 제일 예쁘니?"
"쉰 살 넘은 사람 중에는 없습니다요."

새로운 정체성을 수립한다는 것은 그리 쉬운 일이 아니다. 우리 사회는 성숙함에 대해 호의적이지 않다. 만일 백설공주의 계모처럼 우리가 "거울아, 거울아, 이 세상에서 누가 제일 예쁘니?"라고 묻는다면 "쉰 살 넘은 사람 중에는 없습니다요."라는 대답이 돌아올 것이다. 그러니 우리가 제대로 된 중년의 정체성을 만들어 가기가 어려울 수밖에 없다. 젊음을 지향하는 우리 사회는 매력과 가치는 나이와 반비례한다고 간주하는 경향이 있다. 나이가 들면 들수록 매력과 가치는 점점 감소한다는 것이다. 대중매체에서 선택하는 상업적 이미지 역시 우리가 얼마나 젊음을 우상화하는지를 보여준다.

나이에서 오는 성숙함을 평가절하하는 문화는 우리의 노력을 좌절시킨다. 원숙한 성인들은 흔히 자신들이 내면에서 대화하는 자아와 거울에 비친 자신의 모습 사이에서 불일치를 느낀다. 그들은 거울로 보는 자신의 모습을 좋아하지 않는다. 나이 오십이 된 한 남자는 이렇게 말했다.

"제가 나이가 들어가고 있다는 건 압니다. 하지만 매일 아침 면도를 하면서 제가 거울 속에서 만나게 되는 그 남자만큼 늙었다는 건 믿

첫 번째 원칙, 중년의 정체성 확립하기 59

을 수가 없어요."

또 50대 후반의 한 남자는 자기는 스스로를 아버지 세대쯤으로 생각하는데 젊은 여자들이 자기를 이상적인 할아버지 상으로 간주할 때는 당혹감을 느낀다고 했다. 아가씨들에게 매력 있는 남자로 보이는 걸 즐겼던 또 다른 남자는 마치 자신이 투명인간이라도 되는 것처럼 젊은 여자들이 본 척 만 척 스쳐 지나가기 시작하면서 충격을 받았다. 또 매력적인 한 여성은 헤어진 옛 남자가 그녀보다 스무 살이나 젊은 그녀의 딸에게 더 매력을 느낀다는 것을 알아차리고는 경악을 금치 못했다. 이것은 그저 우리를 환상에서 깨어나게 하는 경험이 아니라, 우리의 정체성을 짓밟는 경험인 것이다. 나는 종종 중년의 남자와 여자들이 차마 두려워서 거울에게 물어보지 못하는 질문을 친구들에게 하는 것을 들었다.

"내가 몇 살로 보여? 내가 저 여자(남자)만큼 나이 들어 보이니?"

이런 경우 친구들이 진실을 말해 줄 것으로 기대해선 안 된다. 당신은 완벽한 진실은커녕 진실과 거리가 먼 대답을 듣게 될 것이다. 우리는 나이를 먹어가면서 특히 자신의 외모를 마음에 들어 하지 않으며, 나이를 있는 그대로 받아들이는 것을 어려워한다. 이런 태도가 우리의 앞길에 커다란 장애가 될 수 있다.

앞서 말했듯이 우리는 나이에 대한 우리의 태도와 믿음을 비판적으로 검토해 볼 필요가 있다. 이것이 왜 그토록 중요할까? 저명한 노인학 학자인 제임스 바이렌 박사는 〈나이 듦에 대한 그릇된 관념〉에 동조하는 것이 얼마나 위험한 일인지를 간명하게 설명했다. 즉 우리가 받아들이는 내용은 신경에 저장된다. 뇌는 이렇게 학습된 내용을 신경의 나머지 부분에 전달해서 우리의 행동과 발달에 영향을 미친다. 만일 우리가 나이 든다는 것에 대한 부정적인 견해를 받아들인다면 긍정적인 견해를 가진 사람들에 비해서 한 살 한 살 나이를 먹는 것을 〈퇴보〉로 받아들일 가능성이 훨씬 더 커진다는 것이다. 성인의 자아 실현과 발달에 관한 탐구 프로그램을 만든 게이 루스 박사는 우리를 위축시키는 것은 세월이 아니라, 한 걸음씩 내딛을 때마다 진정한 자기 모습을 잃어버리면서 그 세월을 살아가는 〈삶의 방식〉이라는 날카로운 지적을 했다. 우리가 무의식중에 나이와 나이 듦에 대한 부정적인 고정관념을 받아들이는 것은 풍요롭고 활기차며 창조적으로 전개될 중년의 정체성 발달에 큰 위협이 된다. 우리의 신경 세포에 그 관념들이 돌이킬 수 없을 만큼 깊이 새겨지기 전에 우리가 나이 듦의 신화로부터 혹은 베티 프리던의 말을 빌면 〈나이의 신비〉로부터 우리 자신을 자유롭게 풀어줘야 하는 이유는 바로 그 때문이다.

　나이 듦에 대한 편견으로 가득 차 있는 우리 문화 때문에 우리는 누구나 〈때 이른 퇴행의 길〉로 접어들 위험에 노출되어 있다. 얼마 전에 젊고 활기차 보이는 두 50대 남자가 나누는 대화를 들었다. 그 중 한 남자는 최근에 늦둥이를 얻었는데 거의 하루도 거르지 않고 운동을 한다면서 이렇게 말했다.

"나이 오십줄에 접어들어도 특별히 무슨 일이 일어나는 것 같지는 않은데 그래도 부쩍 나이 들었다는 걸 느껴."

그러자 그의 친구가 대답했다.

"그럼 안 되지. 거기에 대해 아예 생각을 하지 마."

"그래, 그러려고 노력해야겠어. 그런데 운동을 할 때는 저절로 그런 생각이 들더라고."

그와 함께 일주일에 나흘씩 수영을 함께했던 나는 그의 외모나 운동 능력이 달라진 것을 전혀 느끼지 못했다. 변한 것이 있다면 문화적 편견으로 해석되는 〈꺾어진 백 살〉 생일을 계기로 생겨난 그의 자아상이다. 문화적 고정관념이 빚어낸 틀 속으로 그의 정체성이 야금야금 들어가고 있는 것 같았다.

당신의 정체성에 반성적 사고를 적용함에 있어 문화 권력이 활기차고 창조적이고 풍요로운 중년기 정체성에 불리하게 작용한다는 점을 고려해야 한다. TV에서, 영화에서, 드라마에서, 혹은 광고에서 나이 오십이 넘은 사람은 매력 없고 우스꽝스럽고 푼수 같고 다소 우둔하게 그려진다. 대중매체는 젊음을 우상화하는 것에 덧붙여서 때로는 원숙함에 대한 악의 없는 편견을 표출한다. 「내 나이 예순넷이면When I'm sixty-four」이라는 비틀스의 노래처럼, 젊은이들은 쉰 살 혹은 예순 살이 넘으면 인생의 반감기(주어진 모원소가 방사능을 방출하면서 그의 원소 중 절반이 붕괴되기까지의 걸리는 시간으로, 여기서는 인간의 가치가 뚝 떨어지는 시기를 일컫는다.)가 오는 것으로 생각한다.

60세가 넘은 사람들은 기껏해야 벽난로 앞에서 뜨개질이나 하고 정원을 손질하고 일요일 아침에 공원이나 산책하는 등의 조용한 즐거움이나 기대할 수 있을 거라고 보는 것이다. 대중문화에서 예순 살은 백 살과 하등 다를 게 없다. 이처럼 편견에 가득 찬 대중문화적 관점이 우리 뇌 속에 스며들어 활개를 치고 있는 건 아닐까?

중년에 대한 고정관념은 또한 현대 문학에도 두루 영향을 미치고 있다. 미국의 가장 뛰어난 작가들도 일부 그런 고정관념을 드러낸다. 존 업다이크는 래빗이라는 주인공에 초점을 맞춘 네 권의 연작 소설에서 자신과 동시대인의 인생행로를 연대기 순으로 그려냈다. 30년 동안 래빗은 현대 사회의 전형적인 각본대로 삶을 영위한다. 그는 20대에는 고통스런 결혼 생활에서 달아나기 위해 달리고, 30대에는 생활 방식들에 대한 실험을 하고, 40대에는 사업과 결혼에 정착하고, 50대에는 은퇴한다. 네 번째 편을 쓸 당시 래빗도, 업다이크 자신도 오십을 넘긴 나이였다. 그 나이에 피곤에 지치고 좌절감과 비애에 젖은 중년의 남자 래빗은 일찌감치 삶의 끈을 놓아 버리고 심장마비로 세상을 떠난다. 작가는 이 작품에서 우리 나이가 오십이 넘으면 이미 막다른 골목에 이른 셈이라는 메시지를 전하고 있다.

여성 소설가들 역시 비슷한 얘기를 들려주고 있다. 친구 남편 장례식에 참석하기 위해 하루 동안 여행을 하는 중년 부부의 초상에서 작가 앤 타일러는 50세의 남편이나 그의 아내가 느끼는 슬픔은 죽음을 의식해서가 아니라, 〈패배감〉 때문임을 드러내고 있다.

그는 쓸쓸하고 피곤했으며 아무런 희망이 없었다. 아들의 인생은 결국 엉망이 되었고, 딸은 아버지를 무시했다. 그는 자기 인생이 대체 어디에서부터 잘못되었는지 아직도 알 수가 없었다.

그들은 젊지도 그렇다고 늙지도 않았지만, 현실에서는 결코 젊은 시절의 꿈을 이룰 수 없으리라는 사실을 알 만큼은 나이를 먹었다. 그들에게 혹시라도 전성기가 있었다손 치더라도 그건 벌써 과거의 일이다. 그들은 앞으로 다가올 일들보다는 과거에 어땠는지를 머릿속으로 그리고 있다. 또 다른 소설에서 앤 타일러는 자신을 당연한 존재로 취급하는 가족으로부터 벗어나고자 하는 어느 여인의 이야기를 들려주고 있는데, 이야기는 결국 그 여인이 떠났던 자리로 되돌아오는 것으로 끝을 맺고 있다. 타일러가 그린 세월의 사다리에서 중년은 이미 사다리를 내려가는 존재들이다. 마흔 혹은 쉰 살이 넘은 사람이 그동안 굳어져버린 삶의 방식을 깨뜨리려고 애쓴다면 그것은 어리석은 일이라는 것이 아마도 작가가 전하고자 하는 메시지인 듯하다. 우리 문화에서 가장 높은 위치에 있는 사람들조차 반세기 넘게 살았으면 짐을 쌀 때라는 믿음을 그런 식으로 표현하고 있는 것이다.

얄궂게도 실제 나이 든 사람들은 이런 부정적인 고정관념을 종종 입증해 보여준다. 캘리포니아의 거대한 실버타운인 레저 월드에서 실시한 한 조사는 그곳의 60대 초반의 노인들과 70이 넘은 노인들 사이에 적대감이 점점 깊어지고 있음을 보여주었다. 중년과 나이 듦에 대한 연구로 유명한 버니스 뉴가튼 박사는 사람이 나이가 들수록 구속성을 지니는 연령 기준이 보다 힘을 발휘한다는 사실을 알아냈는데, 이것이 레저 월드 현상에 대한 설명이 될 수도 있을 것이다. 나이가 60대인 사람들은 자신들보다 더 나이가 많은 사람들과 똑같은 노인으로 취급되는 것을 원치 않는다. 나는 70대에 접어드신 아버지가 시간이 너무 많이 남아서 괴로워하시기에 노인회에 나가보시라고 했다가 설득에 애를 먹은 적이 있었다.

"안 돼. 그들은 너무 늙었어."

노인회에 오시는 분들이 대부분 아버지보다 열 살은 젊다고 몇 번이나 말씀드려도 아버지는 똑같은 말만 되풀이하셨다. 아버지의 신경 세포에 새겨진 나이 듦에 대한 고정관념이 아버지의 태도를 형성하고 결국 요양원에서 생을 마감하게 하는 데 일조한 것이다. 아버지는 그곳에서 8년으로 길게 늘어진 죽음의 시간을 보내셨다. 아버지를 망친 것은 세월이 아니라, 쉰 살 이후에 아버지가 강인하고 창조적인 자신을 조금씩 포기하면서 그 세월을 살아오신 〈삶의 방식〉이었다. 아버지는 너무 짧게 살고 너무 길게 죽은 것이었으며, 그것은 어쩌면 아버지가 그 밖의 다른 방법을 알지 못하셨기 때문일 것이다.

내 안의 〈어린아이〉에게 손 내밀기

그동안 억압해 왔던 우리 내면의 어린아이를 해방시켜 주는 것,
그래서 〈자신을 용서〉할 줄 아는 능력을 회복하는 것이 중년기 성공의 척도다.

젊음을 회복한다는 것은 오해를 불러일으키기 쉽다. 점점 젊어지는 것과 퇴행하는 것, 혹은 결코 성숙해지지 않는 것 사이에는 엄청난 차이가 있다. 나는 활기 넘치고 모험심으로 가득 찬 중년의 청년을 인터뷰한 적이 있었다. 며칠을 그와 함께 지내고 나니 시간이 갈수록 그가 미성숙한 사람으로 보였다. 그가 가장 신이 나서 하는 대화는 그 자신에게 초점을 맞춘 것이다. 그는 나이 들어간다는 생각 자체를 혐오했고 나이 든 사람들과는 어울리지도 않으려고 했다. 그는 달력상의 나이를 부인하는 데 전력을 기울이고 있었다. 그의 생활 방식은 상상력이 풍부하고 속박 없이 무엇이든 제멋대로 하는 사춘기 말기쯤의 낭만적인 이형이었다. 하버드 대학의 베일런트 박사는 장수에 관한 연구에서 그런 미성숙한 성인들을 가리켜 〈영원한 소년Perpetual Boys〉이라고 명명했다. 우리는 중년기에 대한 적응력이 최악인 사람들 사이에서 나이를 부인하는 경향을 찾아볼 수 있다. 그러나 젊어진다는 것은 자신이 살아온 세월을 부인하거나 퇴행하는 것이 결코 아니다.

젊어진다는 것에 대한 논의에 의심스럽다는 듯 눈썹을 치켜올리는 사람들도 있다. 그게 정말 가능하단 말인가? 인생의 후반기에

정말로 다시 젊어질 수가 있단 말인가? 중년의 회춘 가능성은 최근 들어 사회과학의 강력한 지지를 받아왔다. 인류학자인 애실리 몬테규는 진화 과정에서 인간이 보여준 성공적인 적응과 발달을 설명하는 데 도움이 되는 놀라운 사실을 발견했다. 다른 동물들과 달리 우리 인간은 세상에서 혼자 힘으로 살아갈 수 있는 상태가 아닌, 미발달의 태아 상태로 태어난다. 거의 탄생 직후부터 독립적으로 살아갈 수 있는 다른 동물들과는 달리, 인간은 모체에 전적으로 의존해야 생명을 유지할 수 있는 무력한 존재들이다. 게다가 인간은 유아기의 유치한 특성들을 평생 지니고 산다는 점에서 여타의 동물들과는 다르다. 예를 들어, 유인원과는 대조적으로 인간은 두상의 모양, 몸의 크기, 그리고 상대적으로 털이 적은, 누가 보아도 유아기에 해당하는 특성들을 발달 전 과정 내내 가지고 있다. 그는 이를 유형幼形 성숙(인간이 다 커서 성인이 되어서도 어렸을 때의 특성을 갖는 것, 예를 들어 학습과 놀이에 충실한 유아기가 지나서도 여전히 지식을 갈구하고 놀이에 빠지는 것 등을 말한다.)이라고 부른다. 이 용어는 주로 인간의 생리학에 적용되는데 인간의 몇 가지 두드러진 특성들에 대한 진화론적 설명을 제시하는 데 유용하다.

    몬테규는 성년기에 이른 인간의 개별적인 진화로 관심을 돌리면서 유형 성숙이 건강한 발달에 적용된다는 것에 주목한다. 생리학적인 특성에 덧붙여서 개방적인 마음, 호기심, 새로운 아이디어에 대한 시험, 독창성 등과 같은 어린 시절 젊음의 행동 특성들은 인간의 성공적인 적응에 기여해 왔다. 어린아이와 같은 특성 중에 또 중요한 것으로 즐거움, 흥분, 웃음, 장난기 등이 있다. 몬테규는 유형 성숙을 신체적인 특성에서 행동 특성으로 확대함으로써 인간이란 존재는 평생토록 매일 젊음을 유지하는 것으로 성인기에 대변혁을 가져올 수 있다고 주장한다. 그는 유형 성숙의 이론을 인간의 성인기 발달에 적용함으로써 젊음의 행동 특성들이 우리의 개인적 진화에 영향을 미치게 하는 것이 삶의 적절한 목표가 될 수 있을 거라고 믿는다. 이는 결국 나이가 들수록 젊어진다는 것을 의미한다! 유형 성숙의 견지에서 보면 인생의 목표는 나이 들수록 점점 젊어지는 것, 그리고 젊어서 죽는 것, 가능한 한 늦게 말이다. 이렇게 거꾸로 뒤집힌 생각의 즐거운 변주가 영화 「해롤드와 모드」에 나타나는데, 그 영화에서 79세의 할머니는 자기 억압이 심하고 병적으로 음울한 젊은이에게 어린아이 같은 특성들을 받아들이는 법을 가르침으로써 그의 인생을 억압에서 해방시켜 준다.

칼 융 역시 비슷한 지적을 했다. 그는 "모든 성인들의 삶에는 어린아이가 한 명 숨어 있다. 영원한 어린이, 늘 무언가가 되어가고 있고, 그러나 결코 완성되지는 않으며, 끝없이 보살펴주고 관심을 가져주고 교육을 시켜줄 것을 요구하는 어린아이가 우리 안에 숨어 있다."고 믿었다. 융은 개체화(자아 실현에 대한 그의 독특한 용어)의 과정이 오직 단 하나뿐인 의미 있는 생명을 만들어 낸다고 믿었다. 자기 내면의 어린아이를 다시 일깨우는 것이 궁극적인 성공의 척도이고, 그것이 바로 우리의 소명이라는 것이 융의 견해이다.

심리학자 데이비드 거트먼은 자신의 이상한 행동에 대한 임상적

관찰과 치료를 허락한 한 중년 여성에 대해 묘사하면서 융의 이 같은 견해를 뒷받침했다. 거트먼은 그녀의 이상야릇한 몸짓은 독창적인 분출구를 찾으려고 애쓰는 억압된 정신적 에너지 때문이라고 주장한다. 그녀의 내부에 있는 소녀가 밖으로 나오기 위해서 기를 쓰고 있다는 것이다. 심리학자 에밀리 핸콕 역시 성인 남성들을 대상으로 한 소규모 조사에서, 인생 후반기에 그들이 이룬 성장은 사춘기에 도달하기 이전의 소년 시절을 재발견하고 재확인한 결과라는 것을 알아냈다. 결국 우리가 앞으로 나아가기 위해서는 반드시 뒤를 돌아보아야 하는 것이다.

"관 속에 누운 채 한 아이가 죽어가고 있었습니다.
 그 아이가 바로……, 저더군요."

나는 매튜를 통해서 자신의 나이를 인정하고 자신이 유한한 존재라는 사실을 받아들이면서도 나이 들수록 점점 젊어지는 〈역설〉의 원칙을 보다 분명히 볼 수 있었다. 처음 인터뷰를 했을 때 50세였던 캐나다 출신의 공무원 매튜는 대학에서 보조금이 지원되는 특수 프로그램을 맡고 있었다. 그는 지금이 자기 인생에서 최고의 시기라고 내게 말했다. 결혼 생활도 무난했고 세 자녀도 잘 자라주었다. 건강도 좋았고 즐기는 운동도 많았다. 하지만 만약 내가 몇 년 전에 그를 인터뷰했다면 그는 엄청난 고통 속에서 헤매고 있었을 것이다.

"제가 생각해도 지난 몇 년간 전 정말 많이 변했어요. 8년 전쯤 그때 저는 덫에 걸린 심정이었어요. 모든 게 잘되어 갈 거라는 믿음이 있었는데도 그것과는 상관없이 위기가 오더군요. 가정이나 결혼 생활도, 직장도 건강도 별 탈 없었어요. 그런데도 마치 발밑에서 뭔가가 빠져나가는 느낌이라고 할까요? 인생의 의미에 대한 물음이 저를 떠나지 않았어요. '나는 무엇을 하고 있는가? 내 인생의 목표는 무엇인가?' 웬일인지 속이 텅 빈 듯한 기분이었어요. 저는 이렇게 생각했죠. '내가 내일 죽는다 해도 무슨 상관이란 말인가.' 그동안 너무나 중요하게 끌어안고 살아왔던 것들, 그러니까 직업이나 돈 같은 것들이 너무나 속절없게 느껴졌습니다. 그래서 한 일 년쯤 전문가의 상담을 받았습니다. 저는 그 과정을 통해서 직업이나 외부적인 성취에 제가 지나치게 큰 비중을 두고 살아왔다는 것을 깨달았죠. 그러면서 제 자신이 가진 중요한 면들을 무시해 왔던 거죠.

특히 제가 가진 어린아이 같은 특성들을 너무 홀대해 왔어요. 장난스러움, 상상력, 독창성 같은 것들 말이죠. 그 당시 저는 이상한 꿈을 반복해서 꾸곤 했어요. 자기가 죽어가고 있는 것이 제 탓인 양 저를 책망의 눈길로 바라보고 있는 어린아이가 자꾸 꿈에 보였어요. 때로 그 아이는 관 속에 누운 채 죽어가기도 했어요. 제가 손을 뻗어 그 아이를 안아주면 아이는 다시 살아나곤 했죠. 마침내 저는 그 아이가 바로 제 자신이라는 것을 알아차렸습니다. 제 안에 있는 아이를 돌보아야 한다는 것을 그때 깨달은 거죠. 그리고 인생을 즐기는 것이나, 상상력을 발휘하는 것이나, 과거를 돌아보는 것에 대해서도 아직도 저는 배울 게 많다는 걸 깨달았습니다."

내가 인터뷰했던 사람들 중에 삶의 의미에 대한 회의 때문에 중년의 위기를 맞은 사람은 소수였지만, 매튜가 그랬듯이 몇몇 사람들은 적응과 성취의 과정에서 인생에서 그들에게 매우 중요한 것을 소홀히 취급해 왔다는 것을 느꼈다. 매튜는 스스로 자기 자신을 괴롭혀 온 것이다. 인생의 정상에서 그는 우울 속으로 빠져든 것이다.

그는 심리 치료사와 대화를 나누면서 유년기의 꿈에 주의 깊게 귀를 기울일 필요가 있음을 알게 되었다. 그의 내부에 있는 아이가 일에 대한 그의 집착과 몰두를 비난하고 있었는데, 왜냐하면 그 역할이 그의 어린아이다운 중요한 특성들의 목을 조르고 있었기 때문이다. 그러니까 그가 가진 당시의 정체성은 그의 성장과 불협하는 사이였다. 그는 질식해 죽어가고 있는 내면의 어린아이에게 화답해 주는, 그래서 제도를 초월한 자아를 발달시킴으로써 정체성과 생활 방식을 다시 구축해야 했다.

매튜는 그 꿈이 전하고자 하는 메시지에 실제적인 방식으로 응답했다. 그는 사소한 것들부터 차츰 조정해 나갔다. 직장에서 그는 다른 이들에게 권한을 대폭 이양했고, 사람들과 보다 친밀하고 정감 있는 교류를 나누고자 했으며, 일상에서도 자주 웃으려고 노력했고, 직장에서도 긍정적으로 생각하는 데 많은 시간을 할애했으며, 일보다 사람을 중시했다. 그는 또한 생활 방식을 고쳐서 명상과 인간관계, 여가 활동을 위한 시간을 좀 더 많이 가질 수 있도록 했다. 이런 변화들을 시도한 결과 그는 기본적인 가치를 보다 명확히 할 수 있었고 자아 실현에 한 발 가까이 다가갈 수 있었다.

"이제야말로 제 자신으로 돌아온 기분이에요. 그동안 너무 일과 성공에만 집착해 왔어요. 그게 세상사 전부인 줄 알았죠. 하지만 이제 본질적인 것에 좀 더 가까워졌다고 할까요. 이 모든 것을 통합하려고 노력 중입니다. 이제야 제가 내적으로 성숙해지고 있는 느낌이 듭니다."

쾌활한 장난기, 배움에 대한 개방적인 태도에 덧붙여 아동기의 중요한 특성이 또 하나 있다면 그것은 실패를 용서하고 실수를 통해 배우려는 기꺼운 마음이다. 성인들은 과거에 자신이 저지른 실수에 대해 후회하는 말을 종종 한다. 자녀 양육과 직장일, 인간관계, 생활 방식 등에서 "내가 그때 그걸 알았더라면, 혹은 그때 그렇게 하지 않고 다르게 했더라면 좋았을 텐데." 하는 식으로 말이다. 후회되는 일들만 곱씹고 있는 것은 분명 2차 성장에 걸림돌이 될 수 있다. 어린아이들은 배우고 성취하기 위한 자신들의 노력을 그다지 심각하게 생각하지 않는다. 그들은 맨 첫 번째 시도에서 모든 일이 잘될 거라고 기대하지도 않는다. 그들은 실수를 통해 배운다. 아이들은 한 번 실수는 병가지 상사라는 것을 알고 있다.

우리 대다수는 완벽한 배우자로, 완벽한 부모로, 완벽한 직장인으로, 완벽한 전문가로서의 정체성을 만들어 가려고 노력한다. 우리의 정체성은 우리에게 주어진 온갖 사회적 역할들 때문에 자신이 중요한 사람이라는, 한껏 부풀려진 생각으로 꽉꽉 채워진다. 하지만 매튜는 자신을 여전히 실수를 저지르고 어떤 일들은 잘 해내기도 하고 어떤 일들은 그렇지 못한, 발전하고 탐구하고 발견할 여지가 너무나 많은 어린아이로 보는 것이 마음에 자유와 평화를 가져다준다는 것을 깨달았다. 실패는 학습의 일부이다. 겸손하게 행동하고 자신을 용서할 수 있는 능력을 회복함으로써, 우리는 어른들의 세계 속에서 어린아이의 특성을 회복할 수 있다.

심리학자 제롬 브루너는 말년에 이르러서 자기 내면에 있는 어린아이의 존재를 알게 되었다. 그 아이는 평소보다 훨씬 그에게 할 말이 많은 것 같았다. 나는 그의 자서전을 읽으면서 50세 이후의 개인적 성장이란 어린 시절로 돌아가는 것을 의미하며, 그것은 단지 과거를 반복하는 것이 아니라 그 과거를 회복하고 재생해서 좀 더 나은 사람이 되는 일이라고 말하는 그의 목소리를 들었다. 매튜는 좀 더 전인적인 사람이 되기 위해 자각하고 포용해야 할 특성들이, 그러니까 자발성과 쾌활함, 경험에 대한 개방성, 호기심, 감정과 상상력이 자기 내면의 아이에게 있음을 깨달았다. 영국의 유명한 시인 윌리엄 워즈워스가 노래했듯이 "어린이는 어른의 아버지이다." 내면의 아이에게 귀를 기울임으로써 우리는 개인적인 뿌리를 되찾고 보다 나은 균형 잡힌 풍요로운 정체성을 소유할 수 있다.

이제 60대가 된 매튜는 활기 넘치고 풍요로운 개인의 정체성을 쌓아가기 시작한 지 10년이 넘었다. 그는 40대였을 때보다 오히려 지금 외모나 정체성 면에서 팔팔한 젊음이 더 부각되고 있다.

죽음을 인식하는 건 오히려 성장에 도움이 된다

그러나 매튜의 변화에 관한 이야기에는 2차 성장의 원칙을 우리 삶에 적용하면서 맞닥뜨리게 되는 과제를 더욱 어렵게 하는 또 하나의 측면이 있다. 꿈 속에서 매튜는 내면의 아이뿐만 아니라 자신이 언젠가는 죽을 운명이라는 현실을 보았다. 그의 꿈이 지닌 중요한 주제는 잃어버린 유년 시절, 그리고 자신이 죽어간다는 사실이었다. 두 가지 다 우리가 해결해야 할 것들이다. 사람은 누구나 죽는다는 당연한 사실을 기꺼이 받아들이는 것 역시 새로운 정체성의 일부분이다. 영국의 한 심리 분석가가 중년의 위기라는 이론을 창안할 때 주장했듯이, 죽음을 받아들인다는 것이 그리 비극적인 경험이어야 할 이유는 없다. 매튜는 위기를 인정했지만 그것은 그가 늙어간다거나 죽을 운명이라는 자각과는 아무 상관이 없었다. 그의 위기를 부른 것은 멎어버린 성장과 내면의 아이에게 가한 억압 때문이었다. 매튜는 두 가지 방식으로 꿈에 응답해야 했다. 하나는 내면의 아이의 숨통을 틔워져야 하는 것이었고, 다른 하나는 자신의 노화와 피할 수 없는 죽음을 받아들이는 것이었다.

매튜는 자신이 유한한 존재라는 깨달음이 그리 충격적이지 않다는 것을 발견했다.

"저는 죽음을 의식하고 있고 그것에 대해 생각합니다. 죽음에 대한 인식은 사실 제가 성장하는 데 도움이 됩니다. 제 안으로 더 깊이 들어갈 수 있게 해주고 제 자신에게 더 충실하도록 노력하게 해주니까요. 무엇이 중요한 것인지 끊임없이 생각하게 해주고 옳게 보이는 방향을 선택하게끔 도와주기도 하죠."

중년의 쇄신과 자신의 죽음에 대한 건강한 수용 사이에는 공통점이 있는 듯하다. 정신분석가 어빈 얄롬은 "대체로 삶에 만족하지 못할수록 죽음에 대한 불안은 커진다."고 말했다. 내 조사 대상자 중에는 암으로 죽어가는 여성들이 몇 명 있었다. 그 중 한 명에게 내가 물었다.

"죽음에 아주 가까이 다가간다는 것이 당신에게는 어떤 의미를 지니나요?"

"제가 누리고 있는 삶을 소중히 여기도록 해주더군요. 이런 상황에 처한 사람들은 이 위기를 헤쳐 나오면서 잔뜩 겁을 먹을 수도 있고 감사하는 마음을 가질 수도 있어요. 처음엔 저도 겁이 났죠. 하지만 결국 모든 게 고맙게 생각되더라고요."

삶에 만족하지 못할수록 죽음에 대한 불안이 커진다. 자신이 언젠가 죽을 운명임을 아는 것이 매튜로 하여금 삶과 화해하게 했고, 우선순위를 다시 조정하게 했으며, 자아 실현에 전념하게 했다. 융처럼 그는 이것을 소명이라고 보았다. 그가 말했다.

"우리는 신의 유일무이한 피조물입니다. 그래서 우리에겐 각자 잠재 능력을 최대한 발휘할 의무가 있다고 생각해요."

전인적인 사람이 된다는 것은 양방향으로 움직인다는 것이다. 우리는 자신이 늙어가고 있다는 사실을 받아들일 필요가 있다. 길어진 수명이 보너스로 주어졌다 해도 영원히 살 수는 없다. 우리는 누구나 죽을 것이다. 죽음을 받아들이는 것은 정체성을 새롭게 하는 과정의 일부이다. 나이가 들어가는 과정에는 필연적으로 상실이 뒤따른다. 하지만 우리는 현실적인 낙관주의로 새로운 출발과 종말을 통합하고, 나이 들수록 점점 젊어지는 것과 늙어가는 과정을 하나로 통합할 수가 있다. 이러한 이중 시각 덕분에 우리는 제3의 연령기에 만족감을 느낄 수 있는 생활 양식과 성숙한 정체성을 위해 필요한 전체적인 시각을 가질 수 있을 것이다.

젊음과 원숙함, 그들의 대통합

자신의 나이를 부정해서도, 자신의 진정한 젊음을 외면해서도 안 된다.
원숙함이 결여된 젊음의 추구는 미성숙한 성인이 저지르는 최악의 추함이다.

많은 사람들이 중년기의 정체성 문제와 씨름하면서도 여전히 사회적 제도와의 관련성에 초점을 맞춘다. 비본질적이고 외부적인 기준으로 성공을 가늠하고, 자신들에게 주어진 역할과 자신을 동일시하는 것이다. 그들은 은퇴할 때까지 가능한 한 그렇게 오랫동안 확립된 정체성을 끝까지 붙잡고 있으려 한다. 하지만 자신이 수행하는 역할과 자신을 지나치게 동일시하면 은퇴 후에 초라해진 자신을 발견하게 되기 때문에 적응하기가 훨씬 더 어려워진다. 당신이 아무 역할도 없는 은퇴자로 접어들면 당신은 도대체 어떤 사람이 될까? 어떤 사람들은 문화적 고정관념을 그대로 받아들여 너무 일찍 나이를 먹어버린다. 아주 소수의 사람들만이 자신의 나이를 부정하려는 태도를 보이면서 지금의 자신이 아닌 예전의 그 사람인 척 행동한다. 적어도 이 조사를 시작하기 전까지 내가 관찰한 바로는 그랬다. 하지만 새로운 정체성을 구축하는 또 다른 선택이 가능하다는 것을 발견한 것은 바로 그때였다.

"순간, '나는 아직도 젊은 사람들을 너끈히 따라할 수 있다? 그래서 어쩌겠다는 건데?'라는 생각이 확 밀려오더라고요."

데이브의 경험은 이 새로운 선택이 갖는 한 단면을 생생하게 보여준 사례였다. 하지만 처음에는 그 역시 자기 나이를 부인하고 싶은 마음을 극복해야 했다. 키가 크고 마른 편인 55세의 데이브는 퇴직할 때까지 엔지니어로 한평생을 살아온 사람이다. 우리가 처음 만났을 때 그는 새로운 방향으로 자신의 인생을 개척하기로 했다는 이야기를 하느라 열을 올렸다. 인터뷰를 할 때도 마치 얼른 해치우고 싶은 사람처럼 속도가 매우 빨랐다. 나는 그의 넘치는 에너지가 이제 코앞으로 다가온 첫 번째 결혼에 대한 기대감 때문이라는 것을 알게 되었다. 그는 곧 있을 이 커다란 행사와 관련해 슬슬 자기 이야기를 들려주었다.

데이브는 공대를 졸업한 후 대학원에 진학하지 않고 바로 엔지니어의 길로 들어섰다. 그는 자기 일을 사랑했고 승진도 제때 했으며 일에 모든 것을 바쳐 일중독자가 되어 살았다. 그러는 동안 부모님은 연세가 드셨고 노환이 나타나기 시작했다. 그분들은 데이브와 그의 여동생에게 완전히 의존해서 살다시피 하셨다. 데이브는 부모님을 부양했고 여동생이 자신의 집에서 함께 살면서 부모님을 보살펴 드리게 했다. 30대와 40대 초반에는 부모님과 동생, 그리고 일만이 그의 주된 관심사였다. 그의 부모님은 점점 쇠약해지셨고 집에만 계시다가 결국 세상을 떠나셨다.

데이브는 부모님이 돌아가신 후 여동생과 좀 더 많은 시간을 보내면서 외출도 종종 하면서 인생을 즐길 생각이었다. 여행도 다닐 계획이었다. 그런데 동생이 그만 병에 걸려 동생 혼자라도 좀 더 따뜻한 지역으로 이사를 해야 했다. 그 무렵 그는 임원으로 승진시켜 주겠다는 회사 측의 발령을 기대하고 있었다. 하지만 그런 일은 일어나지 않았고 그 자리는 그보다 젊은 사람에게 돌아갔다. 그는 섭섭한 마음에 결국 회사를 떠나기로 결심했다. 그는 앞으로 맞이하고 싶은 만족스런 인생에 대한 아무런 기대도 없이 40대 후반에 외톨이가 되어버린 자신을 발견했다. 뭔가 중대한 변화를 시도해야겠다고 결심한 것은 바로 그때였다.

그가 묘사하는 중년이란 마치 〈오아시스 없는 사막〉과도 같았다. 가까이 지내는 사람들도 별로 없이 그저 일에만 파묻혀 지내는 동안 자신의 역할은 극히 좁은 범위로 한정되었고 성장도 재미도 기대할 수 없었다. 40대 후반에 이르러서야 데이브는 자기가 너무 우물 안 개구리처럼 살아왔다는 것을 깨달았다. 그는 늦게라도 가정을 가져야겠다는 필요성을 그 어느 때보다 절감했고, 그래서 자신에게 맞는 짝을 열심히 찾아보기로 결심했다.

"저는 처음에는 저보다 많이 어린 여자들과 데이트를 하기 시작했어요. 아주 괜찮은 여성들을 만났고 제 생각엔 그들도 제게 관심이 있는 것 같았어요. 저는 이렇게 생각했죠. '내가 나이보다야 훨씬 젊어 보이지. 그러니 이 여자들이 왜 내게 관심을 안 갖겠어?' 하지만 결혼을 전제로 한 만남에는 다들 뒤로 빼는 분위기더라고요. 저는 제 자신을 너무 많이 희생했고 그러면서 인생에서 중요한 것들을 놓치며 살아왔다고 느꼈어요. 그래서 잃어버린 시간을 보상받고 제 가정을 꾸리고 싶었어요. 그런데 그게 잘 안 되더군요."

그의 진취적 기상은 별로 오래가지 않았다. 나이에 대한 그의 반응은 기본적으로 자신의 나이를 부인하는 것에 바탕을 두고 있어서 실제 나이보다 한참 젊은 척 행동했다. 50대로 접어들었는데도 여전히 젊은 신붓감을 찾고 있던 데이브에게 어느 날 고등학교 시절에 가깝게 지냈던 여자친구에게서 편지가 한 통 날아왔다. 데이브가 대학에 진학하면서 다른 지역으로 떠났을 때 그녀는 다른 남자를 만나 결혼을 했다. 그녀의 결혼 생활은 행복했지만 그만 남편이 일찍 세상을 떠나고 말았다. 그녀는 고교 동창 모임에서 데이브의 주소를 알았고 그래서 그에게 편지를 쓰기로 결심했다. 데이브는 그녀의 편지에 답장을 했고 미망인이 된 옛날 애인을 만나기 위해 고향으로 돌아왔다. 다시 만난 두 사람은 서로 간에 여전히 공통점이 많다는 것을 발견했다. 그는 그녀와 함께 있으면 즐거웠다. 그러나 그는 내게 "그녀는 너무 나이가 많아요. 제겐 그녀보다 훨씬 젊은 여자가 필요해요."라고 말했다.

나이를 부인하고 싶은 그의 심리가 아직도 전혀 변하지 않은 것이다. 그가 젊은이들이 주로 참가하는 극기 훈련 프로그램에 지원한 것은 자신이 아직 젊다는 것을 입증하고 싶어서이기도 했다. 그런데 거기서 그는 애초에 기대했던 것 이상의 교훈을 얻었다. 사실 그때 찾아온 자각이 그의 인생을 변화시킨 계기가 되었다고 해도 과언이 아니다.

"그 프로그램에 참가한 사람들은 거의 제 나이보다 스무 살에서 서른 살은 젊은 사람들이었어요. 처음엔 내가 저들을 따라할 수 있겠나 싶은 마음에 겁이 좀 나더라고요. 하지만 제가 그들에 비해 체력적으로 결코 뒤처지지 않는다는 것을 곧 알게 되었죠. 하나도 예외 없이 다 따라했어요. 때로는 정말 녹초가 되고 몸이 아프기도 했죠. 하지만 어쨌든 할 수 있었어요. 그런데 2주가 지났을 때쯤 내가 지금 무얼 하고 있는 건지 회의가 들기 시작하더군요. '내가 이렇게 젊은 사람들을 따라할 수 있다? 그래서 어쩌겠다는 건데?'

그때 제가 깨달은 것은 제 신체적인 능력이 제 나이 또래들보다 좋다는 것보다는, 제가 그동안 잊고 지냈던 감정들을 다시 느끼기 시작했다는 거였어요. 곰곰이 생각해 보니 일에 파묻혀 지내는 동안 제 인생에서 대부분의 감정들을 거의 밀어내다시피 하고 살았더라고요. 어느 날 낙조를 바라보는데 갑자기 눈물이 나는 거예요. 그러면서 많은 생각을 했죠. 젊은 여자들을 따라다닌 그간의 세월들을 돌이켜보니 제가 미쳤었다는 생각도 들더라고요. 그러면서 돌아다니느라 제게 일어나고 있는 가장 중요한 일을 그만 놓쳐버린 거죠. 바로 그 순간 그 자리에서 저는 결심을 했습니다."

집에 돌아온 데이브가 맨 처음 한 일은 동창인 그녀의 집을 찾아가 그녀에게 청혼을 한 것이다. 나와 인터뷰를 한 지 얼마 안 되어서 그들은 부부가 되었다. 나는 데이브의 이야기를 들으면서, 그가 자기 나이대의 여자와 결혼해야겠다고 결심하게 된 극적 전환이 꽤 인상적이라고 생각했다. 하지만 나는 그의 경험담을 들으면서, 자신의 나이를 부인하는 것을 극복한 과정에 대한 그의 해석이 완벽하게 정확한 것은 아님을 어렴풋이 느꼈다. 그는 실제 나이보다 젊은 척 행동했다가 정신을 차리고 제 나이로 돌아온 거라고 표현했다. 나 역시 같은 생각이었지만 나는 그것에 덧붙여서 좀 더 복잡한 과정을 볼 수 있었다. 데이브의 변화는 우리가 수명 보너스를 인생의 말미에 붙이기보다는 중간에 어떤 식으로 끼워 넣을 수 있는지를 보여주고 있다.

사실 데이브는 일찌감치 포기했던 젊음을 되찾는 일에 50대를 바쳤다. 그가 맨 처음에 보인 충동적 반응은 직장과 가정에서 자기가 떠안았던 역할들을 떨쳐버리는 것이었다. 그런 다음 그는 자기 나이를 부인함으로써 다시 젊음을 주장하고자 했다. 그런데 극기 훈련에 참가하는 동안 무언가 심경의 변화를 일으켜 그로 하여금 방향을 수정하게 했다. 하지만 그는 아직 젊음을 놓아버린 것은 아니었다.

"그러니까 당신은 지금까지 젊음을 놓지 않고 끌고 다니셨던 것 같습니다. 계속 끈을 놓지 않고 접촉을 유지하고 있었던 젊음이, 이제 세월을 부인하지 않고 나이 들어가는 당신의 경험 속으로 들어

오게 된 거죠." 나는 데이브에게 이렇게 말해 주었다.

의식하고 한 행동은 아니었지만, 데이브는 자기 인생의 발달 과정과 50대 남자로서 진화하는 정체성에 〈젊음을 결합〉시키고 있는 것이다. 그의 젊음은 그의 활력과 육체적 활동에서뿐만 아니라 감정의 솔직함, 자발성, 현재에서 기쁨을 찾으려는 태도, 오래도록 변치 않을 인간관계에 대한 열망 속에서 그대로 드러났다. 그는 나이 들수록 젊어지고 있었다. 그는 어느 한쪽으로 치우치지 않고 〈젊음과 나이 듦의 통합〉을 이룬 것이다. 그리고 그 결과는 새로운 정체성의 탄생과 새로운 성장으로 활짝 피어났다.

자신에게 충실하기 위해서는 과거를 되찾아야 하고 또 그것을 현재의 자기 자신과 통합해야 한다. 자신의 나이를 부인하는 것도 옳지 않지만 자신의 진정한 젊음까지 부인하면 안 된다. 제3의 연령기 내내 2차 성장을 뒷받침할 새로운 정체성을 형성하기 위해서는 젊음과 원숙함을 하나로 〈통합〉할 필요가 있다. 우리가 어떤 종류의 사람이 되어가고 있는지를 바라보는 시각은 우리의 나이와 함께 우리의 젊음도 한데 아우를 수 있어야 한다. 우리는 한 걸음 한 걸음 내딛을 때마다 진정한 자아를 조금씩 넘겨주기보다는, 젊음이 우리를 따라잡을 수 있도록 할 수 있고 그것으로 개인적 정체성에 다시 원기를 불어넣을 수 있다. 이것이 나이를 부인하거나 〈나이 역할 놀이〉에 매이거나, 혹은 부정적인 고정관념에 손들고 항복하는 것을 막을 수 있는 건강한 대안이다.

중년 남자로 산다는 것, 중년 여자로 산다는 것

여자로, 남자로 사는 것에 〈나이 든〉이라는 형용사를 덧붙이는 것은
묻혀 있던 여성성, 남성성마저 완전히 사라지게 만들 수 있다.

우리의 자화상에서 성별의 개인적 변주를 발전시킨다는 것은 젊고 생기발랄한 정체성 형성 과정에서 중요한 부분을 차지한다. 우리는 스스로 납득할 수 있고, 남성으로 혹은 여성으로 산다는 것이 무엇을 의미하는 것인지에 대한 전제를 감안해서 자신을 정의해야 했다. 그러나 성숙을 향해 가면서 우리는 대부분 이 문제에 다시 한 번 부딪히게 되는데, 그것은 전보다 우리가 나이를 먹었기 때문이라기보다는 처음의 정의가 잘못되었기 때문이다. 지난 35년간, 성별에 대한 전통적인 전제는 부적절한 것이었다는 인식이 널리 퍼졌다. 만일 성별 역할이 지나치게 좁은 틀에 한정되어 우리가 균형 잡힌 삶을 살 수 없게 만든다고 생각된다면 자신의 자아상을 다시 생각하고 재설계하게 될 공산이 크다. 우리 대부분은 남자로 혹은 여자로 살아가는 것의 의미에 대해 더 완전한 해답을 찾으려고 노력해 왔다. 여성들은 상대를 배려하고 타인과 함께하려는 협조적인 면은 계속 가지고 있지만, 한편으로 세월이 흐를수록 점점 더 강하고 독립적이고 자기 주장이 강하며 심지어 경쟁적으로 되어가고 있다. 반면 남자들은 단호하고 자율적인 성격을 유지하면서도 부드럽고 감성적이고 자상한 일면으로 감정의 범위를 확대하고 있다. 사

회학자 재닛 졸링거 질르는 이런 현상을 〈성역할의 교차〉라고 설명하면서 현대 사회의 가장 중요한 요소 중 하나라고 보았다. 이것은 개인적 성장에서도 특히 중요한 요소이다.

2차 성장을 보여준 사람들은 수년간 성역할에 대해 생각을 거듭해 온 사람들이다. 그들이 중년에 이르러서도 그 과제가 종결되지 않았음을 깨달은 것은 어찌 보면 당연한 일이다. 폐경기를 지난 여성의 정체성은 어떻게 하면 진정 여성적인 것으로 될 수 있을까? 나이 들어서 남성 호르몬인 테스토스테론이 감소해도 남자가 정녕 남성적일 수 있을까? 남자로서 여자로서의 자기 정의에 〈나이 든〉이라는 형용사를 더한다는 것은 그나마 의미 있는 성역할의 잔여분마저 없애버릴 수도 있다. 적어도 우리가 성인기 발달에 대한 일반적인 낡은 각본을 그대로 따른다면 그렇게 되어버릴 것이다. 인생 후반기를 맞아 우리는 성별에 대한 개인적인 정의에 새롭게 관심을 기울일 필요가 있다. 만일 우리가 자신에게 남자도 되었다가 여자도 되었다가 할 수 있는 남녀 양성의 망토를 걸쳐놓고 싶지 않다면 말이다.

우리에게는 새롭게 인식된 인생의 전성기에 보다 완전한 성적 균형뿐만 아니라 남자로 여자로 산다는 것이 무엇을 의미하는지에 대해 보다 충분한 이해에 도달할 수 있는 가능성이 열려 있다.

사회학자들은 성숙한 남녀는 성별의 교차를 경험한다고 말한다. 나이가 들면서 남성은 종종 여성적인 특징을 드러내고, 여성은 남성적인 자질을 드러낸다는 것이다. 그런데 나는 이번 연구에서 그와는 조금 다른 발견을 했다. 2차 성장에서 여자들은 보다 독립적이고 자기 주장이 강한 사람이 되는 한편으로 여성적인 측면이 더욱 강화되었고, 남자들은 여성적인 특성인 부드러움이 깊어지지만 그러면서도 남성성은 잃어버리는 것이 아니라 오히려 더욱 풍부해졌다. 새로운 정체성을 창조하는 것은 우리의 후반생에 온전한 여성 혹은 온전한 남성이 된다는 것이 무엇을 의미하는지를 다시 한 번 생각하게 해준다.

이처럼 2차 성장은 성별 교차와는 약간 다른 그림을 우리에게 제시한다. 바로 앞에서 만나보았던 데이브는 처음엔 누가 보아도 남성적인 사람이었다. 그는 굳세고 단호하고 경쟁심이 강하고 자신을 규정할 때 감정은 배제하는 그런 사람이었다. 그러던 그가 좁은 범위에 한정되어 있던 자신의 남성적 정체성을 변화시켜 보다 민감하고 자상하고 감성적인 사람이 되었다. 그가 낭만적인 것들과 관계를 맺기 시작하면서 억압되었던 젊음뿐 아니라 묻혀 있던 남성성의 일부까지 빛을 볼 수 있었다. 여성적이고 젊은이다운 특성들을 자기 성격에 받아들이면서 그는 보다 남자다운 남자가 되었다. 매튜는 처음부터 여성운동의 영향을 받은 사람이었으므로 그에게는 성별 교차가 전혀 낯설지 않았다. 그는 20년 넘게 가정에서 여성의 역할까지 일부 떠맡았고 자신의 정체성에 남들을 배려하는 특성을 덧붙임으로써 성격적 균형을 유지해 왔다. 자신의 성격에 여성적인 자질들을 통합함으로써 그의 남성성이 한층 풍요로워진 것이다.

"남자다움으로 무장하려 했던 것이 어리석은 일이었죠."

바버라 역시 2차 성장에서의 성별 역설에 대해 또 하나의 확실한 모범을 제시하고 있다. 그녀는 젊어서는 매우 자율적인 여성이었는데 몇 차례의 변화를 겪으면서 50대에 접어들고부터는 보다 충만한 여성성을 계발하게 되었다. 그녀는 자기 발견과 변모가 계속되어 온 과정을 유려한 언변으로 이렇게 설명했다.

"저는 계속 변화하고 있고 제 자신에 대해 스스로도 놀라운 사실들을 발견하고 있습니다. 여성으로서 제가 지금까지 깨달은 사실들 중 가장 중요한 것은 여성적인 요소들과 남성적인 요소들에 대한 일종의 〈균형〉이에요. 전에는 그런 일이 가능할 거라고 생각지도 못했죠. 저는 가능하면 뭐든 경험해 보자는 생각이었고 그래서 제 자신이 가진 놀라운 면들을 발견할 수 있었죠."

우리가 만났을 때 바버라는 54세의 내과의사로 이제 막 여성 노인층 진료로 전문화를 시도하고 있었다. 그녀는 취미 활동을 함께 하는 가까운 친구들이 있었고 자기가 좋아하는 활동에 대해 이야기할 때는 무척이나 열정적이었다. 또 놀라울 정도로 활력이 넘쳤고 사고가 긍정적이었다.

"아버지를 닮아서 제가 워낙 낙천적이에요. 어머니는 그 반대였죠. 그분은 항상 뭔가 못마땅한 게 많았어요."

하지만 그녀도 매튜처럼 40대 후반에 들어서면서 퇴조기를 겪은 적이 있었다. 몇 년간 개업의사로 일한 그녀는 자신이 완전히 소진되는 것을 느꼈고 자꾸만 화가 나고 비참하고 심지어 모든 게 원망

스럽기까지 했다. 스스로에 대한 불만도 점점 높아지고 있었다.

"저는 의사라는 직업에 완전히 갇힌 느낌이었고 어디에도 출구는 보이지 않았어요. 요즘은 환자들의 요구가 날이 갈수록 거세지고 때로는 의사를 공격하기도 하잖아요. 제가 아무리 엄청난 시간을 진료에 쏟아 붓고 그들을 진심으로 대한다 해도 그들은 오진 사례를 모을 것이고 제가 고의로 자기들에게 해를 끼쳤다고 말하며 다니겠지요. 그게 너무나 억울하게 느껴졌고, 그래서 사람들이 저를 좌지우지하려 드는 것 같았어요.

제가 의료 분야에 투신한 것은 완전히 독립된 인간이 되고 싶어서라는 이유도 있었어요. 의대에 다닐 때, 저는 남자도 그런 남자가 없었어요. 공격적이고 남에게 지고는 못 살았죠. 그 시절에는 남자들의 세상에서 성공하려면 그 방법밖엔 없었으니까요."

그녀는 여성으로서 인생을 완벽하게 제어하면서 독립적으로 살아온 자신에 대해 자부심을 느꼈다. 그래서 감당할 수 없을 정도의 우울함과 좌절감은 그녀에게는 낯선 감정이었다.

"저는 그 상황을 견딜 수가 없었어요. 자꾸만 덫에 걸린 기분이 들었어요. 이 상황에서 벗어날 방법을 찾아야 한다고 되뇌었죠. 때마침 일에 매달려 평생을 사셨던 아버지가 비참하게 돌아가셨을 때 저는 제 자신에게 이렇게 말했어요. '더 이상은 기다릴 수 없어. 뭔가 해야 돼.'라고요."

하지만 그녀가 무엇을 할 수 있단 말인가?

그녀는 복잡한 감정과 싸움을 벌이면서 자신이 악성 흑색종에 걸렸다는 것을 알았다. 그녀는 자기 몸이 자신에게 중요한 메시지를 보내는 거라고 믿었다. 배신감과 좌절감, 인생에 대한 회의로 가득 차 있던 그녀는 암이 그런 상황에서 자기 파괴적인 방식으로 반응하고 있음을 감지했다. 다행히 수술로 암은 제거되었다.

젊은 시절 그녀 삶의 버팀목이 되어주었던 건강, 자부심, 자기 효능감, 의미 있는 성공의 느낌 같은 것들이 바버라의 인생에서 허물어져 내렸다. 그녀는 겁이 났고 혼란스러웠고 패배감에 사로잡혔다. 그런 그녀가 어떻게 일변할 수 있었을까? 우선 그녀는 시간을 내어 명상과 자기 발견에 할애했다. 그리고 낙관적 태도를 가지고 치료에 좀 더 정성을 기울였다. 또한 자신 안에 숨겨져 있던 부분을 발견하고 풀어줌으로써 예전보다 더 균형 잡힌 정체성을 가질 수 있게 되었다.

"중년기에 들어서 제가 이룬 발전 중 가장 중요한 것은 저의 여성적인 측면을 인식하게 되었다는 거예요. 통제력과 배려, 지적인 것과 정서적인 것 사이에서의 균형 회복이 제가 함정에서 빠져나오는 방법 중 하나인 것 같았어요. 덕분에 저는 훨씬 다정다감한 사람이 되었지요. 감정이라는 것이 의술에서 아주 중요한 역할을 한다는 것도 깨닫게 되었어요. 출발은 지식이지만 환자와의 관계에는 공감이 절대적으로 필요하거든요. 어느 만큼의 감정적 교감이 이루어지느냐 하는 것이 치료에 있어서 아마도 가장 중요한 부분일 거예요. 제게 잠재되어 있던 여성적 측면을 발견하고 그것을 의술이나 친구들과의 관계에서 표현함으로써 제가 가진 여성적 측면, 상처받기 쉬운 감성을 인식하는 내적인 변화가 일어난 거죠."

바버라는 젊은 시절 의사가 되고자 할 때 여성적인 자질은 억압하고 남성적인 자질은 더하는 쪽으로 정체성에 의도적인 변화를 시도했었다고 고백했다.

"저는 일부러 더 터프한 척 행동했어요. 감정을 드러내는 법도 절대로 없었죠. 그건 유약함의 증거라고 생각했으니까요. 그렇게 하지 않으면 치열한 경쟁 사회에서 버틸 수 없다고 생각했죠. 이제는 제 감정을 자유롭게 표현해요. 제게 있어서 가장 큰 모험은 제가 어떤 사람인지 사람들에게 드러내 보이는 거예요. 저는 좋은 사람이라는 평을 듣고 싶었고 그래서 사람들을 기쁘게 해줄 행동을 하곤 했어요. 그런 마음에는 지금도 변함이 없지만 가능한 한 제 감정에 솔직해지려고 노력하는 중이에요."

바버라는 자신의 정체성과 행동을 변화시키고 있었다. 그녀는 자신의 여성적인 면을 표현할 수 있도록 진료 방식도 바꾸었다. 지금은 여성 노인층 진료에 초점을 맞추는 쪽으로 방향 전환을 시도하고 있고, 의사로서의 자신의 역할과 환자들을 배려하고 보살펴 주는 역할의 통합을 꾀하고 있다. 그녀는 또한 개인적인 친분과 자신의 여가 활동에도 좀 더 많은 시간을 할애하려고 노력하는 중이다. 그녀의 성장은 그녀가 제도를 초월한 정체성을 찾으려고 의식적으로 노력하면서 점진적으로 변모한 사례이다. 그녀는 50대에 이르러 의사로서의 정체성을 다시 가다듬었고 한때는 절대로 양립할 수 없으리라고 여겼던 여성적 특징들과의 창조적 균형을 모색하기 시작했다. 매우 힘겨운 상황에 적응하는 과정에서, 아마 그때가 그녀의 인생에서 가장 힘겨운 시기였을 텐데, 그녀는 내적으로 보다 성숙한 사람이 되었다. 새로운 자아를 만들어 감에 있어서 그녀는 성공에 대한 정의를 다시 내렸고, 내면의 소녀를 긍정했으며, 무엇보다도 여성적인 자아상을 확대하고 부활시켰다. 그녀는 그 어느 때보다 여성적인 여성이 되어 있었다.

"스물다섯 살 시절로 돌아가고 싶나요?"

"젊을 때는 자신이 아름답다고 생각하지만, 그때는 자신이 무얼 찾고 있는지
확신도 없고, 느긋해지기도 어렵고, 사고의 깊이도 없죠.
한마디로 아무것도 모르면서 우왕좌왕하는 시기인걸요, 뭐."

달라진 세대는 새로운 선택권을 가진다. 50대 중반에 접어든 한 여성이 조사에 응하면서 내게 이런 얘기를 들려주었다.

"저희 어머니 세대에서는 오십이 된다는 것은 한 발을 무덤에 넣는다는 뜻이었어요. 하지만 저희 세대에게 오십이면 그건 인생에서 마음껏 독창성을 발휘할 수 있는 시기가 시작된다는 의미죠."

또 50대의 어떤 남자는 이렇게 말했다.

"육십이 가까워 온다는 생각을 하면 깜짝깜짝 놀라곤 해요. 그렇지만 당신은 쉰여덟 살이 된다고 해서 한 손에 슬리퍼 한 짝을 들고

어슬렁거려야 한다고 생각하지는 않겠죠? 내가 30대였을 때는 이 나이가 되면 배불뚝이처럼 될 거라고 상상했어요. 하지만 그런 일은 일어나지 않았습니다. 제가 그렇게 만들지도 않을 거고요. 저는 달리기도 하고 자전거도 타는 등 여러 운동을 하죠. 사실 제 신체적인 능력은 오히려 상승세예요."

오랜 믿음과는 정반대로, 우리가 나아갈 방향과 우리의 정체성은 우리가 선택해야만 비로소 우리 앞에 놓이는 것이다.

조사에 응해준 성인들은 그들이 얼마나 나이에 대한 고정관념에 맞서왔는지를 여러 방법으로 보여주었다. 내가 첫 번째 인터뷰에서 모두에게 했던 질문 중에 이런 것이 있었다.

"당신은 다시 스물다섯 살로 돌아가고 싶으십니까?"

2차 성장을 보여주고 있는 사람들과 그렇지 않은 사람들의 대답에는 현저한 차이가 있었다. 성장을 보여주는 사람들은 예외 없이 이렇게 대답했다.

"아뇨. 지금이 더 나은걸요."

스물다섯 살 시절도 행복하게 보내긴 했지만, 나이 드는 것에 대한 그들의 태도는 우리가 일반적으로 기대하는 것보다 훨씬 더 긍정적이었다. 예전에 주어졌던 역할의 한계를 넘어서는 긍정적인 정체성을 새롭게 확립하는 데 필요한 용기와 통찰력, 실험정신, 그리고 결단력에 대해 많은 사람들이 자신의 이야기를 들려주었다.

"중년이 되어서야 제 자신에 대해 많은 걸 발견했습니다."

헬렌은 중년기의 고정관념과 힘겨운 싸움을 벌였던 이야기를 들려주었다. 그녀는 고등학교를 졸업한 후 여성으로서의 인습적인 틀을 그대로 따르며 30년을 살았다. 그녀는 결혼을 해서 딸을 하나 낳았고 집에서 아이를 키우며 살림을 했다. 나와 처음 만났을 때 50대 초반이었던 그녀는 일찍이 스스로 상상도 하지 못했던 방향으로 발전하고 있었다. 몇 년 전에 그녀는 힘들게 조그만 학교의 파트타임 사무직원으로 취직을 했다. 그녀는 새로운 인생을 살기 시작했지만 사실 그녀의 40대는 험난하기 짝이 없었다.

"스무 살 시절에는 제가 무엇을 찾고 있는지도 확신이 없었죠. 30대에는 인생의 굴곡이 정말 심했어요. 가슴속에 분노가 가득 차 있었고 때때로 제 자신을 통제할 수 없는 지경이 되곤 했어요. 40대엔 사는 게 정말 힘들더군요. 제 젊음이 다 가버린 것 같았어요. 결혼 생활은 삐걱거리고, 게다가 엎친 데 덮친 격으로 딸아이가 몹시 아팠죠. 저는 마치 할망구가 되어버린 기분이었어요."

헬렌이 조그만 사립학교의 파트타임 직원으로 취직한 것은 바로 그때였다. 운이 좋았는지 그녀는 사람 좋은 상관을 만났고 그의 격려와 지도가 큰 힘이 되었다. 직장에서 그녀는 능력과 자신감, 그리고 낙관적인 태도를 길렀다. 또한 억압적인 가정환경에 묻혀 있었던 자신의 잠재 능력을 깨닫게 되었다. 그리고 그녀의 긍정적인 자질들을 알아보고 뛰어난 유머 감각을 발견하게 해준 좋은 친구들을 사귀었다. 마침내 그녀는 보다 나은 자리로 옮기게 되었지만 자기 자신을 그 역할에 한정시키지는 않았다. 직장에서의 보람은 그녀 안의 훌륭한 자질을 발견할 수 있도록 도와주었고 그것이 새로이 부상하는 긍정적 정체성에 포함될 수 있게 해주었다. 근무 시간이 끝나면 야외 활동에도 시간을 할애해 체력을 단련하기 시작했다. 그녀는 평소에도 걷기 운동을 게을리 하지 않았다. 오십을 넘으면서 그녀는 자신이 육체적으로나 정신적으로나 능력 있고 활기찬 여성이 되어가고 있고 더불어 자신에게 새로운 가능성들이 열려 있다고 느꼈다. 그녀의 젊음은 가버린 것이 아니었다.

현재의 나이를 어떻게 생각하느냐는 나의 질문에 그녀는 제도를 초월한 새로운 정체성을 확립하는 데에 있어 중요한 자질들을 언급했다.

"당신은 중년에 이른 자신의 모습을 어떻게 인식할지 모르겠네요. 저는 지금을 즐기고 있답니다. 저는 그 어느 때보다 적극적인 삶을 살고 있고 제 자신에 대해 만족해요. 20대나 30대 때보다 지금 오히려 더 자신감이 충만해요. 제 자신에 대해 많은 것을 발견했으니까요. 유머 감각, 낙관주의, 자신감 같은 것들 말이에요. 예전 같으면 용기가 없어서 결코 생각하지 못했던 일들을 지금은 할 수 있을 것 같아요. 그래서 다음엔 무엇이 올지 기대가 돼요. 제가 계속해서 성장할 수 있고 마음만 먹으면 무엇이든 할 수 있다는 자신감이 가장 큰 선물이죠. 이게 제게는 참 새로운 경험이에요."

헬렌의 생활 방식과 정체성 모두 눈부시게 변화했고 더불어 그녀는 자아를 실현하는 사람이 되었다. 그녀는 예전보다 자유로워졌지만 주위와의 유대감은 더 늘어났다. 그녀는 자신이 늙어간다는 사실을 받아들이면서 동시에 젊음의 가능성도 두드려 깨우고 있다. 그녀는 이제 더 이상은 달력으로 자신의 나이를 재지 않는다. 그녀는 나이와 성별에 대한 고정관념과 맞서 싸움으로써 새로운 여성이 되었다. 그녀가 정한 성공에 대한 새로운 기준은 지속적인 성장, 그리고 자신을 위해 설정한 목표의 추구에 있는 듯하다.

더욱 건강한 자아상과 새로운 생활 방식을 만들어 가는 헬렌에게 가장 주요한 과제는 더 자유롭고 더 자율적인 사람이 되는 것이다. 여러 해 동안 그녀는 이미 죽어버린 결혼 생활에서 벗어나 혼자 힘으로 살려고 노력해 왔지만 두려움과 가족에 대한 책임이 그녀의 발목을 잡았다. 그러나 결국 남편으로부터 이혼 요구를 받은 그녀는 종속적인 존재로 살았던 결혼 생활에 종지부를 찍었다. 이혼의 과정을 겪으면서 마치 세상으로부터 격리되는 듯한 감정을 느끼기도 했고 이혼 후 혼자 살아가야 하는 삶에 대한 두려움도 컸지만, 그녀는 난생 처음으로 진정으로 독립된 한 인간이 된 기분을 느꼈다. 그녀는 이혼을, 자신을 찾아가는 또 하나의 여정이라고 긍정적으로 인식하려고 노력했다.

또한 그녀는 다른 도전 과제도 기꺼이 받아들였다. 그녀는 개인적 자유를 확대하는 한편 특별한 관계들을 강화해 나갔다. 이제는 대학을 졸업한 딸과는 변함없이 친밀한 관계를 유지하고 있고 몇몇 좋은 친구들과도 더욱 가깝게 지내며 부모님께도 마음으로 다가갔다.

나이 들수록 자신이 어떤 사람이 되어가고 있는지 얼굴에 드러난다

나는 중년의 정체성이라는 주제를 다루면서 사람들에게 종종 외모에 대해 물어보았다. 내가 인터뷰했던 어떤 사람들은, 앞서도 말했듯이 자신의 달라진 외모를 마음에 들어 하지 않았다. 만일 우리가 정말로 긍정적이고 새로운 정체성을 만들어 가고 있다면 나이 들어가는 자신의 외모를 그저 하는 수 없이 받아들이는 것으로는 안 된다. 우리는 자신의 외모에 자부심을 가져야 하며 문화적 우상들에게 열등감을 느낄 필요도 없다. 나는 2차 성장을 보여주는 사람들은 젊음의 아름다움을 우상시하는 사회적 고정관념을 지속적으로 비판하는 것에서 그치는 것이 아니라, 자신의 변화하는 외모를 사랑할 줄 알아야 한다는 것을 깨달았다. 그것이 자기 인식과 자기 용인의 중요한 특징인 것처럼 보인다. 〈아름다움은 젊음의 전유물〉이라는 대중적 견해에 대해 어떻게 생각하느냐는 내 질문에 대한 헬렌의 대답은 그녀 자신과 우리 모두에게 도움이 되는 새로운 심미적 기준을 제시한다.

"대중매체의 메시지는 진실이 아니에요. 당신은 지금보다 젊었을 때의 자신이 훨씬 아름답다고 생각하겠지만, 그때는 자신에 대해 지나치게 걱정이 많았고, 자신이 정확히 누구인지도 몰랐고, 느긋해지기도 어려웠고, 사고의 깊이도 없었죠. 아름다움이란 외모보다는 정서와 더 연관되어 있어요. 젊음이 귀엽긴 하죠. 하지만 아름다움의 경우는 나이가 들어갈수록 점점 더 빛날 수 있어요. 젊음에 비해 훨씬 깊이가 있으니까요."

지금 이 글을 쓰고 있는 내 책상에는 나의 스승이자 가까운 친구이기도 했던 82세 노인의 사진이 놓여 있다. 환한 미소가 빛나는 사진 속의 주인공은 아름답기 그지없다. 내게는 이 사진 속의 그의 모습이 40년 전에 찍은 그의 모습보다 더 매력적이다. 나이가 들수록 자신이 어떤 사람이 되어가고 있는지가 얼굴에 나타난다. 깊이 있는 인간성이 외모에 힘을 보태주며, 그것은 젊음에서는 찾아볼 수 없는 것이다. 발전하는 자아상과 성장에 힘입어 헬렌은 자신의 매력이 감소하기는커녕 오히려 더 빛을 발하고 있다고 믿는다.

우리 조사에 응해준 성인들은 자기 자신의 성격을 평가하고, 오랫동안 묻혀 있던 성격적 특성들을 겉으로 꺼내어 빛을 보게 하는 일이 얼마나 중요한지를 우리에게 보여주고 있다. 미처 계발되지 않은 창조적 에너지가 우리 내부에서 들끓으면서, 엄격하게 규정된 사회적 역할과 낡은 각본이 설정해 놓은 한계 너머로 우리를 밀어대고 있는 것이다. 만일 우리가 그 에너지를 이용할 수만 있다면 우리 생의 다음 국면에는 적합하지 않은 낡은 자아 개념에서 벗어나는 데 도움이 될 것이다. 제3의 연령기는 우리 인생의 전성기를 위해서 거기에 맞는 정체성을 재창조하도록 우리를 손짓해 부른다.

중년의 긍정적인 정체성을 위해서 당신은 다음과 같은 것들을 할 수 있다. 여기서 제시한 방법들을 따라해 봄으로써 우리는 각자 되고 싶은 사람이 되기 위해 앞으로 나아갈 수 있다.

- 자신의 내면의 목소리에 귀를 기울이고 그 표현을 가로막는 장벽을 허문다.
- 자신이 버리거나 고쳐야 할 필요가 있는 역할과 생활 양식에 대해 생각해 본다.
- 나이에 관한 고정관념을 비판적으로 평가하고 이를 폐기한다.
- 나이 듦의 신화를 깨뜨리도록 노력한다.
- 자신이 나이를 먹어간다는 사실을 인식하고 받아들이는 한편, 젊은 시절 가졌던 특성들을 중년의 자아상 속에 통합한다.
- 지속적인 성장과 쇄신을 주장한다.
- 유능한 남자, 유능한 여자가 된다는 것이 자신에게 무엇을 의미하는지 재정의한다.
- 자신의 독립성을 주장하는 동시에 타인이나 광범위한 현실과의 연관성도 긍정한다.
- 성공을 재정의하고 그것을 측정하기 위한 새로운 기준을 만든다.

마흔 이후,
인생의 2차 성장을 위한
두 번째 원칙

〈일〉과 〈여가 활동〉의 조화

그동안 경쟁적인 〈성공〉의 개념에 사로잡혀 자신을 몰아왔다면,
이젠 진정 어떤 사람이 되고 싶은지 스스로 물어봐야 할 때다.

중년에 가장 두려워하는 것

나이가 들면 불확실한 미래와,
자신의 잠재력이 쓸모없다고 버림당하는 것을 가장 두려워한다.

우리는 급류에서 일한다. 변화의 폭격을 맞은 우리 앞에는 밝은 전망과 함께 위험도 펼쳐져 있다. 새로운 지식과 기술, 지구촌의 경제는 경쟁에 더욱 불을 지피고, 불확실한 시장과 날로 복잡해지는 노동 환경은 모든 부문에서 근로자들에게 전례 없는 압박을 가하고 있다. 직장에서 우리가 경험하는 혼란은 개인적인 경제 상황을 뛰어넘어 우리에게 훨씬 많은 영향을 미친다. 직장의 변화 역시 삶을 쇄신하려는 우리의 노력에 영향을 미친다. 몇 가지 예를 살펴보자.

뛰어난 생산성과 효율성에 대한 강조는 대부분의 사람들에게 영향을 미친다. 영리 단체든 비영리 단체든 우리는 남보다 앞서 나아가고 선두를 지키기 위해 더 빨리, 더 열심히, 더 솜씨 좋게 일함으로써 경쟁에서 이겨야 한다는 압박감을 느낀다. 동시에 업무의 속도와 성과에 대한 기대도 점점 커지고 있다. 오늘날 모든 직장의 모토는 "최소한의 것으로 최대의 성과를 거두라."는 것이다. 그 모토는 우리에게 생각보다 많은 것을 요구한다.

경제 분야 전문 기고가인 피터 베일은 변화로 인한 뒤죽박죽인 환경에서 근무하는 것을 끝없이 밀려오는 급류에 대처하는 것에 비유했다. 불확실성, 변화하는 환경, 빠른 속도감, 그리고 놀랄 만한 사건들이 점점 우리의 직장 생활과 개인의 세계로 침투한다. 그 결과 오늘날을 사는 사람들은 예전에 비해 스트레스를 더 많이 받는다. 또한 직장에서의 스트레스는 가정과 개인 생활에 그대로 전이된다. 그러면서 우리의 건강과 삶의 질이 위험에 노출된다.

점점 빨라지는 속도와 늘어나는 불확실성에 덧붙여, 우리의 근무 시간은 계속해서 늘어나고 작업의 강도는 점점 세지고 있다. 반면 여가 시간은 오히려 줄어들고 있다. 하버드 대학의 경제학 교수인 줄리엣 쇼어는 이러한 패턴을 바꿔 좀 더 많은 여가 시간을 되찾아야 한다고 주장한다. 그녀의 주장은 중년의 쇄신에 관심 있는 우리 같은 사람들에게 특히 중요하다.

우리 대부분에게 영향을 미치는 직장의 변화 중 또 하나의 요소는 넓은 범위에 파급 효과를 미치는 조직적 변화이다. 기업 구조조정과 인수 합병의 결과 직업 안정성이 감소하고 모든 위치에서 경쟁이 심화되고 있다. 기업이 구조조정을 감행할 때 흔히 실직의 위기에 내몰리는 사람들은 적어도 나이가 4, 50대가 된 직원들이다. 중년의 쇄신에 대해 생각할 때 우리는 누구나 불확실한 미래와, 인생의 후반기 이후 자신의 잠재력이 쓸모없다고 버림당하는 것을 가장 두려워한다.

이런 변화에도 불구하고 일에 대한 상반되는 감정이 동시에 존재하는 현상은 점차 늘고 있다. 어떤 대상에 대해 상반되는 감정이 커지면 우리는 마음 편히 살 수가 없다. 그래서 무의미한 과당경쟁의 대안을 찾는 사람들이 점점 늘어나고 있다. 현대인들 중에는 초과근무를 거부하고 그 대신에 좀 더 많은 자유 시간을 얻기 위해 저속 기어로의 전환을 시도하는 사람들도 있다. 물론 저속 기어로 전환할 경우 여가는 늘어나지만 그렇다고 반드시 일의 가치가 상승하는 것은 아니다. 일부 사람들은 두 가지를 다 얻는 법을 터득하기도 한다. 《포천》은 직업적으로 성공의 정점에 도달한 40대 남성들이 확고한 경력과 직장을 버리고 보다 많은 여가를 보장하는 완전히 새로운 직업으로 전환한 경우를 다룬 특집 기사를 실었다. 나는 이 책 속 인터뷰 대상자들의 삶에서도 그와 비슷한 양상이 나타나는 것을 보았다. 하지만 중년의 문턱을 들어선 사람들 대다수는 다음에 나오는 것처럼 햄릿 같은 독백을 하고 있을는지도 모른다.

"회사를 다녀야 할 것이냐 말 것이냐,

그것이 문제로다.

무자비한 운명의 신랄한 공격을 참아내는 것이 장한 일이냐,

일찌감치 은퇴해서 그 운명에 종지부를 찍어야 하는 것이냐,

어느 쪽이 더 고귀한 일이냐!"

하지만 앞으로 40년에서 50년을 더 살아야 하는 활기 넘치는 사람에게 은퇴가 과연 얼마나 심오한 의미를 가져다줄 것인가. 그것이 문제로다!

일의 개념, 일의 포트폴리오 확대하기

일의 개념을 직업에 국한시키는 것은 우물 안 개구리 시각이다.
중년의 일에는 임금이 지불되는 노동 말고도 다양한 활동이 포함되어야 한다.

우리는 인생의 후반기를 설계하면서 그 어느 때보다 〈일〉과 〈여가 활동〉 양쪽 모두를 염두에 두게 된다. 이 장에서 다룰 원칙은 이 두 가지를 조화롭게 해결하는 것이다. 이 장에서 우리는 직장 생활에서의 혼란 와중에 이 원칙을 적용함으로써 삶을 변화시킨 사람들을 만나게 될 것이다. 우리는 주변에서 일이 자신의 욕구를 해결해 주지 못한다는 것을 깨닫고 보다 창조적인 배출구를 찾아서 직장을 떠나는 사람들을 볼 수 있다. 그 외 다른 사람들은 새로운 경력

을 계발하거나 새로운 형태의 여가 활동을 생각해 내기도 하는데, 그 이유는 그들이 삶의 의미를 더해 주는 일과 자신들에게 더 큰 자유와 자발성, 재미를 안겨줄 여가 활동을 동시에 추구하고 있기 때문이다. 내 조사 대상자들 중에는 은퇴를 한 사람들도 더러 있었지만 그들은 은퇴가 자신들의 상황을 설명하는 적절한 단어는 아니라고 했다. 그들을 따라가다 보면 우리는 어떻게 〈일의 개념〉을, 마음이 깃들어 있고 의미 있고 자기를 표현할 수 있는 활동으로 확대시킬 수 있는지를 상상할 수 있을 것이다. 그것이 인습적 형태의 은퇴보다는 일에 대한 상반된 감정과 스트레스, 침체된 삶에 대한 훨씬 더 건강한 대응 방식이다. 나의 인터뷰에 응한 사람들은 보다 의미 있는 일과 여가 활동을 함께 추구해 왔기에 그들은 성공의 또 다른 기준을 계발할 수 있었던 것이다.

일에 대한 스트레스는 우리의 봉쇄된 에너지가 원인이 되기도 한다

일이라는 것에 보다 심오한 의미를 부여하기 위해서는 일의 현대적 의미가 사실은 인위적인 것임을 알아야 한다. 〈진정한 일〉이 무엇을 의미하는지에 대한 우리의 생각은 산업혁명에서부터 시작해 왔다. 남자가 집을 나서서 일터로 가는 것이 정상이라고 된 것, 그리고 여기서 말하는 일이 보수를 받는 일로 한정된 것은 고작 100년 밖에 되지 않았다. 노동력의 의미가 그런 식으로 좁게 한정됨으로써 모든 것이 바뀌어 왔고 심지어 우리의 개인적 정체성에도 변화가 왔다. 남자들은 노동의 대가로 돈을 버는 훌륭한 부양자가 되었고, 여자들은 대개 집에 머물면서 가정을 돌보고 자녀를 양육했다. 따라서 집 바깥에 있는 직장과 보수를 받는 일이 고용의 기준이 되었다. 그 결과, 삶에서 뜻 깊은 의미와 높은 가치를 지닌 진정한 일들이 격하되거나 소홀히 취급되었다.

우리의 삶을 우리가 하는 일, 즉 우리의 직업이라는 좁은 테두리 안에 끼워 맞추려는 것이 지금까지의 경향이었다. 그러면서 자신의 직무 내용이 자기 정의의 일부가 되는 풍조가 생겨났다. 하지만 일의 개념을 직업에 국한하는 것은 평생에 걸친 자신의 성장을 뒷받침하기에는 턱없이 부족한 것이다. 사람들은 자신의 재능과 성격에 맞는 일을 찾기보다는, 자신이 일에 적응하는 것을 당연한 일로 여긴다. 우리는 일에 대한 이러한 시각에서 벗어날 필요가 있으며, 특히 활기찬 제3의 연령기를 내다볼 때는 더욱 그러하다. 우리는 현재의 직장을 그만둘지도 모르지만, 그렇더라도 긍정적인 정체성의 일환으로 보다 의미 있는 일의 개념을 회복할 필요는 여전히 남는다.

경력 계발 전문가인 캐시 콜베는 이러한 일을 앞에 놓고 있는 우리에게 도움이 될 수 있는 견해를 피력했다. 직업에 있어서의 스트레스는 종종 〈봉쇄된 에너지〉가 그 원인으로 작용한다. 우리의 본능적 행동 양식을 거스르는 일은 과도한 스트레스를 안겨주어 우리를 지치게 한다. 그녀는 우리가 발전하고 행복하기 위해서는 〈솔직한 본능〉을 발견하고 그것을 표현할 것을 제안한다.『몰입의 즐거움』을 쓴 시카고 대학의 심리학과 교수 미하이 칙센트미하이의 몰입(flow, 어떤 행위에 깊게 몰입하여 시간의 흐름이나 공간, 더 나아가서는 자신에 대한 생각까지도 잊어버리게 되는 행복한 순간을 말한다.)에 대한 연구뿐만 아니라 콜베의 견해 또한 우리가 진정으로 어떤 일을 하고 싶어 하는지 확인하고 이를 추구할 필요가 있음을 보여준다. 만일 우리가 예전에 그런 선택을 하지 못했다면 지금이라도 늦지는 않았다. 현실적 상황이 이와 같은 변화를 쉽게 허락하진 못한다 할지라도 조율을 할 수는 있다.

우리의 솔직한 본능을 좇는 것에 덧붙여서, 영국의 경제 전문 저술가인 찰스 핸디는 일에서 보다 개인적인 성취감과 도덕적 만족감을 얻을 수 있는 생활 방식을 구축하기 위해서는 중년기에 종종 생기는 〈자유〉를 이용하라고 제안한다. 핸디는 우리에게 중요한 의미를 갖는 다양한 활동들을 알아보고 일의 포트폴리오를 확대할 것을 권한다. 일의 포트폴리오에는 임금이 지불되는 노동 외에도 자원 봉사, 집안일, 취미로 하는 활동, 무언가를 배우는 것 등 다양한 종류가 포함될 수 있다. 무엇보다도 우리가 좋아하고 즐겨 하는 활동들이 여기에 포함되어야 한다. 범위를 확대한 포트폴리오는 일을 우리 삶에 맞도록 만들고 새로운 정체성을 창조하기 위한 보다 광범위한 뼈대를 제공할 수 있다. 마흔 이후 개인적 정체성의 재정의에는 일에 대한 재정의가 당연히 포함되어야 할 것이다. 동시에 일에 대한 우리의 재정의는 틀림없이 여가 시간과 의미 있는 일 사이의 〈건강한 균형〉을 한데 아우르는 것이 될 것이다.

중년의 위기가 가장 고조되는 시기에 필요한 것

중년에 삶에 대한 극도의 피로감을 느낄 때,
〈여가 활동〉이란 중년을 성공적으로 통과할 수 있게 해주는 최상의 열쇠다.

아무리 남들이 부러워하는 직업이라도 20년 남짓 한 우물만 파다 보면 기운이 완전히 소진되는 것을 느낄지도 모른다. 어떤 조직 체계와 일자리는 변모를 허락하지 않는다. 만일 일을 재정의하고 일과 여가 활동의 균형을 잡는 일이 2차 성장에서 우리 앞에 놓인 도전 과제라면, 마흔 이후 극도의 피로감을 느낄 때 우리는 어떻게 반응할 수 있을 것인가? 마티는 중년에 느끼는 극도의 피로감에 대한 창조적인 대응책은 성숙한 삶이 주는 다채로움을 지지할 수 있게 일의 범위를 확대하는 것임을 내게 보여주었다.

"제가 조금만 달라져도 삶이 변할 수 있다는 걸
 마흔이 넘어서야 처음 알았습니다."

40대 후반에 마티는 완전히 탈진한 느낌을 받았고 은퇴에 대해 생각했다. 거의 평생을 고등학교 교사로 살아온 마티는 자신의 정체된 느낌을 내게 설명하면서 변화를 가져오는 것에 대해 이렇게 말했다.

"제 인생 전체가 모래로 뒤덮이고 있다는 느낌이 저를 엄습하기 시작했어요. 어느 날 세어보니 학교에서 아이들을 가르친 지가 사반세기나 되었더라고요. 그 점에 있어서 저는 감정적으로나 교육적으로 혹은 직업적으로도 그리 성공하진 못하고 있었어요. 저는 마음속으로는 다른 길을 찾아보고 있었죠. 제 직업적 상황이 뭔가 새로운 걸 찾아봐야만 하는 처지였어요. 하지만 나이 들어 실제로 변화를 주는 것은 생각만큼 쉬운 일이 아니었어요. 그때 저는 혼란을 겪고 있었습니다. 어떤 친구들은 제게 방학 때 어디론가 떠나서 여행을 해 보라고 권하더군요. 그래서 제 나이 마흔넷일 때 외진 시골에서 혼자 시간을 보낸 적이 있었죠. 지붕도 없는 곳에서 이렇다 할 작정도 없이 완전히 혼자서 지낸다는 게 조금은 무섭기도 했습니다. 하지만 집에 돌아왔을 때 저는 그런 시간을 좀 더 많이 가질 필요가 있겠다는 생각이 들었어요. 그때의 경험이 제 자신을 객관적인 눈으로 바라보고, 제 안에서 일어나고 있는 변화와 일어날 수 있는 변화들에 대해 곰곰이 생각해 볼 수 있는 계기가 되었던 거죠."

우리는 누군가 자신의 직장 생활이 불행하다고 말하면 그 사람이 자신보다 자신이 하고 있는 일에 무슨 문제가 있는 거라고 항변하리라 예상하게 된다. 그러나 마티는 초점을 다른 곳에 두었다. 일에 대해 불평하는 대신 그는 자기 자신에 대해, 자신의 가치관과 재능, 흥미와 개인적인 가능성에 대해 진지하게 생각해 보기 시작했다. 마흔이 넘은 나이임에도 그는 아직 "궁극적인 나를 발견하지 못했다."고 말했다. 그러므로 그의 우선적 과제는 개인적 정체성을 확립하는 일이었다.

그래서 그는 새로운 자신을 찾아보기 위해 우선 약간의 모험을 시험해 보기로 마음먹었다. 그는 지금껏 앞장서서 뭔가를 이끌어 본 적이 한 번도 없었다. 소극적이고 내성적이고 방관자적인 자신의 태도가 그도 맘에 들지 않았다. 그래서 굳게 결심하여 교내에서의 금연을 규칙으로 세워 학생들과 함께 금연 캠페인을 벌이기로 결심했다. 그는 우선 교장과 동료 교사들에게 금연 캠페인을 벌여야 할 필요성에 대해 자신의 의견을 말하기 시작했다.

"처음에는 공연히 사람들의 웃음거리나 되지 않을까 걱정이 되어서 좀처럼 앞으로 나서는 걸 꺼렸어요. 그리고 제 성격상 맞지도 않을 거라고 지레 포기했죠. 하지만 어떻게든 일단 한 번 해보니까 되더라고요. 제가 제 자신을 위해서, 그리고 다른 사람들의 권리를 지키기 위해서 뭔가 주장을 펼친 거죠. 그 일에 위험이 따르더라도 기꺼이 감수하고 싶었어요. 더 이상 소극적이고 자신 없게 살고 싶지는 않았거든요. 그렇게 한 번 부딪혀 보니 그때부터 제 목소리를 내고 제가 원하는 것을 얻고자 노력하는 것이 훨씬 편안해지더라고요. 남들에겐 하찮게 보일지라도 그 일이 제겐 중요한 시험대였죠. 마흔이 넘어 처음으로 제 자신을 시험해 본 거니까요."

그는 그렇게 좀 더 강인한 사람이 되기 위해 한 걸음씩 작지만 단호한 걸음을 내딛기 시작했고 그러면서 직장에서의 일이 훨씬 편하게 다가왔다.

이런 그의 자기 발견은 일에 있어서 새로운 가능성에 눈을 뜨게 해주었다. 이제는 자기가 할 수 있는 일이 아주 많더라고 그가 내게 말했다.

"제가 조금만 달라지면 제 삶에 변화를 가져올 수 있다는 걸 이제야 알았어요. 아이들이 다 자라서 집을 떠난 후엔 좀 더 자유롭게 제가 원하는 것을 할 수 있겠죠. 중년에 맞게 되는 이러한 자유를 즐기는 법을 이제야 배우고 있는 겁니다. 운동도 더 열심히 하고 긍정적으로 살려고 해요. 제가 이렇게 달라질 줄은 저도 몰랐어요. 나이 들어도 제 의지에 따라 변화를 줄 수 있다는 걸 알았죠. 전에는 이렇지 않았거든요."

여가 시간을 가질수록 삶에 대한 적응력이 향상된다

그는 새롭게 주어진 자유를 이용해 그가 일이라고 생각하는 활동의 범위를 확대하고 자신의 본능을 좇았다.

마티는 자신이 요리를 좋아한다는 것을 발견했다. 그래서 본격적으로 요리를 배우기 시작했다. 전 같으면 그저 바쁘다는 핑계로 쉽게 실행에 옮기지도 못하고 꿈도 꾸지 못했을 일이다. 그는 요리에 대해 많은 것을 배웠고 자신의 요리 실력이 생각보다 뛰어나다는 사실을 알고 매우 기뻤다. 그는 한편으로 요식업에 대해서도 연구를 했다. 집에서도 특별한 날에는 여전히 요리하기를 즐긴다. 몇 년이 지난 후에도 친구들은 무슨 날이면 그에게 맛있는 걸 만들어 달라고 조른다.

이런저런 실험을 하는 동안에도 마티는 자신의 일과 그 의미에 대해 생각의 끈을 놓지 않았다. 그에게 중년의 가장 결정적인 돌파구는 교사로 일할 때보다 〈일의 범위〉를 한층 넓게 규정한 것이다. 자신의 일을 단지 교사라는 직업에만 한정하려고 하지 않았다. 그에게 일이 중요하기는 예전이나 지금이나 마찬가지지만 그는 일에 대해 색다른 해석을 내렸다.

"일에는 보수를 받고 하는 것뿐만 아니라 제가 인생에서 하는 것들, 그러니까 인간관계를 맺는다거나 타인을 돕는 일, 제가 즐거워서 하는 일, 무언가를 새로 배우는 것 등이 모두 포함되죠. 저는 〈직업〉을 재평가하는 것에서 그치지 않고 〈일〉을 재평가하고 그 일이 제 삶에서 차지하는 위치를 다시 생각해 보고 있습니다. 이제는 직업과 일, 이 두 가지가 같은 게 아니라는 것 정도는 알게 되었죠."

마티의 말을 듣고 나는 깜짝 놀랐다. 심신이 완전히 지친 상태를 경험한 그였기에 그가 느끼는 일의 중요성이 전보다 줄었을 거라고 예상했기 때문이다. 사실 나는 그가 인생의 후반기에 일을 평가절하하고 그 중요성을 격하시키는 태도를 취할 거라고 기대했다. 하지만 내가 삶의 궤적을 추적해 온 사람들이 그랬듯이 마티 역시 오히려 그와 정반대의 태도를 보여주었다. 그에게 일은 인생의 특정한 시기에 〈그가 노력을 기울이는 대상〉이라는 새로운 의미를 지니게 되었다. 돈을 받고 하는 것만 일인 것은 아니다. 그의 재능과 가치를 표현할 수 있게 해주는 의미 있는 다양한 활동들이 모두 일에 포함된다. 예를 들어 그는 자신이 무언가를 배우는 것 역시 일의 중요한 구성 요소임을 알았다. 그래서 자신의 직업과는 상관없이 지적 호기심을 채우기 위해 세계 역사를 공부하기 시작했다. 그것은 그에게 또 하나의 새로운 일로 다가왔다.

마티는 스테인드글라스 같은 갖가지 미술 형식에 대한 공부도 게을리 하지 않았다. 그러면서 점차 그에게 일이란 자신의 예술적 잠재력을 계발할 수 있는 통로로도 인식되었다. 자신에게 즐거움을 선사하는 다양한 취미 활동이 이제 일의 범주에 들어갈 수 있게 된 것이다. 30년 넘게 근무한 고등학교 교사직에서 퇴직한 그는 자신이 은퇴를 했다고 생각하지 않고 다른 분야로 옮겨왔다고 생각한다.

"저는 퇴직자의 전형적인 틀에 스스로를 맞추고 싶지는 않아요. 저는 지금도 여러 다양한 활동을 즐기고 지역 사회의 일에도 참여하면서 제 자신을 탐구하고 확대하고 있습니다. 오늘은 또 무엇을 배울 수 있을까 기대하면서 아침에 눈을 뜹니다."

10년 전만 해도 자신의 존재가 모래 속에 파묻혀 있는 것 같다고 느꼈던 남자에게서 나온 자기 평가가 참 놀랍지 않은가!

그는 일과 여가 활동의 균형을 맞추는 법까지 함께 터득했다. 그가 말했다.

"노는 것도 중요해요. 우리는 여가 활동을 즐기거나 노는 것을 일의 범주에 포함시키려 하지 않는 경향이 있죠. 하지만 그건 잘못된 생각이라는 게 이제야 들었죠. 여가를 즐긴다는 것은 일을 위한 재충

전 그 이상의 의미가 있어요. 노는 것 자체가 일로 인식되어야 합니다. 저한테는 노는 건 경쟁이 아니거든요. 만약 제가 경쟁을 한다면 그건 오직 제 자신과의 경쟁이에요. 수영이나 다른 운동처럼 더 잘하기 위해서 하는 경기처럼요. 하지만 설사 제가 보수를 받고 그런 걸 하더라도 그건 제게 놀이에요. 요리도 그렇고요."

그에게 있어서 〈놀이〉라는 것은 우리 대부분이 그렇듯이 그 안에서 즐거움을 찾는 활동이다. 하지만 그것은 단순한 재미 이상의 의미를 지닌다. 놀이가 갖는 의미를 충분히 이해하고 나면 우리는 거기에 더 많은 시간을 할애하게 될 것이다.

놀이는 모든 연령대의 성장에 특히 중요하며 또한 독창성의 근원이 된다. 그것은 치료 요법의 한 형태로서 뿐만 아니라 성인의 건강한 적응에도 매우 중요하다. 하버드의 조지 베일런트 박사는 50대에 인생에 가장 성공적으로 적응한 사람들은 여가 시간이 길다는 것을 발견했다. 삶에 대한 적응도가 떨어지는 성인들의 경우에는 여가 시간이 아예 없거나 아주 적다.

마찬가지로, 피터 츄 기자는 "중년의 위기가 가장 아슬아슬하게 고조되는 시기에 여가 활동이란 우리가 이 위기를 성공적으로 통과할 수 있게 해주는 열쇠."라고 말했다. 놀이는 아이들 못지않게 어른들에게도 똑같이 중요하다. 인간은 호모 사피엔스(고뇌하는 인간), 호모 파베르(일하는 인간)이기도 하지만 동시에 호모 루덴스(유희하는 인간)이기도 하다. 놀이는 개인의 발달에 기본적 중요성을 지니며 심지어 문화의 기초가 되기도 한다. 놀이는 인간의 정신을 해방시키며 가장 고차원적인 자기 표현 형태의 토대가 되어준다. 만일 우리가 행복감과 만족감을 느끼고 싶다면, 그리고 거기서 그치지 않고 개방적이고 창조적인 사람이 되고 싶다면 우리의 삶에 놀이의 요소를 늘릴 필요가 있다. 또한 일에도 놀이의 요소를 좀 더 불어넣을 필요가 있다. 이것이 우리 내면의 어린아이에게 활기를 불어넣어 나이가 들면서 점점 젊어질 수 있는 확실한 방법이다.

마티가 여가 활동을 포함하는 방향으로 일을 재정의한 것이 그의 쇠진된 느낌을 극복하도록 도왔고, 자신을 놀며 일하는 사람으로 보는 시각이 그의 창조성을 자유롭게 풀어주었다. 심신의 완전한 소진을 경험한 지 10년 만에 그는 그 어느 때보다 만족스러운 시기를 보내고 있는 것이다.

"요즘 아주 잘 지냅니다. 제 삶에 도전이 찾아오길 기대하고 있습니다. 새로운 도전이 온다고 해도 이젠 두렵게 느껴지지 않죠. 요즘 어떻게 지내냐고 물어주는 사람이 없어서 애석할 정도라니까요."

시행착오를 거치면서 소진을 극복해 낸 마티의 이야기는 보다 만족스러운 인생행로를 찾으려는 사람들에게 귀감이 되지 않을까.

"제 인생을 그런 식으로 낭비해 온 거죠."

경쟁적인 〈성공〉의 개념에 사로잡혀 자신을 몰아왔다면,
이젠 자신이 진정 어떤 사람이 되고 싶은지 자문해야 할 때다.

주디는 자신의 일을 좀 더 넓은 화폭으로 옮기고 있었다. 그녀는 변호사라는 선망의 직업을 갖고 있었지만 중년 이후에 겪게 되는 사업 실패와 파산, 게다가 개인적 불운까지 겪으면서 힘든 시기를 보내야 했다.

그녀는 대학에 다닐 때 자신의 미래를 생각하면서 아버지의 뒤를 따르기로 결심했다. 그래서 변호사가 된 후 아버지가 경영하는 법률 회사에 들어갔다. 결혼은 했지만 얼마 못 가서 이혼했다. 그녀의 삶은 온통 일에서 성공하는 데 초점이 맞춰져 있었다. 하지만 남성 지배의 공격적인 법조계에서 여자가 성공한다는 것이 그리 쉬운 일은 아니었다. 당시만 해도 여성의 지위는 갖가지 제약에 묶여 있었다. 그녀는 내게 이렇게 말했다.

"여성운동은 기회 면에서 엄청난 변화를 가져왔고, 만약 제가 지금 일을 시작한다면 그렇게 어려운 시절을 보내지 않아도 되었을 거예요. 하지만 저는 일단 발을 들여놓았고 그땐 지금과 사정이 너무도 달랐어요. 저희 아버지는 제게, 여자는 아무 짝에도 쓸모없는 존재라고 가르치신 엄격한 보수주의자예요. 여자는 이류 시민이라는 거죠. 저는 일류가 되고 싶었어요. 그래서 아버지의 세계로 투신

했고 마치 여자가 아닌 것처럼 행동했어요. 제 인생을 그런 식으로 낭비한 거죠."

그녀는 일에 파묻혀서 남자들이 생각하는 성공에 모든 것을 바쳤다. 그러나 차츰 후회와 회환이 밀려왔다. 이건 아니다 싶었다. 삶을 이런 식으로 몰아가고 싶진 않았다. 그녀는 그 시기를 회상하면서 혼란스럽고 흥분되면서도 슬픈 깨달음의 시기였다고 말했다. 그때부터 그녀의 주된 목표는 남자들이 만든 경쟁적인 성공의 개념을 벗어던지고 개인적으로 의미 있는 길을 만들어 가는 것이 되었다. 그녀는 일에서도 성공하고 자신의 여성성도 긍정하는 그런 길을 찾고 싶었다. 더 이상 자신의 여성적인 측면을 부정하는 실수는 하고 싶지 않았다.

40대 초반에 그녀는 법률 회사를 그만두고 작은 부동산 중개업소를 차렸다. 또 마흔아홉 살에는 재혼도 했다. 일에서도 생활에서도 그녀는 그 어느 때보다 만족했다. 그녀는 자신이 남들과 관계를 맺고 그들을 도와주는 일에 재능이 있음을 알게 되었고, 그 재능을 분석하고 조직하는 기술과 결합하는 법도 터득해 가고 있었다. 그녀는 스스로를 부동산 중개 분야에서 유능한 여성으로 긍정할 수 있는 가능성을 발견한 것이다. 그녀가 이런 말을 했다.

"지난 8년간 제겐 아주 중요한 변화가 일어나고 있었던 셈이지요. 지금 저는 창의력이 솟아나는 걸 느껴요. 마침내 제가 타고난 재능과 배경이 한데 결합된 것 같아요. 제가 원하기만 하면 거의 뭐든지 할 수 있다는 자신감이 생겼어요. 인생에서 그것만큼 기분 좋은 일이 또 어디 있겠어요? 설사 실수를 한다 해도 말이죠."

주디의 이야기를 들으면서 내가 처음 주목한 것은 그녀가 어떻게 성공이라는 단일 목표를 향해 매진하던 직장 생활에서 벗어나 보다 창조적이고 만족스러운 생활로 전환할 수 있었느냐 하는 것이다. 그녀는 아버지가 만들어 놓은 역할 모델을 거부하면서 자신의 타고난 특성을 아우를 수 있는 보다 독창적인 모델을 찾아낸 것이다. 여러 해에 걸쳐서 그녀는 보다 실존적인 의미를 찾아 진화하고 있는 자신의 정체성에 일을 맞추어 가려고 노력했다.

"저는 지금 탐색 중이에요. 정신적인 면, 육체적인 면 모두에서요. 제 삶에서 가장 큰 변화는 일과 관련된 거예요. 제가 가진 재능과 경험을 어떻게 하면 일에 활용할 수 있을까요? 저는 이제 더 이상 아버지를 본받으려고 애쓰지 않아요. 사실 제 삶은 아주 다른 방향으로 나아가고 있어요. 제 인생을 그릴 좀 더 넓은 화폭을 찾고 있다고 할까요. 제가 지금 위치해 있는 지점은 삶의 의미를 물어보는 지점이에요. 우리는 지금 어디에 있는 것일까요? 앞으로 어떻게 살아야 할까요? 제가 무엇이 되느냐는 것으로는 충분하지가 않아요. 저는 가치 있는 일을 하고 싶고 그런 견지에서 일을 바라보기 시작했어요."

흔히 수입이나 지위, 명성처럼 성공을 규정하는 외부적인 요소들에 대한 경쟁적인 추구가 일의 뼈대를 형성한다. 주디는 이러한 기준들을 뛰어넘어 그보다 더 가치 있는 무언가를 얻으려고 노력해 왔다. 그녀의 탐구는 야망이라는 인습적인 궤도에서 자신을 빠져나오도록 했고, 그녀 역시 개인적 발전과 타인에 대한 봉사라는 관점에서 성공의 의미를 다시 해석하고 있었다.

일이 어떻게 그녀에게 더 큰 화폭의 캔버스를 제공했으며 그녀는 어떻게 그 안에서 의미를 찾을 수 있었을까? 첫째, 그녀는 일의 목표를 자신의 가치, 재능, 흥미라는 관점에서 재정의했다. 보다 독립적인 사람이 되는 것이 그녀가 생각하는 한 가지 가치였으며, 이것이 그녀로 하여금 자기 사업을 시작하게 이끌었다. 보다 독립적인 사람이 되자 그녀의 창조성이 배가되었다. 그때 그녀는 일의 범위를 좀 더 확대했다. 그녀는 예전에 법률 회사에 다닐 때는 자신의 일의 목표가 사람을 어리석게 만드는 이기심에 기여했음을 느꼈다.

"저는 지금껏 근시안적으로 제 자신에게만 관심을 집중한 채 살아왔어요. 지금은 거기서 많이 헤어났고 일에 있어서의 능률도 사실상 훨씬 더 향상되었죠. 저는 아버지가 바라는 그런 종류의 사람이 아니라, 제 자신이 어떤 사람이 되고 싶은지 종종 자문하곤 해요. 저를 자꾸만 끌어내리던 문제들을 이젠 어느 정도 극복했어요. 남자처럼 혹은 여자처럼 행동하는 것 사이에서 더 이상 마음의 갈등을 겪지도 않아요. 두 가지 특성이 제 안에서 잘 결합되어 있다고 느껴요. 이제는 제가 하는 일을 제 자신만을 위해서가 아니라 남을 위해서 뭔가를 하는 거라고 생각하고 싶어요."

주디 역시 점차 개인적인 성장뿐 아니라 남들에게 베풀고 나누기 위한 기회로 자신의 일을 바라보게 되었다. 주디는 일을 봉사의 한 형태로 만들면서 부지불식간에 종교적인 가치를 일과 통합하게 되었고 이를 통해 본래 의미의 신교도적 직업 윤리로 돌아가게 되었다. 그녀는 일의 포트폴리오를 확대해 저소득층 거주 지역의 도시 계획 사업에서 법률 자문 활동을 하기도 했고 여성들을 위한 무료 상담 프로그램에도 참여했다. 일의 포트폴리오가 이처럼 확대되자 주디는 더 유능하고 더 완벽하고 남을 배려하는 따뜻한 여성이 되었다. 이렇게 확장된 의미의 일은, 나중에 그녀가 힘든 시기를 겪게 되긴 하지만, 그 후 10년간 계속해서 이어졌다.

"사실 실패가 저를 자유롭게 풀어준 셈이죠."

4년 후에, 나는 주디가 극심한 좌절을 겪게 되었다는 소식을 들었다. 경기 침체로 부동산 시장이 큰 타격을 입으면서 그녀는 회사를 잃었다. 게다가 그녀의 배우자 역시 그녀가 기대했던 동반자가 되어주지 못했고 결국 그녀는 또다시 이혼을 해야 했다. 나는 그녀와 이야기를 나누면서 그녀의 상실이 거기서 그치지 않았다는 것을 알게 되었다. 그녀의 부모님 두 분 다 그때 세상을 떠나신 것이다. 그렇다면 그녀의 2차 성장은 거기서 끝이 난 것인가?

인생의 의미 있는 두 가지 중요한 버팀목인 일과 사랑이 그녀의 발밑에 쓰러져 신음하고 있었다. 그녀는 어떻게 했을까? 내가 만나본 다른 사람들처럼 그녀 역시 불운에 대처하는 놀라운 탄성을 보여주었다. 그러나 그런 복원력이 하루아침에 쉽게 얻어진 것은 아니었다. 사실 그녀가 정신을 차리는 데는 꼬박 일 년이 걸렸고 그러던 어느 날 그녀가 용기를 내서 내게 전화를 걸었다. 자신의 성공담을 이야기했던 입으로 실패와 상실을 이야기하기가 쉽진 않았을 것이다. 나와 마지막으로 이야기를 나누었을 때 그녀는 긍정적인 관점에서 막 방향 전환을 모색하기 시작했다.

사업 실패 이후 생계를 위해 다시 일을 찾아보는 과정에서 그녀는 진화해 가는 자신의 개인적 정체성에 특히 관심을 기울였다. 원초적 본능은 여성으로서의 자신에게 진실하자는 것이었다. 그간의 여성운동이 그녀로 하여금 자신의 여성적인 특질과 요구, 재능, 흥미 등을 인식할 수 있게 해주었다. 그녀가 지역의 여성운동 프로그램에 참여한 것이 인연이 되어 새로운 직업으로 연결되리라고는 처음엔 생각도 못했다. 이 프로그램에서 그녀는 작은 사업을 시작하려는 여성들을 만났는데, 주디는 자신의 전문 지식을 이용해서 그들을 위해 마케팅 서비스를 해줄 수 있을 것으로 생각했다. 나와 애기를 나누면서 그녀는 이 새로운 모험이 성과를 거둘 수 있을 것으로 믿고 있었다. 하지만 그 일은 얼마 못 가서 끝이 났고 그 이후 또한 차례의 노력도 실패로 돌아갔다. 나는 40대에 인생의 전성기에 도달했던 그녀였기에 이제는 그런 식의 탐구로는 극심한 좌절을 뚫고 나아가지 못할 거라고 믿을 줄 알았다. 하지만 실패를 겪을 때마다 그녀는 자기 안에서 긍정적인 특성들을 끄집어냈고, 그것이 결국 그녀를 자유롭게 풀어주어 보다 만족스러운 삶을 찾도록 해주었다.

"사실 제 실패가 저를 자유롭게 해준 셈이죠. 저는 줄곧 제 삶에서 자부심이나 우정과 같은 새롭고도 중요한 것들을 찾아내 왔고 그것들은 점점 강해지고 있어요. 요즘은 제가 독립적인 존재라는 사실이 이렇게 고마울 수가 없어요. 제가 사람들에게 무엇을 주어야 하는지도 더욱 분명하게 알게 되었어요. 친구들뿐 아니라 고객들과의 관계를 이어나가는 일도 예전보다 훨씬 편하게 느껴지더라고요."

우리의 인생이 곧게 뻗은 탄탄대로로만 나아가는 경우는 매우 드물다. 지난 6년간 그녀는 울퉁불퉁한 길을 걸어왔고 그 길에서 많은 좌절을 맛보기도 했다. 그러다가 부동산 개발 회사에서 그녀에게 그다지 맞지 않는 자리를 제시했을 때 그녀는 생계를 유지할 다른 방법을 찾을 수 없었기에 그 제안을 받아들였다. 다시 한 번 그녀는 성미에 맞지 않는 경쟁적인 기업 문화에 붙들렸다. 그러나 2년 후에 그 회사는 구조조정을 실시하면서 주디를 포함해서 최근에 고용한 직원들을 해고했다. 이제 그녀는 무엇을 할 것인가? 그녀는 이번에는 자신이 소중히 여기는 것에 더 주의 깊게 귀를 기울였다. 자신의 독립심과 여성으로서의 정체성, 그리고 우선순위를 고려해 본 끝에 그녀는 아주 작은 법률 회사를 열었다. 그녀가 말했다.

"제 인생에서 사람들이 최우선이라는 것을 깨닫게 되었어요. 전에는 그걸 제대로 보지 못했죠. 제게 가장 소중한 존재인 그들에게 봉사하는 쪽으로 일을 기획하고 있어요."

2년 정도는 자리를 잡느라 힘이 들었지만 그녀는 요즘 여러 면에서 성공의 징후들을 포착하기 시작했다.

새로운 형태의 일은 그녀에게 무엇을 의미하는가? 그것은 그녀의 특별한 재능을 발견하고 표현할 수 있는 하나의 방법이고, 그녀의 독립심을 제고하고 지역 사회의 일원과 고객들과의 개인적인 관계를 발전시킬 수 있는 길이자, 사회에 의미 있는 기여를 하고 자신이 하는 일에서 재미를 느끼는 방법이며, 생계를 꾸려가는 수단이기도 했다. 그녀는 보수를 받는 근로는 물론 교회와 지역 사회를 위해 정기적으로 시간을 할애하면서 자원 봉사 활동을 하고 있다. 도심의 단체들과 인연을 맺고 일을 하다 보니 요즘은 YMCA 같은 단체의 회원으로 봉사도 하고 학습 장애를 가진 아동을 위한 학교에서도 일을 하고 있다. 그녀는 일요 학교 교사로 아이들을 가르치고 있는데 이 일이 그렇게 즐거울 수가 없다. 또한 도시 지역 성인들을 대상으로 한 교육에도 참여하고 있으며 무료 법률 상담을 통해 사람들에게 도움을 주기도 한다. 지난 10년간 굴곡이 심한 인생이었지만 주디는 그 속에서도 점점 성장하는 자신에 맞게 일의 포트폴리오를 확대하고 재조정하는 법을 배워온 것이다.

나이 들어 가치관과 관심사가 변할 때

"지금까지는 그럭저럭 살아왔다 해도 앞으로 살날을 생각하면
새로운 변화가 필요하다는 위기감이 들죠."

다음에 만나보게 될 사람은 중년의 꿈을 펼치는 데 있어서 새로운 길을 우리에게 보여주고 있다. 우리는 젊어서 직업을 선택할 때 자신이 선택하는 일이 자신의 관심 사항이나 가치와 부합하기를 희망한다. 하지만 중년에는 흔히 관심사와 가치관이 변하기 때문에 생계를 위해서 하는 일과 우리가 원해서 하는 일이 서로 부딪히기도 한다. 40대 후반의 에드는 그런 이유로 자신의 일을 다시 조정할 필요를 느꼈다.

내가 에드를 만난 것은 우연이었다. 내가 이 책을 위한 조사 작업을 벌이고 있을 때 조사에 응해주던 누군가가 말했다.

"제 친구를 한 번 만나보세요. 저와는 어렸을 때부터 친구였는데 요즘 아주 신나는 변화를 경험하고 있다고 하더라고요."

나는 그를 만나봐야겠다고 생각했다. 고등학교 테니스 코치이자 체육 교사인 에드는 나이보다 외모도 목소리도 훨씬 젊게 보였다.

활력과 젊음뿐 아니라 그에게는 놀라운 특성이 있었는데, 그것은 자신이 누구이며 어떤 사람이 되어가고 있는지에 대한 진지한 성찰이었다.

"한 2년 전부터 제가 지금껏 어떻게 살아왔고 앞으로 어떻게 살지

에 대해 점점 더 깊이 생각하게 되더라고요. 지금까지는 그럭저럭 살아왔다 해도 앞으로 살날을 생각하면 이제 저한테도 새로운 변화가 필요하지 않을까 하는 위기감이 들었죠."

심리적 방황을 겪고 있던 그로 하여금 새로운 길로 접어들게 한 것은 무엇이었을까? 그는 특히 기억에 남는 일화를 내게 들려주었다.

"등산을 하고 있었는데 어린아이 몇 명이 산행에 어려움을 겪고 있었어요. 그런데 그때 갑자기, 앞에서 펄펄 나는 아이들보다 뒤처져서 쩔쩔매는 아이들에게 마음이 더 가더라고요. 악전고투를 하고 있는 그 아이들이 참 안돼 보였어요. 그러면서 예상치 못한 감정들이 제 마음속에서 솟아오르더라고요. 그 아이들이나 저나 예전에 없었던 경험을 한 셈이죠. 뒤에 처져 있던 그 아이들의 모습이 아직도 잊히질 않아요. 뭐랄까, 인생의 한 단면을 본 것 같다고 할까요……."

그때의 경험이 계기가 되어 그는 경쟁을 중시하는 태도를 고치게 되었다. 예전의 그는 시합에서 두각을 나타낼 가능성이 보이는 선수들에게만 관심을 두었고 뒤처지는 선수들은 무시하곤 했다. 시합에 나가서도 승리만을 우선시했고 결과에만 집착했다. 그러나 점점 나이가 들면서 승리보다는 과정에, 앞서 나가는 선수보다는 뒤에서 힘겹게 따라오려고 애쓰는 선수들에게 더 마음이 갔다. 그러면서 뒤에 있는 사람들을 보살피고 도와주는 일에 관심을 보이고 있는 자신의 모습을 발견했다.

"저는 사람들에게 관심이 많아요. 그들이 인생에서 중요한 것을 배우고 그것을 이룰 기회가 공평해야 한다는 데 무엇보다 관심이 크죠. 이제 승리 자체는 사실 제 관심 밖이에요. 예전에 비해 뒤에서 힘겹게 따라오는 선수들에게 훨씬 깊은 연민을 갖게 되었죠."

인간에 대한 연민의 가치가 경쟁의 가치를 앞서기 시작한 것이다. 에드는 인생의 목표를 처음부터 끝까지 다시 생각해 보는 시간을 일부러 가졌다. 그는 자기 인생에서 좀 더 많은 관심을 기울일 필요가 있는 부분을 깨달았다. 사람들과의 관계가 그 중 하나였다. 그래서 가족과 더 많은 시간을 함께하기 시작했고 가까운 친구들과의 관계에 좀 더 마음을 썼다. 그는 매일 매일의 만남이 어떻게 달라졌는지 내게 설명했다.

"제가 친구에게 잘 지내냐고 물으면 저는 정말로 그 친구가 어떻게 지내는지 궁금한 거예요. 실제로 걱정이 되어서 물은 거죠."

그는 여전히 테니스 코치 일에 전념하고 있지만 지금은 선수들과 다른 방식으로 관계를 맺기 시작했다. 예전에는 권위적인 코치였던 그가 이제는 친구이자 스승으로서 그들을 대하게 된 것이다. 청소년을 위한 여름 캠프를 이끄는 일도 그에게는 테니스 코치 일 못지 않게 중요해졌다.

이러한 관심과 가치관의 변화는 우승컵을 거머쥐어야 하는 압력을 안고 사는 코치에게는 맞지 않을 수도 있다. 인생에 대한 새로운 통찰력과 관심의 변화는 직업을 바꾸는 것을 고려해 보도록 그를 부추길 수도 있었을 것이다. 하지만 그는 직업을 바꾸지 않으면서도 자신의 위치를 창조적으로 재설계하고 변화를 반영할 수 있도록 일의 포트폴리오를 확대했다.

"저는 코치 업무를 줄이고 관련 활동도 줄여 나갔어요. 저만이 할 수 있는 것이라고 생각한 일들을 다른 사람들에게 하나씩 위임했죠. 그 일은 다른 사람들도 저만큼 잘할 수 있는 일이거든요. 그렇다고 제가 섭섭함을 느낀 건 아니에요. 팀의 성적이나 효율성은 같이 일하는 동료교사들과 함께 관리하면서 제 자신은 다른 활동에 더 많은 관심을 기울였죠. 이런 방식은 5년 전이라면 생각도 못했을 거예요. 제 욕심 때문에라도 그렇게 못했을 거예요. 그때라면 아마 이렇게 물었겠죠. '내가 왜 이 일을 하고 있지?' 그러고는 이렇게 대답했을 겁니다. '해야 되니까 하는 거지 뭐.' 하지만 이제는 뭐든 제가 원해서 하려고 합니다."

업무를 조정하는 데 있어서 에드는 자신의 본능에 따르고 있다. 몇 년 후에 그는 5년 전에 시작한 그 과정이 아직 현재 진행 중이라고 확인해 주었다. 나는 그 결과가 어떻게 나타나고 있는지 궁금했다. 그는 여전히 수석 코치였지만 그 어느 때보다 잘 해내고 있었다.

"선수들과의 관계도 전보다 좋아졌어요. 선수들과의 개인적인 관계가 훨씬 두터워졌다고 봐야죠. 때로는 연습을 빼먹고 단체로 야외로 나가기도 합니다. 전에는 생각할 수도 없었던 일이었죠. 시합 기간에는 수준 높은 경기를 펼칠 것을 강조하지만, 운동선수라는 한계를 넘어서 발전해 나가라고 학생들을 격려하곤 합니다. 그들이 졸업을 하는 것을 보고 싶고 학교생활의 다른 면들도 접하게 해주고 싶어요. 저는 늘 승리, 승리, 승리를 요구해 왔고 형편없는 경기를 펼치면 호되게 야단을 치기도 했죠. 하지만 지금은 처음부터 끝까지 그들과 함께하고 그들의 얘기를 참고하려고 합니다."

보다 인간적인 접근 방식이 팀의 성적에는 어떤 영향을 미쳤을까? 그의 팀 성적은 여전히 수준급이다. 우리가 마지막으로 얘기를 나눴을 때 그의 팀은 5년째 테니스 우승컵을 다른 학교에 넘겨주지 않고 있었다. 그는 자신이 이룬 변화에 대해 어떻게 생각하고 있을까?

"이런 결과에 대해 제 개인적으로는 그 어느 때보다 만족합니다. 제 삶이 전보다 훨씬 다채로워졌고 제 자신은 훨씬 다정다감한 사람이 되었지요. 50대에 이렇게 젊게 살고 있으니 70대가 되어도 여전할 거라고 생각해요. 젊었을 때 생각했던 것보다 제 인생에 할 일이 너무나 많아요. 그걸 마흔이 한참 넘어서야 알게 된 거죠. 지금 저는 새로운 방향으로 뻗어나가고 있는 것 같습니다."

에드는 방향 전환을 시도한 지 6년째로 접어들었고 여전히 가족이나 친구들과 많은 시간을 함께 보내면서 야외 활동에도 적극적으로 관심을 보이고 있다. 그가 만든 일의 포트폴리오는 점점 확대되고 있었다. 그는 취미로 화초를 키우는 일을 시작했고 청소년들을 위한 봉사 프로그램에도 시간을 냈다. 일에 대한 그의 열정은 날로 커지고 있었고 자신에게 무엇보다도 중요한 가치관, 본능, 관심을 표현할 수 있도록 일을 조정해 나가고 있었다.

일에만 몰두한 삶이 직면해야 하는 시험대

자신의 인생이 그다지 행복하지 않은데 그 이유를 알 수 없다면,
이제야말로 일에 대한 세속적인 의미에서 벗어나야 할 때가 온 것이다.

우리는 대부분 다른 데 눈 돌릴 겨를도 없이 오로지 일에만 몰두하고 자신의 경력을 키우는 데에만 사로잡혀 있어서 가족이나 친구, 여가 활동 혹은 성장을 위한 시간을 거의 갖지 못한다. 이것이 성공의 어두운 일면이다. 남자들은 부분적으로는 가족의 부양자라는 역할 때문에 이 함정에 빠지는 경향이 있지만 어쩌다 보니 여자들도 그 덫에 걸리는 사람들이 점점 늘고 있다. 48세에 세 명의 장성한 아들을 둔 어머니이자 기업의 임원인 한 여성을 인터뷰한 적이 있었다. 그녀는 남들에게 더 인정받고 더 빨리 승진하고 더 많은 돈을 벌어서 나중에 은퇴한 후에 돈 걱정 없이 살기 위해 정신없이 내달려 왔노라고 말했다. 이미 풍족한 삶을 누리고 있었지만 그럼에도 그녀는 일에 대한 강박관념에 사로잡힌 것처럼 보였다. 그녀는 성공한 여성이었고 완전히 일에 매달려 살다시피 해서 중년에 자신의 인생을 재설계한다는 것에 대해서는 상상조차 할 수 없었다. 내가 아무리 질문을 다른 방향으로 유도해도 그녀의 대답은 자꾸만 현재의 직업으로 그 초점이 돌아가곤 했다.

"제 아버지는 항상 아들을 원하셨어요. 아버지는 딸을 셋 두셨는데 제가 그 중 맏딸이었죠. 이 정도면 아버지에게 혹 아들이 있었더

라도 제가 누구 못지않게 성공할 수 있다는 것을 보여준 거 아닌가요?"

그녀는 성공이라는 것을 직업적인 성취로 좁게 해석했고, 자신의 인생이 그다지 행복하지 않은 이유가 무엇인지 스스로는 설명할 수 없는 듯했다.

삶의 방식을 바꾼다는 것

우디는 일과 관련해 일반화되어 있는 이 같은 패턴에 대해 창조적 대안이 있음을 보여주는, 그리고 성공을 측정하는 또 다른 방법도 있음을 보여주는 좋은 사례이다. 우디는 우리가 처음 만났을 때 뉴욕의 병원들과 양로원들의 노사 관계 업무를 처리해 주는 작은 회사에서 일하고 있었다. 결혼해서 두 명의 장성한 자녀를 둔 그는 40대에 인생의 전환기를 맞았고 그 일을 계기로 다시 젊어지고 이전과는 다른 삶을 살게 되었다. 50대에 회사를 떠나야 했을 때에도 40대 때 이룬 그의 변화가 큰 힘이 되어주었다. 또한 새로운 성장을 향해서도 나아가게끔 해주었다.

"마흔이 제겐 〈재탄생〉의 시기였어요. 그때부터 야외 활동에 눈을 돌렸죠. 돌이켜보면 그때가 딱 알맞은 시기였어요. 그때부터 저는 정말 신나게 살았어요. 지금은 한풀 꺾이긴 했지만 그런 삶이 50대까지 계속되었죠. 그땐 주말마다 바깥에서 살았어요. 배낭을 메고 걷거나, 자전거 하이킹에, 마라톤도 했었죠. 어렸을 때는 결코 활동적이거나 운동을 좋아하는 편이 아니었는데 제가 운동에 소질이 있다는 걸 마흔이 되어서야 알게 된 거죠. 또 자연을 사랑하는 법을 배우면서 삶에 활기도 생겼어요. 마흔에서 쉰까지는 엄청난 변화와 성장의 시기였고 너무나 행복하고 신나게 살았던 시간이었어요. 그때 자신감이 많이 붙었고 새로운 취미들이 생겼죠. 50대에 이르러서는 조금 흥분을 가라앉히기는 했지만 지금도 배우고 있고 마음은 항상 열려 있어요.

시간이 없어서 그렇지 할 일은 정말 많아요. 제가 세계에서 제일 높은 산을 오르겠다는 것도 아니고 마라톤 풀코스에 도전해 보겠다는 것도 아니에요. 하지만 제가 흥미를 느낄 만한 새로운 일들을 찾아서 여러 가지를 해보고 있는 것만은 분명해요. 두어 해 전부터는 중국어를 공부하기 시작했어요. 그래서 중국에 갔을 때 간단한 생활 중국어 정도는 활용할 수 있게 하려고요. 요즘은 수영도 배우고 있어요. 이건 아주 색다른 경험이고 도전이에요. 물 속의 삶에 대해 처음으로 배우고 있는 거니까요."

삶의 방식을 바꾼 그의 이야기는 일의 포트폴리오를 확대하기 시작한 것이 여가 활동의 증가와 조화를 이루게 되었음을 보여주고 있다. 50대 초반에 그는 상자 속에 담아놓은 듯한 직장 생활에서 벗어나 새로운 일을 하게 되면서 사실상의 중년의 해방을 경험했고 그것을 계기로 2차 성장을 향한 문이 열린 것이다.

우디는 다른 사람들이 부러워할 만한 위치에 올랐다. 그는 작은 회사를 이끄는 수장으로 스스로를 자랑스럽게 여겼고, 그의 회사는 뛰어난 서비스로 지역 신문에 소개된 적도 있었다. 그가 몸담고 있는 분야가 날로 복잡해지고 경쟁이 치열해지면서 그는 자칫 일에만 파묻혀 다른 데 눈 돌릴 겨를도 없이 정신없이 살게 되었을 수도 있었다.

하지만 그는 몇 가지 방면에서 자신을 끌어당기는 것을 느꼈다. 40대에 그는 야외 활동에 눈을 돌리면서 색다른 인생 계획을 수립하기 시작했고 그것을 이루기 위해 필요하다면 모험을 감수해 나가기 시작했다. 예를 들어 그는 회사를 보다 민주적으로 운영하고, 업무를 분담하고, 팀워크를 강조함으로써 일하는 방식에 변화를 주었다. 그 결과 주당 40시간 근무에 9시 출근, 6시 퇴근의 정해진 근무 시간을 지킬 수 있게 되었다.

"회사에 나오면 정말 열심히 일하지만 사무실에서 공연히 미적거리고 싶은 마음은 없습니다. 제 마음을 끄는 다른 재미있는 일들이 너무나 많거든요."

그 하나가 비영리 자선 단체의 설립을 추진한 것이다. 그리고 그 중 한 가지 일이 그에게 아주 중요하게 다가왔다. 자원 봉사자들의 소규모 모임에서, 경제적 혜택을 받지 못한 도시 지역 청소년들을 각 단체에서 모집한 성인들과 전문가들에게 연결해 주는 행사를 기획하고 후원한 것이다. 이 행사의 취지는 모든 참가자들의 개인적 성장을 후원하기 위한 것이다. 우디의 이러한 활동은 그가 생각하던 일의 범위를 넓혀 주었고 인생의 재미를 더해 주었다. 그는 새로운 방면에서 자신의 재능을 발휘하고 새로운 종류의 성공을 거두는 것을 즐겼다. 재주 많은 자신의 강아지를 자랑스러워하는 소년처럼 그는 이 모험 가득한 행사를 설명한 신문 기사를 내게 자랑스럽게 보여주었다.

우디는 일의 개념을 확대하고 재정의하면서 자신의 삶에 좀 더 많은 여가 활동을 받아들였다. 그는 매달 한두 번의 주말은 야외 활동에 할애했고 거의 매일 조금씩이라도 시간을 내서 운동을 했다. 그의 여가 활동에는 아내, 자녀들, 친구들같이 그가 사랑하는 사람들과 시간을 보내는 것도 포함되었다. 그는 또한 시간을 따로 떼어서 여러 가지 평소에 하고 싶었던 것들을 배워 나갔다. 젊었을 때는 일에 파묻혀 엄두도 못 내었던 것을 이제 더는 미루고 싶지 않았다. 그는 새롭게 배울 만한 것들을 지금도 계속 찾아보고 있다. 이미 그의 인생은 그런 방향으로 자리가 잡혀 있었다.

우디가 40대 후반일 때 내게 이런 말을 했다.

"지금의 제 인생이 아주 마음에 들어요. 앞으로도 지금처럼만 살았으면 좋겠어요. 지금이 제 인생의 전성기인 것 같습니다."

나이 들면 누구든, 일의 의미를 재정의해야 하는 시험에 직면한다

그는 많은 친구들이 직장을 잃고 새 출발을 하기 위해 애쓰고 있는 것을 생각하면 자신은 아주 운이 좋은 편이라고 말했다. 하지만 운이 다했는지 우디 역시 그 친구들의 운명을 피해갈 수는 없었다. 불과 일 년 전에 그 역시 이사회의 결정에 의해 대표이사직에서 물러나게 되었다. 인생을 살면서 누구든 일의 의미를 개인적으로 어떻게 정의하는지에 대한 시험에 직면해야 한다면 우디 역시 예외가 아니었다. 하지만 마흔 살에 시작된 그의 변화 덕분에 우디는 그 역경을 기회로 바꿀 수 있었다. 그의 이야기는 2차 성장에 관심이 있는 사람들에게 중요한 교훈을 준다.

쉰 살의 나이에 갑자기 직장 생활을 끝내게 된 우디는 자기가 할 수 있는 다른 일들을 찾아보았다. 경제 불황기에 새로운 일을 찾는다는 것이, 특히 그 나이에는 쉬운 일이 아니었다. 다행히도 그에게는 퇴직자 연금이 있어서 일 년 정도는 서두르지 않고 직장을 알아볼 수 있었다. 그는 다시 개업을 해볼까도 고려해 보았지만 그만두기로 했다. 섣불리 개업을 했다가 낭패를 보고 싶지는 않았다. 그러다가 우연히 그가 설립을 도왔던 단체에서 야외 활동 프로그램의 자문역을 맡아 달라는 부탁을 해왔다. 그러나 그 단체의 임원들이 그를 면접한 후 그에게 그곳의 부소장 자리를 제안했다. 자신의 일에 대해 다른 뾰족한 대안이 없었으므로 그는 그 제안을 덥석 받아들였다. 그 일이 당초 그가 생각했던 것보다 훨씬 어렵다는 것을 알게 되었지만 일을 시작한 지 2년쯤 되었을 때 그는 이렇게 말했다.

"돈은 전보다 훨씬 적게 벌지만 아이들이 많이 컸으니 저희에겐 그리 큰돈이 필요한 건 아닙니다. 게다가 저는 이 일을 사랑하게 되었습니다. 40대부터 틈틈이 해오던 일이어서 익숙하고, 그래서 훨씬 편한 마음으로 임할 수 있죠. 제 아내는 요즘 자원 봉사로 하고 있는 청소년 상담 일에 매우 만족하고 있어요. 저희 부부는 각자 일을 끝내고 집으로 돌아온 저녁이면 우리가 늙어서도 이렇게 행복할 수 있는지 거의 믿기지 않는다는 표정으로 서로를 바라보곤 하죠. 지위나 명예 같은 것들에는 이제 그렇게 눈길이 가지 않아요."

7년 후, 그는 여전히 그 자리에 있었다. 그는 그 일을 맡게 된 것이 자기에겐 멋진 사고였다고 말한다. 그는 지금도 여전히 긴 파도의 물마루를 타고 있는 기분이다. 하지만 그는 "전보다 더 자유롭고, 더 이상 일의 요구에 휘둘리는 경우도 없으며, 내가 누구이고 무엇을 하는 사람인지에 대해서도 편안한 마음이 되었습니다."라고 말한다. 아무도 알아주지 않는 소도시의 단체에서, 그것도 돈도 지위도 예전에 비하면 보잘것없는 수준이지만, 그는 자신의 새로운 일에 흠뻑 취해 있었다.

만일 우리가 인생을 투자의 연속이라고 생각한다면 우디는 투자를 다양화함으로써 당초 기대했던 것보다 많은 수익을 올리고 있는 셈이다. 그는 자신의 성장을 뒷받침하고 자신이 생각하는 이상적인 삶에 맞게 일의 의미를 재조정했다.

우디의 성장에 놀라운 면이 있다면 그것은 그가 어떻게 해서 성공의 의미를 다시 생각하게 되었는가 하는 것이다. 그는 자신의 삶을 이렇게 설명했다.

"어떻게 설명하면 좋을까요……. 저는 뚜렷하게 대비되는 인생을 살고 있어요. 사람들이 저에 대해서 말할 때 신나게 사는 사람이라고 했으면 좋겠어요. 여러 가지 얼굴을 가진, 인생의 모험을 즐기는 사람이라고요. 아무튼 저는 재미있게 살려고 노력 중이에요."

삶에 대한 유쾌한 압박감

직업을 선택하면서 우리는 흔히 생계에 초점을 맞추기 마련이다. 우디 역시 그렇게 했다. 하지만 그는 좁은 의미로 한정된 일에는 자신의 인생과 성장을 끼워 맞출 수 없다는 것을 깨달았다. 그는 〈생계〉에서 〈생활〉로 사고를 전환했다. 우선순위를 재조정하고 생활을 그 순위에 맞게 변화시키면서 자신이 영위하고 싶고 성장하고 싶은 방식에 더욱 잘 맞게 일을 재구성했다. 그는 일의 포트폴리오를 확대해서 보수를 받는 근로는 물론 배움과 가르침, 지역 사회에 대한 봉사, 개인적 성장까지 모두 일에 포함되도록 했다. 인습적인 의미에서 보면 그는 더 작은 회사의 더 낮은 지위로 내려앉은 것이다. 하지만 인생에서 무엇이 가장 중요한 것인지의 차원에서 본다면, 그는 회사의 대표이사일 때보다 타인의 삶을 보다 직접적으로 이롭게 하고 그 자신에게는 도전의식과 만족감, 사는 재미를 안겨주는 자리를 스스로 창조한 것이다. 그는 자신이 거둔 이 성공이 그렇게 자랑스러울 수가 없었다. 그는 용감하게 자신의 열정을 좇았고, 자신의 가치와 관심을 표현할 수 있도록 일을 삶에 맞추었고, 타인들에게 도움이 되는 삶을 살았다고 스스로의 묘비명을 작성하고 있었다.

재미있게 산다는 것이 하루아침에 갑자기 이루어진 것은 아니다. 이 과정의 원칙은 자신을 돌보는 일과 남에 대한 배려, 그리고 일과 여가 사이의 창조적인 균형을 이루는 것이다. 우디가 50대였을 때 내게 이런 말을 했었다.

"지금은 그리 어렵지 않게 갖가지 요구들을 정리할 수가 있어요. 제가 정말로 원하는 것을 한다는 점에서 보면 저는 이기적인 사람이라고 할 수도 있죠. 지금은 그 어느 때보다도 현재에 충실하며 살고 있습니다. 시간만 허락한다면 아내나 저나 하고 싶은 일들이 너무 많아요. 삶에 대해 유쾌한 압박감을 느끼고 있죠. 저는 이 느낌이 참 좋아요."

우디의 성격이 가진 세 가지 특성이 인생에서의 그의 성공에 기여하고 있다. 그것은 2차 성장을 경험하고 있는 사람들은 정도의 차이는 있지만 대부분 가지고 있는 특성들이었다.

그 첫 번째는 새로운 가능성과 새로운 아이디어에 대해, 그리고 그 밖의 것에 대한 자신의 접근 가능성을 열린 마음으로 심사숙고하는 것이다. 이것이 그에게 사고의 유연성을 갖게 해주고 새로운 사람들과 그들의 다양한 삶의 방식들을 알 수 있게 해준다고 그는 말한다.

두 번째는 진심에서 우러나오는 현실적 낙관주의이다. 이것은 그에게 변화에 대처하고 위험을 감수하는 데 필요한 탄력성을 준다.

세 번째는 탁월한 유머 감각이다. 그는 유머의 중요성을 특히 강조했다.

"저는 삶에든 일에든 유머가 매우 중요하다는 것을 깨달았어요. 지난 5년에서 10년 사이에 제 언어 습관은 놀라울 만큼 변했어요. 전에는 말투가 심각함 그 자체였는데 이제는 많이 가벼워진 거죠. 제가 사람들에게 하는 어떤 말에 그들이 놀라는 걸 보면 믿을 수가 없어요. 어쨌든 저는 유머러스하게 말을 하죠. 제가 이래 봬도 제법 재치가 있는 편이거든요. 이제 사무실에서 대부분의 시간을 웃고 지내죠. 그렇게 되면 재미있게 일을 할 수가 있어요. 심지어 제가 곤경에 처했어도 요즘은 농담이 나오더라고요."

인터뷰를 하는 동안 우디의 나직나직한 우스갯소리에 나는 끊임없이 낄낄거렸는데 그것은 종종 자기 자신을 웃음거리로 만드는 농담이었다.

우디의 이야기는 성공의 척도로서의 일에만 관심을 집중하는 것을 어떻게 하면 깨뜨릴 수 있는지를 보여주는 좋은 예다. 그는 생계를 꾸려나가는 것이 재미있는 인생이라는 광범위한 원칙에 포함되게 한 다음, 일과 여가 사이의 창조적 균형을 이룩했다. 제3의 연령기를 위한 새로운 각본으로 생활 방식을 창조한다는 것은 우리의 성공을 규정하는 새로운 틀을 마련해 준다.

좀 더 다채로운 삶을 스스로에게 허락하라

나이 들면 단순하게 살아야 한다고?
천만에, 나이 들수록 삶은 다채롭고 복잡해야 한다.

많은 사람들에게 은퇴란 그리 매력적인 것이 아니며 기대 수명이 더 늘어난 지금은 더욱 그러하다. 은퇴라는 단어는 말 그대로 〈뒤로 물러난다〉는 뜻이며, 사회적 활동의 중단을 의미한다. 인생에서 결코 짧지 않은 시기 동안 사회 활동에서 물러나 있는 것을 누가 원하겠는가? 나이 듦의 사회학은 은퇴가, 중장년층 세대를 비非사회화함으로써 의미 있는 사회적 역할을 상실하게 하는 계기가 된다는 것을 보여주었다. 은퇴라는 것은 흔히 〈역할 없는 역할〉이 되어버린다는 뜻이다. 인습적 의미의 은퇴는 나이 드는 것을 이탈과 쇠퇴의 과정으로 보는 케케묵은 이론의 뒷받침을 받는다. 만일 우리가 이 이론을 버리고 〈창조적 나이 듦〉에 초점을 맞춘다면 이런 질문을 할 수도 있을 것이다.

"우리가 90세 혹은 100세 정도까지 무리 없이 살 수 있을 것으로 기대할 때, 그 나이에도 40세나 70세 때만큼 젊게 살 수 있다면 우리가 할 만한 일이 없다는 것은 그만큼 인적 자원의 비극적 낭비가 아닐까?"

생산적인 삶이 은퇴로 인해서 재앙이 되어버릴 수 있다. 일에서 손을 뗌으로써 주요 활동이 갑자기 끊어지고 사회에 대한 책임감이 줄어들고 중요한 인간관계도 단절될 수 있다. 하지만 그렇게 되지 않을 수 있는 대안이 있다.

긴긴 제3의 연령기 동안 일과 여가 활동을 뒷받침할 수 있는 중년기의 직업은 은퇴에 의미 있는 대안이 될 수 있다. 흔히 은퇴와 연결 지어 생각하는 영원한 휴가는 이상적인 것이 아니다. 찰스 핸디는 이렇게 말했다.

휴가가 의미를 갖는 것은 오직 그것이 일의 반대 개념일 때, 일을 더 많이 하기 위한 재창조의 과정일 때에 한해서이다. 일이란 우리가 하고 싶어서 하는 것이고, 자신에 대한 재발견이며, 당신의 시간을 누군가에게 돈을 받고 파는 것 이상의 의미를 지니며, 당신의 남은 인생과 보다 조화를 이루어 당신의 삶을 더욱 인격적이고 창조적이며 더 재미있는 것으로 만들어 주는 것이다.

나는 계획했던 연구를 마무리하면서 열정적 에너지가 넘치는 장년층의 남성을 인터뷰했는데, 그는 수십 년 동안 자기가 하는 일의 범위를 적극적으로 확대하고 있었다. 은퇴 후에도 다른 재미있는 일들을 하느라 바쁘다. 조사에 응해준 많은 이들에게 중년에 새로운 경력을 쌓아간다는 것은 예상치 못했던 도전 정신과 충족감을 안겨주었다. 중년에 새로운 경력을 쌓아간다는 것이 현실적으로 쉽지는 않은 일이라 해도 처음부터 포기하고 한탄만 하면 안 된다. 그리고 그 경력이 꼭 세속적 개념의 성공일 필요도 없다. 이제는 〈중년기의 새로운 도전〉이 인생을 살아가는 하나의 방법으로 자리 잡고 있다.

2차 성장은 일에 대해 건강하고 긍정적인 태도를 갖고, 제3의 연령기에 개인적으로 의미를 갖는 활동으로 일을 재정의하도록 우리를 이끈다. 우리는 스트레스가 심하고 경쟁적인 현대적인 일의 유형에서 보다 풍요롭고 균형이 잘 잡힌 일로 모델을 전환할 필요가 있다. 젊은 시절에는 한쪽 방향으로만 나아갈 수 있는 단선적인 경력에 초점을 맞추는 것이 적절할는지도 모른다. 하지만 인생의 후반기에는 단선적인 경력 추구를 버리고 방향 전환이 자유롭고 제3의 연령기에 맞는 유형을 취해야 한다. 아마도 인생의 그 어느 시기보다 바로 지금이 생활을 이어가면서 변화를 가져올 수 있는 시기일 수도 있다. 우리는 일의 포트폴리오를 다채롭게 구성함으로써 개인적인 성장을 하고 동시에 자신의 세계에 가치를 더할 수 있다. 좀 더 넓은 시야를 가지면 나의 재능을 타인을 위해 사용하고 기꺼이 봉사하라는 요청이 들린다. 만일 우리가 미친 듯 열심히 일하는 과로의 연속인 삶에서 저속 기어로 전환해 우리의 일에서 야망을 몰아내면 사회적인 부문에 관여할 여력이 생기고 타인의 삶을 풍요롭게 하는 데 기여할 수 있게 된다. 우리에게는 사회와 지구촌 복지에 관심을 갖고 그 일을 후원하면서 더욱 증진시킬 수 있는 기회가 주어져 있다. 또 우리는 일이 갖는 중요성을 긍정하는 한편 여가 활동을 확대하고 발전시킬 필요도 있다. 이렇게 하면 우리 삶에 의미와 함께 재미가 보태질 것이다.

"나이 들면 단순하게 살아야 한다고 말하는 사람도 있죠. 저는 나이가 들수록 삶은 다채로워져야 한다고 생각합니다. 끊임없이 변화하며 사는 게 좋아요."

2차 성장에는 좀 더 복잡하고 다채로운 삶을 스스로에게 허락하는 것도 포함된다. 복잡성은 단지 변화에서 비롯되는 것이 아니라 일과 여가 활동처럼 서로 상반되는 개념의 〈균형〉을 잡는 것에서 온다. 이렇게 재미있게 사는데 왜 인생이 지겹다고 느끼겠는가?

이 장에서 우리는 의미 있는 제3의 연령기를 위해서 일과 여가 활동을 재정의하고 두 요소의 균형을 맞출 수 있는 몇 가지 방법을 찾아보았다. 중년기 쇄신에서 이 원칙을 적용하기 위해 당신은 다음과 같은 것들을 할 수 있다.

- 우선순위를 결정하고 당신이 무엇을 하고 싶은지를 분명히 한다. 그리고 자신의 본능을 좇아라.
- 직업과 경력을 넘어서 일의 범위를 확대하고 보수를 받는 근로뿐 아니라 재미있는 일, 집안일, 봉사 활동, 그리고 배움까지 일에 포함되도록 하라.
- 당신 성격이 가진 다른 면을 계발하고 당신의 삶에 새로운 가치를 더해 줄 새로운 일에 용기를 갖고 도전하라.
- 핵심적인 관심사와 가치를 표현할 수 있도록 당신의 일을 재구성하라.
- 당신의 재능과 기상, 독창성과 가치가 마음껏 표현될 수 있도록 일과 여가 활동 사이의 균형을 맞춰라.
- 재미있는 삶을 만들어 가고, 다른 이들의 삶에 가치를 더해 주고, 진화하는 정체성을 지지할 수 있도록 일과 여가 활동을 설계하라.

당신이 고려해 보아야 할 창의적인 것들이 이 외에도 더 있을지 모른다. 가장 중요한 것은 우리 내부 깊은 곳에서 솟아나는 창조적 에너지에 반응하고 이를 북돋우는 것이며, 우리가 진정으로 하고 싶은 것을 분명히 하고, 새로운 형태의 일과 여가 활동을 통해 우리가 가진 능력이 충분히 발전할 수 있도록 하는 것이다. 이 기회를 그대로 흘려버린다는 것은 부끄러운 일이 될 것이다. 당신의 묘비명을 다른 사람에게 맡기지 말라.

**마흔 이후,
인생의 2차 성장을 위한
세 번째 원칙**

〈용감한 현실주의〉와
〈성숙한 낙관주의〉의 조화

이제는 우리 자신을 향해서도 좀 웃어넘기자.
웃어넘기면 사실 그렇게 끔찍할 것도, 아등바등할 것도 없다.

인생이 늘 해피엔딩은 아니지만 그럼에도 긍정하는 힘

2차 성장이 요구하는 낙관주의는 〈성숙함〉이라는 특징을 지닌다.
그것은 젊은이 특유의 미숙함에서 오는 철모르는 이상주의가 아니다.

현대 과학에서 가장 매혹적인 부분 중 하나가 건강과 인간의 정신 사이에 밀접한 관계가 있다는 가설이다. 대학원에 다닐 때 나는 프로이트를 비롯한 정신분석 학자들의 저서를 탐독했는데 그 이유는 정신이 어떻게 기능 장애 행동과 문제를 일으키고, 심지어 질병을 유발할 수 있는지를 보다 명확히 이해하고 싶었기 때문이다. 지난 20년 동안 심리학은 예전과는 다른 각도에서 훨씬 긍정적인 조명을 받아왔고, 건강한 적응과 치유에 정신이 어떤 식으로 기능하는지를 탐구해 왔다. 이 중에서 가장 강력하고 긍정적인 특징이 바로 〈낙관주의〉다. 사회학자 또는 의학자들은 낙관주의가 건강이나 시련에의 대처, 혹은 질병으로부터의 회복에 매우 중요하다는 사실을 확인하고 있다. 치유하고, 적응하고, 좋은 상태를 유지하기 위해서 몸은 뇌로부터 희망의 신호를 필요로 하는 것처럼 보인다.

나는 우리가 중년에 성장을 시작하고 그것을 지속하려면 〈희망적인 메시지〉가 필요하다고 믿는다. 비관주의와 냉소주의는 우리의 앞길이 평탄치 않을 때 어떻게 해서든 뚫고 나아가거나 새로운 대안을 찾아볼 것을 촉구하지 않는다. 하지만 낙관주의는 우리가 여러 대안에 마음을 열고, 좀 더 심사숙고하고, 모험을 감행하고, 항로를 벗어나지 않도록 독려한다. 그것은 새로운 성장을 시작하고 퇴보에 대응하는 데 필요한 탄력을 갖게 해준다. 항해에 빗대서 얘기하자면, 배가 방향을 바꿔서 새로운 방향으로 향하는 데는 적절한 바람이 필요하다. 낙관주의는 우리의 배가 새로운 방향으로 나아가고 그 항로를 유지할 수 있도록 계속해서 불어주는 미풍과 같은 역할을 한다.

낙관주의의 중요성을 인식하는 것과, 반세기 동안 굴곡을 겪으며 살아온 사람이 인생을 쇄신하고 그것을 유지한다는 것은 완전히 별개의 문제인 것처럼 보일 수도 있다. 사람들은 흔히 나이 듦에 대해서 기대 수준을 낮추고 욕심을 줄이는 것으로 반응한다. 우리 대부분은 이미 생활에 지쳐 초라해진 낙관주의를 가지고 인생의 후반기로 접어든다. 8세기 전에 시인 단테는 『신곡』의 앞부분에서 중년으로 접어든다는 것을 "젊은이다운 희망의 빛이 사라진 어두운 숲으로 들어가는 것"에 비유했다. 중년에 빛을 찾으려던 그는 오히려 한층 더 짙은 어둠을 인식하게 된 것이다. 우리는 비록 그 옛날 단테가 살던 시대와는 근본적으로 다른 환경에 살고 있지만, 그렇다 해도 대부분의 우리들에게 상황은 그다지 나아진 게 없어 보인다.

그나마 우리는 낙관주의를 조율할 필요성을 인식하고는 있다. 우리가 자신을 현실적인 눈으로 평가할 때, 우리는 지금까지 생각해 왔던 것보다 더 상처받기 쉬운 존재이며, 삶은 더 어렵다는 것을 깨닫게 된다. 개인적인 실망감은 젊은 시절의 희망을 흔들어 놓거나 심지어 산산이 무너뜨린다. 현재 일어나고 있는 일들까지 우리의 기대를 농락한다. 사회적 혼란은 모든 이들의 개인 세계에 영향을 미친다. 세계적으로 전례가 없는 불황, 수십 억의 사람들이 처해 있는 희망 없어 보이는 곤경, 직장이나 가정에서의 예기치 못한 변화들, 현대 문명이 우리가 살고 있는 행성에 초래한 재난 등은 신중한 모든 사람들의 예측을 어둡게 만들기에 충분하다. 우리는 종종 이해할 수 없는 세상에 살고 있으며, 미래를 예측하기에는 과거만 가지고는 충분하지 않다는 것을 깨닫게 된다. 이에 대해 경영 전문가인 톰 피터스가 이런 말을 했다고 한다.

만일 당신이 혼란을 느끼지 못한다면,
그것은 당신이 충분히 관심을 기울이고 있지 않기 때문이다.

정신분석학에 관한 저작물들을 읽으면서 내가 얻은 한 가지 중요한 통찰은 건강한 적응을 위해서는 낙관주의와 함께 〈용감한 현실주의〉가 필요하다는 사실이다. 현실을 부정한다는 것은 위험하고 불건강한 것일 수 있다. 하지만 우리가 미래를 내다보면서 현재의 상황을 현실적으로 평가한다는 것 또한 여간 곤란한 일이 아니다. 도저히 해결될 가망이 없어 보이는 지구촌의 문제들과 개인적인 좌절, 불확실성, 상실 등이 우리에게 인생의 후반기가 너무나 고될지도 모른다고 은근히 암시하고 있다. 거기에다 온갖 두려움이 우리의 전망을 더욱 어둡게 하는 것도 무리가 아니다. 우리는 때로 딜레마에 빠진 자신을 느낀다. 그렇다면 우리는 어떻게 현실을 부정하지 않고 성장에 필요한 낙관적 태도를 키울 수 있을까?

어느 날인가 늦은 오후의 내 경험이 여기에 대해 꽤 도움이 되는 분석을 가능하게 했다. 샌프란시스코의 노브 힐에는 현대적인 주변 환경 한복판에 고딕 양식의 장엄미로 유명한 그레이스 대성당이 자리 잡고 있다. 본당 회중석으로 걸어 들어가 입구 쪽에서 성가대와 성직자의 자리를 바라보려면 실내가 어둡기 때문에 눈을 가늘게 떠야 했다. 하지만 통로 중간쯤에서 뒤로 돌아 중앙 출입문을 바라본 순간, 나는 아주 특이한 경험을 했다. 나중에 증축된 본당 회중석 뒷부분이 아주 밝은, 그것도 색색의 빛으로 에워싸여 있었다. 그날은 샌프란시스코에 안개가 유난히 자욱했는데도 말이다. 어떻게 이런 일이 가능할까? 그 성당을 증축하면서 건축가들은 고민을 했을 것이다. 고딕 양식을 그대로 유지하면서 천장 높은 곳에는 스테인

드글라스로 된 창문들이 있는 이 상태에서, 실내에 빛을 좀 더 풍부하게 끌어들일 방법이 없을까 하고 말이다. 그들은 구조적인 어둠을 극복해야 했다. 그래서 다면유리를 사용하는 매우 독창적인 방식으로 그 문제를 해결했다. 두께가 더 두껍고 표면이 울퉁불퉁한 유리가 광파를 더 많이 포착하여 이 성당의 증축된 부분을 기대 이상으로 환하게 만들어 주고 있었다.

이 장소는 애초에 건물을 지은 사람들이 의도하지 않았던 메시지를 던져주었다. 우리는 그 성당의 증축을 설계했던 건축가처럼, 예기치 않게 주어진 우리 인생의 증가분에 대한 계획을 세우면서 창의적으로 사고할 필요가 있다. 창의적인 사고를 통해서 우리가 어둠에 마주섰을 때 좀 더 많은 빛을 끌어들일 필요가 있다. 이처럼 인생의 후반기를 계획하는 우리 앞에 놓인 또 하나의 도전 과제는 얼핏 다르게 보이는 두 가지 요소를 통합하는 것이다. 그것은 바로 〈용감한 현실주의〉와 〈성숙한 낙관주의〉다. 현실적인 관점에서 보면 우리의 삶을 쇄신하고 풍요롭게 할 수 있는 가능성은 별로 없을지도 모른다. 하지만 성숙한 낙관주의는 그런 것쯤 이겨낼 수 있다고 말한다! 이러한 역설을 삶 속에서 하나로 〈통합〉하는 방법을 터득하는 것이 중년기의 쇄신에 또 하나의 중요한 진일보가 된다. 이것이 2차 성장을 위한 세 번째 원칙이다.

이 책 후반부에서 소개되는 중국인 린 교수를 인터뷰했을 때 그녀는 낙관주의에 대해 이런 얘기를 했다. 자신이 청년 시절일 때 중국 사회는 전례 없는 정의의 시대로 발전하고 있었으며, 따라서 자신은 과학자로서 전도가 유망할 거라고 아주 낙관적으로 생각했다. 하지만 중국에서의 문화혁명은 정의에 대한 그녀의 젊은이다운 신념을 박살냈고, 과학자로서의 경력도 흐지부지되게 만들었으며, 그녀의 재능 또한 낭비하게 했다. 하지만 타국에 와서 시간을 보내는 동안 그녀는 잃어버렸던 낙관적 태도를 되찾았다. 그녀는 고국으로 돌아가면 자신의 상황에 여전히 어둠이 남아 있을 것임을 인정했다. 그러나 어둠의 잔재가 스며들 수 있는 개인적인 삶에 다시금 빛을 불러들이는 방법을 터득했다. 내 조사에 참여해준 대다수의 사람들 역시 마찬가지였다.

용감하게 현실을 받아들이는 힘

중세 영국의 작가이자 수녀인 노위치의 줄리언은 오랫동안 사람들에게 용기를 주었는데, 그것은 그녀의 관점이 현실적 낙관주의에 바탕을 두고 있었기 때문이다.

> 가끔은 괴로울 때도 있을 것이고,
> 공격을 당할 때도 있을 것이며,
> 마음의 평온을 잃을 때도 있을 것이다.
> 그러나 그런 일로 내가 약해지지 않을 것임을, 나는 믿는다.
> ― 노위치의 줄리언

그녀가 어떻게 그런 낙관적 태도를 견지할 수 있었을까? 그녀는 긍정적인 결과들에 대한 환시幻視 체험을 발전시켰으며, "모든 것이 다 잘될 것이다. 만사가 다 잘 풀릴 것이다."라고 누누이 강조했다.

그녀가 역경 속에서 자신에게 한 말이 그녀의 환시 체험을 구성하고 그것을 강화시켰으며, 이것이 역으로 그녀에게 희망을 주었다. 노위치의 줄리언은 난관에 부딪혀 좌절하지 않고 그것을 극복할 수 있는 방법을 우리에게 보여주고 있는 것이다.

2차 성장이 요구하는 낙관주의는 〈성숙함〉이라는 특징을 지닌다. 그것은 젊은이 특유의 미숙함에서 오는 비현실적인 낙관주의가 아니라, 믿을 만한 정보에 근거한 현실적 낙관주의다. 젊은이들은 인생이 마치 동화처럼 항상 해피엔딩일 거라고 믿는다. 하지만 현실적 낙관주의란, 무슨 일이 있어도 자기가 바라는 대로 될 거라는 식의 세상 보기가 아니다. 그것은 근거 없는 기대와는 다른 것이다. 근거 없는 낙관주의는 위장이 될 수 있고 현실을 부정하는 것이 될 수 있다. 하지만 인간의 건강한 발달을 위해서는 명확한 통찰과 객관적인 현실 인식이 필요하다. 현실을 부정해서는 제대로 성장, 발전할 수가 없다.

우리는 굳세고 지각 있고 희망적인 기대를 키울 필요가 있다. 펜실베이니아 대학의 심리학 교수이자 인지적 행동의 권위자인 마틴 셀리그먼의 최근 저서는 이 과제를 시작하는 우리에게 도움이 될 수 있다. 그는 낙관주의를, 비관주의에 효과적으로 대항하는 긍정적이고 합리적인 관점이라고 설명하고 있다. 셀리그먼은 낙관주의와 비관주의의 중요한 차이는 자신의 실패에 대해 스스로에게 말하는 방법이라고 지적한다. 낙관주의는 난관과 후퇴에도 불구하고 결국 문제가 잘 해결될 거라고 말한다. 그것은 기본적으로 희망적인 관측이다. 우리는 이것을 배워야 한다.

낙관주의에 대한 연구의 양적 증가는 좋은 소식을 가져다준다. 낙관적인 태도 혹은 비관적인 태도는 대부분 우리가 날 때부터 타고나는 것이 아니다. 우리에게는 선택의 여지가 있으며, 아무리 어려운 상황이라도 그건 마찬가지다. 비관주의자가 될 수 있는 상황에서도 대부분의 사람들은 마음가짐을 바꾸고 긍정적인 기대를 키우기 시작한다. 우리는 좋은 것과 나쁜 것을 동시에 보되, 긍정적인 면을 강조하고 상황을 긴 안목으로 보는 연습을 하면서 늘 최선의 가능성을 열어두어야 한다. 하지만 장기적인 시각을 갖기 위해서는 여기에 더 필요한 것이 있다.

내 연구 대상이 되어준 사람들은 낙관주의에 속하는 몇 가지 중요한 특징을 지니고 있었다. 그 중 두 가지는 〈희망과 믿음〉이다. 희망은 자기가 할 수 있는 것에 대해서 긍정하는 힘을 말한다. 예를 들어서 희망은, 뒤에서 살펴볼 유방암에 걸린 데레사에게 자기 자신을 건강하고 활기찬 여자로 생각하는 그녀의 시각을 강화해 주었고, 그녀의 치유 과정과 성장에도 자극제가 되어주었다. 그녀의 낙관주의에는 믿음도 포함된다. 낙관주의자들은 자신이 도전에 성공적으로 맞설 수단을 찾아낼 수 있을 것이고, 따라서 자신이 마음속으로 그리고 있는 것을 실현할 수 있을 거라고 믿는다. 그들은 이렇게 말한다. "방법이 있을 거야." 데레사는 지금까지의 행동에 변화를 시도하고 건강하게 살기로 결심했다. 그녀가 그런 결심을 하게 된 바탕에는 자신에 대한 믿음이 깔려 있었다. 자신감은 새롭게 싹튼 그녀의 자발적 의지와 탄력을 뒷받침해 준다. 하지만 비관주의자들은 힘겨운 도전에 맞닥뜨리면 이렇게 말한다.

"나는 그거 못해."

하지만 데레사 같은 낙관주의자는 이렇게 말한다.

"나는 할 수 있고, 해낼 거야."

이런 시각이 삶의 방향을 180도 돌려놓을 수 있다.

하버드 대학 교수인 로자베스 모스 캔터가 경영인들에 대한 예측을 내놓은 적이 있는데, 아래에 나와 있는 그의 말은 우리의 성장에도 그대로 적용된다.

"앞으로의 시대는 꿈을 꾸는 행위와 자기 극복을 조화시키는 법을 터득한 사람들에게는 최고의 시간이 될 것이다."

지금은 꿈을 한쪽으로 밀어놓을 때가 아니라, 우리가 진정으로 원하는 것을 치열하게 꿈꾸고 그 꿈을 실현시키기 위해 열심히 노력할 때다. 우리가 특정한 꿈을 이루지 못했다는 것이 비극은 아니다. 오히려 꿈조차 꾸어보지 못하거나, 혹은 꿈을 소중히 여기지 않거나 그것을 이루려고 노력하지 않는 것이 비극이다. 이 조사에 참여해준 사람들은 꿈을 현실로 전환시켜 주는 현실적 낙관주의를 쌓아가는 데 도움이 되는 건설적 행동들을 내게 보여주었다.

타인에게 도움 요청할 줄 알기

성공을 개인적 성취로 정의하는 현대 사회에서
타인에게 도움을 청한다는 건 부정적으로 인식되었다.
하지만 중년이 되면 타인들의 굳건한 지지가 우리를 흔들리지 않게 잡아준다.

우리가 처음 만났을 때 낸시는 대학에 다니는 두 딸을 둔 마흔다섯 살의 미망인이자 부동산 투자 회사의 공동 경영자였다. 이제 막 중년으로 접어든 그녀는 경험이 풍부한 노련한 여행가이기도 했고 각계각층에 친구들도 많았으며 밝은 미래에 대한 꿈도 있었다. 하지만 만약 내가 그녀를 5년 일찍 만났더라면 아마 그때의 그녀는 지금과는 완전히 다른 상황에서 삶을 이어가기 위해 발버둥치고 있었을 것이다. 또 만약 지금보다 4년 후에 만났다면 한창 잘 나가다가 모든 것을 다 잃은 지친 중년 여성의 모습이었을 것이다. 그러나 그녀는 도움을 요청하는 법을 터득하게 되면서 낙관주의적 자세를 잃지 않고 다시 일어설 수 있었다.

낸시는 대학을 졸업하자마자 결혼을 하면서 젊은 날의 꿈이 실현될 거라 믿었다. 하지만 불과 10년도 채 못 되어 그녀의 삶은 악몽으로 변했다. 그녀의 남편은 알코올에 절어 살았고, 그래서 어린 두 딸을 거의 혼자 키우다시피 했다. 그녀는 매사에 자신이 없었고 차를 몰고 하루 정도 여행을 다녀오는 것도 엄두가 나지 않았다. 이상주의적인 꿈을 품고 소녀 시절을 보냈던 그녀였기에 30대 시절은 더더욱 절망과 우울의 연속이었다. 엄격하고 종교적인 가정에서 자라난 그녀는 남편에게 순종해야 한다고 배웠고 따라서 이혼은 생각조차 할 수 없었다. 그녀는 이러지도 저러지도 못하는 상황에 놓인 자신을 보았다. 그러다가 그녀의 남편이 알코올 중독으로 세상을 떠났다. 그녀의 치지는 더욱더 암울해 보였다.

하지만 그 시점부터 그녀는 자신의 삶을 재정비하고 다시 계획하기 시작했다. 자신의 인생과 미래에 대한 전망에 어떻게 변화를 가져올 수 있었는지를 내게 설명하면서 그녀가 맨 처음으로 언급한 것이 바로 〈좋은 친구들〉의 중요성이었다.

"제가 처음으로 배운 것이 바로 〈도움을 청하는 법〉이었어요. 어려서는 그런 게 허락되지 않았었죠. 내 십자가는 어떻게든 내가 지고 가야 할 내 몫이라고 생각했고, 항상 다른 사람들을 먼저 배려해야 하고, 베풀기는 하되 신세를 져서는 안 된다고 배웠거든요. 저는 정말 어쩔 줄을 몰랐어요. 하지만 이제 그런 기분을 떨쳐버린 지 몇 년 됐어요. 그것은 마치 두 손을 들고 이렇게 말하는 것과 같아요.

'이제 이렇게 사는 건 포기할래.'

남들의 도움을 받을 수도 있고 그들과 진정으로 마음을 나눌 수 있다는 것을 깨닫게 된 것이 제겐 중요한 일이었어요. 술에 취하지 않은 적이 거의 없는 사람과 살면서 전 참 외로웠어요. 지금은 정말 좋은 친구들이 꽤 있어요. 그들에게는 못할 이야기가 없어요. 그들은 또 제가 잘못된 행동을 하면 언제든 지적해줄 수 있는 친구들이에요. 그 친구들은 제게 큰 위로가 되었고 제 생각이 옆길로 벗어나지 않도록 잡아주었죠."

친구들에게서 힘을 얻었다는 그녀의 고백은 친구들이야말로 2차 성장을 받쳐주는 현실적 낙관주의를 발전시키는 데 있어 중요한 자산임을 암시하고 있다. 친구들의 지지는 그녀가 제대로 된 항로로 접어들어 항해를 계속하는 데 필요한 힘이 되어주었다. 낸시는 낙관적인 태도를 갖게 된 것이 2차 성장에 어떤 영향을 미쳤는지 계속해서 설명했다.

"사실 저는 너무나 많이 달라졌어요. 지난 5년 동안은 줄곧 변화의 소용돌이 속에 있었다고 해도 과언이 아니에요. 처음엔 제 마음가짐에 문제가 많았지만, 그걸 표현할 수가 없었어요. 하지만 이젠 어렸을 때의 그 철모르는 이상주의자가 아니라 현실적 낙관주의자가 되었어요. 제 자신에 대해서도 그 어느 때보다 좋은 느낌으로 대하려고 노력합니다. 이젠 새로운 것을 두려워하지 않고 오히려 독창적인 일을 찾아서 즐기게 되었어요. 현실에 굳건히 두 발을 딛고 선 지금은 그날그날 일어나는 일들에 대해 감사하는 마음뿐이에요.

또 제 삶은 전에 비해 무척 바빠졌어요. 이게 저한테는 좋은 것 같아요. 이제 두루두루 꽤 잘 해나갈 수 있게 되었고 제 삶을 스스로 제어하고 있다고 느껴요. 5년 전에는 어림없는 일이었죠. 제 삶은 이제 시작이에요. 사실 저는 중년이란 걸 의식하지 않고 살아요. 앞으로 살날이 45년에서 50년은 될 텐데 한자리에 머무르지 않고 계속 앞으로 나아가고 싶어요."

그녀는 삶을 대하는 태도와 사고방식뿐 아니라 생활 방식과 자신이 처한 상황까지 긍정적으로 변화시켰다. 나는 낸시와 다른 사람들의 인터뷰 원고를 꼼꼼히 훑어보면서, 현실에 바탕을 두고 후반생을 희망적인 눈으로 바라보는 〈긍정적 기대〉야말로 이들의 변화가 갖는 가장 두드러진 특징임을 알 수 있었다.

낸시는 낙관주의적 태도를 통해 어떻게 두려움을 극복하고 활기 넘치는 자신만의 세상을 구축할 수 있었는지에 대해 수없이 많은 예화들을 들려주었다.

"위험을 감수하는 대담함은 10년 전에 비하면 지금은 정말 용된 거예요. 그땐 겁이 나서 혼자 차를 몰고 시내에도 못 나갔어요. 제가 느끼기엔, 내면에서 우러나오는 힘도 있지만 하나씩 터득해 가면서 점차 강인해지는 것도 있더라고요. 전에는 길을 잃을까봐 두려워서 여행을 못했어요. 하지만 길을 모르면 사람들에게 물으면 되죠. 물어보면 다들 친절히 가르쳐 주잖아요. 그리고 설사 겁이 좀 나더라도 용기를 내는 게 중요하다는 걸 배웠어요. 이제는 제가 뭐든 해낼 수 있다는 걸 알아요.

우리가 하는 선택들이 모여서 삶의 모습이 만들어진다는 것이 제 철학이에요. 우리에게 선택권이 있음을 알고 내가 원하는 것, 내가 최선이라고 믿는 것을 선택할 용기가 있으면 세상이 달라지죠."

자신에게 선택의 자유가 있다는 사실과 친구들로부터 도움을 받을 수 있음을 알게 된 것이 그녀에게는 큰 힘이 되었다. 그녀가 처한 상황이 바뀔 때 그런 것들이 결국 의지가 되어주었다.

그러나 그녀를 만난 후 4년쯤 지났을 때 내내 잘 나갈 것만 같던 그녀가 큰 어려움에 처했다는 사실을 알고 나는 깜짝 놀랐다. 우리가 만난 이듬해에, 그녀에게 경제적 성공을 안겨주었던 그 부동산 투자 회사가 심각한 경제 불황의 여파로 부도를 맞은 것이다. 이 일을 계기로 그녀의 재산은 거의 다 날아가 버렸다. 그녀는 투자했던 돈과 일자리, 그리고 집까지 잃으면서 결국에는 파산 신청을 했다. 그녀가 커다란 충격 속에 보낸 그 2년 사이에 어머니가 세상을 떠났고 세 차례나 자동차 사고에 휘말렸다. 그녀의 현실적 낙관주의는 호된 난관에 부딪혀 거의 꺾이기 직전이었다. 그러니 그녀가 다시금 실의에 빠진 건 어찌 보면 당연한 일이었다.

그러나 그녀는 한동안 충격에서 헤어나지 못하다가 심리요법과 친구들의 따뜻함을 통해 다시금 도움을 얻었다. 그러고는 서서히 삶의 궤도를 찾아나갔다. 2년 후에 그녀는 자신에게 남은 가능성에 대해 좀 더 긍정적인 느낌을 갖기 시작했고 자신이 잘 해낼 수 있을 거라고 스스로 믿었다. 그녀의 두 딸은 대학에서 장학금을 받고 학업을 계속할 수 있었다. 그녀는 새로운 지역으로 이사를 하고 새 일자리를 얻었다. 또한 건강한 생활 방식을 허물어뜨리지 않으려 노력했고 좋은 친구들과의 관계도 계속 유지했다. 그리고 심지어는 새로운 경력에 도전하기로 마음먹었다.

낸시에게 다시금 생겨난 새로운 낙관주의에 나는 몹시 놀랐다. 그녀는 어떻게 그런 상황에서 낙관적인 태도를 회복할 수 있었을까?

"제 사정을 알아주고 저를 도와줄 친구들이 많았거든요. 제가 손을 내밀면 도와줄 사람이 항상 있었기 때문이죠."

불운과 갑작스런 변화를 겪으면서도 빛을 잃지 않았던 그녀의 낙관주의는 그녀의 융통성뿐 아니라 지금껏 그녀를 지지해준 친구들과의 관계가 얼마나 탄탄한 것이었는지를 보여준다. 그녀의 이야기는 우리가 쉽게 잊어버리곤 하는 진리를 다시금 일깨워준다. 그것은 바로 우리에게 의미를 갖는 타인들의 굳건한 지지가 우리를 흔들리지 않게 잡아준다는 사실이다.

타인에게 도움을 요청해 자신을 배려하는 건 나약한 게 아니다

도움을 청하는 법을 배운 것이 낸시에게, 그리고 이 조사에 응해준 많은 사람들의 삶에 중요한 전환점이 되었다. 그것은 낙관적인 태도를 쌓아가고 솔선수범하는 자세를 갖는 데 필요한 힘을 주었다. 성공이란 것이 개인적인 성취라고 정의되는 현대 사회에서는 도움을 청한다는 것이 긍정적으로 받아들여지지 않는다. 특히 "네 일은 네 스스로 하라."는 정신 위에 구축된 사회에서는 말이다. 우리의 주요 산업은 자조自助이다. 낸시는 의지할 것은 오직 자기 자신밖에 없다고 교육받았다. 조사 대상자들과의 거듭된 인터뷰에서 나는, 타인에게 도움을 청함으로써 자기 자신을 진정으로 배려하는 것이 얼마나 어려운 일인지 확인할 수 있었다. 우리는 자기 확신과 경쟁적 개인주의를 우상시해 왔다. 현대인들은 항상 꿈을 크게 갖고 목표를 높게 설정하라는 자극 속에 살아왔으며, 상황이 어려워져도 스스로의 힘으로 이겨내야 한다고 배웠다. 그래서 도움을 청하는 것은 유약함의 증거로 여겨졌다.

과장된 개인주의의 결과, 현대 사회에는 고독이 널리 유포되었다. 20년 전에 나는 현대인의 고독에 대해 장기간에 걸친 연구를 진행한 적이 있었는데, 그때 얻은 결론은 현대인들이 종종 〈고독을 추구하는 것처럼 보인다〉는 것이다. 자기 일은 자기가 처리할 권리를 원하고 사생활 보호를 요구함으로써 타인과의 관계와 공동체에 소홀해진다. 하지만 고독은 심각한 부정적 결과를 초래할 수 있다. 서로 돕는 관계 속에서 힘을 얻는 사람들과는 대조적으로, 널리 만연되고 깊숙이 침투한 고독으로 고통받는 사람들은 만성적인 질환에 시달리고 삶에 대해 비관적인 태도를 보이며 우울증에 빠질 가능성이 높다. 심장마비에 걸리거나 자살을 시도할 가능성 역시 그렇지 않은 경우에 비해 높아진다. 고독이라는 병으로 죽음에 이르지는 않을지라도 그것은 건강 문제를 유발하며 때 이른 죽음을 부르고 성장을 방해한다. 그것은 또한 낙관주의적 태도에도 파멸적인 영향을 미친다.

사람들이 오랫동안 고독에 묻혀 살면 낙관적인 태도를 잃어버릴 가능성이 높고 그것을 다시 일으켜 세우기가 매우 어렵게 된다. 낸시는 집 안에 틀어박혀 두 아이와 씨름하면서 맨 정신일 때가 거의 없는 남자와 살다보니 몹시 외로웠다. 극심한 고독 속에서 그녀는 점점 무력감을 느꼈고 자포자기 상태가 되어갔다. 그 무력한 상태에서 벗어나기 위해 우선 그녀는 자신을 염려해주는 사람들에게 도움을 요청했고 그들이 내미는 손을 잡았다. 누군가 뒤에서 든든한 지지자가 되어주고 있다는 느낌은 그녀가 시야를 넓히고 낙관적 태도를 갖고 삶을 쇄신하는 데 필요한 자산이었다.

힘든 상황을 극복하기 위해서는 용기가 필요하다. 하지만 그 용기는 어디서 오는가? 두 가지 통로가 있다는 게 내 생각이다. 하나는 자신감과 결단력이고, 다른 하나는 당신을 격려해주는 소중한 타인들이다. 자신감이란 부분적으로는 타인들이 우리를 믿어주고 우리에게 희망을 걸고 있음을 느끼며 그들의 격려를 받음으로써 얻어지는 것이다. 위협적인 도전에 맞서기 위해 필요한 용기는 격려를 먹고 자라난다. 낸시의 낙관주의는 자신이 이룩한 것이기도 하지만 친구들이 준 〈선물〉이기도 하다.

낸시는 50대로 접어든 이래 새로운 성장을 지속하고 있다. 그녀는 뉴잉글랜드에서 덴버로 이사했는데, 그곳은 언젠가 한 번은 가서 살아보고 싶고 일하고 싶어 했던 지역이었다. 도시 생활이 처음이었던 그녀는 덴버로 이사하자마자 동생과 한 아파트에 살면서 새 일자리를 얻었다. 그녀는 자신이 할 수 있는 일이 무엇인지 두루 탐색하다가 네일 아트 과정에 등록해 전문가로서의 경력을 쌓아가기로 결심했다. 그녀는 좋은 친구들 덕분에 갖게 된 현실적 낙관주의를 바탕으로 자신이 사랑하는 생을 다시 디자인하고 있는 것이다.

때론 기다리면서 우회로를 이용할 줄 아는 용기

중년기에는 방향을 전환하는 데 시간이 걸린다.
하지만 앞으로의 시간표가 어떻게 될지 내다볼 수 없을 때는
우리의 결단과 그 결과 사이에 끼어 있는 시간을 이용하면서 기다려야 한다.

새로운 통찰력과 결단력 그리고 대단한 자신감으로 무장했지만, 그럼에도 불구하고 그동안 꿈꾸어 오던 길을 계속해서 가지 못하는 자신의 모습을 발견할 수도 있다. 순탄하게 나아가는 대신 예기치 못한 폭풍우에 두들겨 맞을 수도 있고, 두꺼운 안개 때문에 지체될 수도 있다. 그땐 어떻게 할 것인가? 우리가 계획한 대로 되지 않고 낙관주의적 사고가 비틀거리게 되면 그땐 어떻게 해야 하나? 내겐 그것을 보여준 특별한 사람이 있었다.

역경이 우리를 위협할 땐, 대체 목표를 찾아 숨통을 틔워줘야 한다

55세의 기업가 에번스는 중소기업의 사장으로, 내가 그를 만난 것은 그가 회사를 창립하고 몇 년쯤 되었을 때였다. 정신없이 바쁜 하루를 보낸 어느 날 저녁인데도 에번스는 여전히 활력이 넘치고 기운이 펄펄 솟았다. 그에게서는 자신감과 낙관주의가 배어나왔고 누가 보아도 자기 일을 사랑하는 사람으로 보였.

그는 새로운 성장이라는 두 번째 곡선의 상승 지점에 서 있는 사람 같았다. 일에서, 가정에서, 생활 방식에서, 자아 실현에서 그리

고 사회에 대한 기여에서 그가 느끼는 성취감과 만족감은 그 어느 때보다 높았다. 하지만 이런 행복한 상태는 예전의 삶의 방식에서는 결코 기대할 수 없었던 결과였다.

그는 40대 중반에 접어들면서 회사에서 자신이 하는 일에 위기를 느끼기 시작했다. 그래서 떠나야겠다고 결심했다.

"저는 낙담했고, 사는 게 지루했고, 제 자신을 사랑할 수가 없었으며, 생각했던 것만큼 돈을 벌지도 못했고, 그러면서 제 자신과 세상을 속이고 있었어요. 그래서 어느 날 제 자신에게 이렇게 말했죠. '까짓것, 용기를 내서 떠나는 거야.' 저는 완전히 혼자서 생각하고 결심했어요. 이제 와서 생각하니 그건 최선의 방법은 아니었어요. 어쨌든 그것이 제가 이 사업을 시작한 이유 중 하나입니다."

에번스는 자신의 인생 방향을 다시 설정해야 할 때임을 깨달았다. 그 시점에서 자신의 인생을 바라보는 그의 시각도 두 갈래로 나뉘었다. 하나는 현재의 방향을 그대로 유지함으로써 굳어지게 될 그의 모습이었고, 다른 하나는 방향을 전환할 경우 새롭게 만들어 갈 수 있는 자신의 모습이었다. 그는 두 번째 경우를 머릿속으로 그려보면서 그것이 가능성이 있다는 믿음을 갖게 되었고, 새로운 경력과 변화된 생활 방식에 대한 꿈을 실현할 능력이 자신에게 있다고 생각했다.

그러나 그가 선택한 두 번째 경우가 단기간에 그를 목표에 도달하게 해주지는 못했다. 에번스는 자신이 설정한 중요한 삶의 목표가 그리 즉각적으로 달성될 수 없음을 어렵사리 깨달았다. 꿈을 이루기 위한 길로 일단 출발하고 난 후에, 그는 부유해지기보다는 오히려 경제적으로 힘들어지면서 궁핍해지고 있는 자신을 발견했다. 그동안 애써 모아두었던 자금도 거의 바닥이 났다. 그리고 두 번째로 대출을 받았다. 어느 날 저녁 퇴근해서 집으로 돌아온 그는 막내아들이 중고 골프공을 파는 노점을 차렸다는 것을 알게 되었다. 새로운 사업을 시작한 아버지를 돕기 위해서였다.

"그때 저는 완전히 허물어질 뻔했어요. 그 전에는 상황에 대해 분노와 절망이 있었다면, 이번은 그보다 더 나빴어요. 제 자신이 그렇게 초라할 수가 없더라고요. 하지만 저는 거기서 주저앉지 않고 계속 나아갔습니다. 그 이유가 뭔지 아세요? 제 자신을 믿었고 반드시 성과가 있을 거라고 믿었기 때문입니다. 그 일은 제게 소명과도 같았어요. 저는 거기에 모든 것을 쏟아 부으면서 이것이 결국 제 능력을 발휘하게 하고 사회적으로도 기여하게 해줄 거라고 생각했어요. 결국은 다 잘될 거라는 확신을 끝까지 가졌죠."

그쯤 되면 발전하고 있는 자신의 모습이 눈에 보여야 하는데 그는 자신이 선택한 길에 붙박여 있는 듯한 느낌을 받았다. 그는 자신이 낙관주의자라고 생각했다. 하지만 이제 그 낙관주의적 사고가 그에게서 살금살금 빠져나가고 있었다. 일이 진행되기를 기다리는 동안 이제 어떻게 할 것인가? 그는 다시 한 번 모험을 하기로 결심했다.

"바닷가에 허름한 집 한 채 살 돈은 남아 있었죠. 저는 한편으로는 도피하는 심정으로, 또 한편으로는 기다리는 심정으로 오랫동안 그곳에서 시간을 보냈습니다. 그러면서 그 집을 허물고 다시 새롭게 지었습니다. 결국은 꽤 괜찮은 값에 그 집을 되팔 수 있었어요. 그 집을 다시 개조해서 파는 과정을 거치는 동안 그 집은 제가 참고할 수 있는 교훈을 주었어요. 그것이 제 삶의 메타포가 되었죠. 그동안 숨어 있던 잠재 능력과 상상력, 헌신, 그리고 성실함을 갖추면 어떻게든 뜻하지 않게라도 긍정적인 결과를 얻을 수 있다는 걸 깨달은 거죠. 만일 당신이 그 집을 본다면, 그러니까 고치기 전엔 어땠고 지금은 어떻게 달라졌는지를 본다면 그 가치가 얼마나 높아졌는지 알게 될 겁니다. 그 바닷가 집의 개축은 제게 분노와 좌절의 배출구가 되어주었을 뿐 아니라 새롭게 목표를 설정하고 그것을 이루기 위한 제 노력을 보상해 주었죠."

에번스는 자신의 꿈을 포기한 것이 아니라, 자신의 열정이 올바른 방향으로 나아가도록 하고 자기 소유의 회사를 설립하여 보다 만족스러운 삶의 방식을 확립하겠다는 희망을 다질 방법을 찾고 있는 중이었다.

개인적 성장은 종종 여행에 비유된다. 새로운 목적지를 향해 출발하려는 희망에 부풀어 있던 우리는 때로 여행이 연기되었다는 사실을 알게 된다. 그러면 친구들은 위로의 뜻으로 이렇게 말한다.

"희망을 잃지 마. 다 잘될 거야."

하지만 지평선에 아무것도 떠오르지 않으면 친구들의 격려도 부질없게 느껴진다. 오도가도 못하게 된 우리가 실망하게 되는 것은 무리가 아니다.

그럴 때 어떤 사람들은 인내심을 가지라고 충고한다. 시각장애인이었던 영국의 시인 존 밀턴이 한 다음의 말이 많은 이들에게 위로가 되었다.

"그들 역시 서서 기다리는 사람들에게만 음식을 제공한다."

물론 그런 철학이 모든 이들에게 통하는 것은 아니다. 특히 현대인들은 기다리는 것을 좋아하지 않는다. 우리는 일이 빨리빨리 진행되기를 기대하고 인스턴트 커피, 패스트푸드, 그리고 즉각적인 결과를 선호한다. 기다리는 것은 우리에겐 힘든 일이다. 하지만 심리학자 미하이 칙센트미하이 교수는 조금 다른 충고를 들려준다.

역경이 우리를 마비시키겠다고 위협할 때, 우리는 정신적 에너지를 쏟을 다른 새로운 방향을 찾아보면서 통제력을 추스릴 필요가 있다. 그리고 대부분 새로운 그 방향은 확장된 영향력이 미치지 않는 외부에 위치한다. 모든 야망이 좌절되더라도 우리는 의미 있는 새로운 목표를 추구해서 그것을 중심으로 자아를 일으켜 세워야 한다. 그렇게 되면 그 사람은 주관적 자유를 얻게 된다. 현재 일어나고 있는 일을 우리가 제어하고 있는 한, 우리가 무엇을 하든 그것은 중요하지 않다.

에번스가 한 일이 바로 그것이었다. 그는 일시적으로나마 정신을 집중할 〈대체 목표〉를 찾음으로써 자신의 에너지를 승화시키고 삶에 대한 통제력을 지켜 나갔다. 중년기에는 방향을 전환하는 데 시간이 걸린다. 우리는 그 사실을 이성적으로는 알고 있다. 하지만 앞으로의 시간표가 어떻게 될지 내다볼 수 없을 때는, 우리의 결단과 그 결과 사이에 끼어 있는 시간을 이용할 줄 아는 방법을 익히는 것이 중요하다. 그러면서 우리의 새로운 시도가 결과를 낼 때까지 끈기 있게 기다릴 줄 알아야 한다. 특히 우리가 낙관주의적 태도를 잃지 않으려 한다면 더욱 그러하다. 에번스는 그동안 대안이 될 만한 다른 사업에 손을 댐으로써 그 지체된 시간을 기다리는 법을 터득한 것이었고 그것을 자기 인생의 메타포로 삼은 것이다. 그런 식으로 우회로를 택함으로써 그는 새로운 목적지에 가는 데 필요한 기술을 쌓을 수 있었다.

선원들 역시 예기치 않게 항해 일정이 늦어질 때 그와 비슷한 교육을 받는다. 아무리 신중하게 여행 계획을 짜도 아침에 눈을 떴을 때 뱃머리도 제대로 보이지 않을 만큼 안개가 자욱하게 끼고 바람 한 점 없이 고요히 가라앉은 하늘을 볼 때도 있을 것이다. 그러면 당신은 닻을 내린 채 머물러야 한다. 안개가 걷히고 바람이 일어나 주기를 기다리는 수밖에 도리가 없을 때, 그때 당신의 창의력이 시험대에 놓이게 된다. 당신은 그 시간을 이용해 그물을 손질하고 엔진을 정비하거나 배 안의 모든 설비를 확인하고, 심지어 소설책을 한 권 읽거나 새로운 카드놀이를 배우거나 아니면 뭍으로 올라가 새로운 영역을 개척할 수도 있다. 이러한 항해의 교훈은 어느 한 분야에서의 발전을 희망적으로 생각하고 기다릴 때, 그동안에 자신이 통제력을 발휘할 수 있는 다른 대상으로 관심을 돌리는 것이 도움이 된다는 사실을 알려준다. 앞이 보이지 않는 안개 때문에 여행이 어려워질 때, 우리는 자신의 에너지가 다른 곳으로 흐를 수 있도록 물길을 터줌으로써 늦어지는 시간과 실망감을 견딜 수 있다.

"내 자신이 행복하다는 느낌이 안 드는데 그 이유를 몰랐죠."

"지금까지 제 감정에 진지하게 귀를 기울여본 적이 한 번도 없어요. 제 가슴속의 분노는 실은 제 자신을 향한 것임을 이제야 알겠더라고요."

낙관주의에 관한 각각의 이야기들을 관통하는 또 하나의 중요한 요소는 〈인생을 스스로 제어하고 있다는 인식〉의 향상이다. 낙관주의자들은 자신이 무엇이든 할 수 있고 해낼 거라고 믿는다. 캐시의 이야기는 자신의 인생을 스스로 제어하고 있다는 느낌이 어떻게 자라나는지를 보여준다. 나와 처음 만났을 때 쉰 살이었던 캐시는 한평생을 아내와 어머니로 지내온 사람이었다. 그러나 그녀는 마흔다섯이 되던 해에 새로운 인생을 시작했다. 그로부터 10년 안에 그녀는 삶의 패턴을 바꾸고 놀라운 쇄신을 보여주었다.

그녀의 새 출발은 어떠했으며 무엇이 그녀의 놀라운 변화를 이끌어낸 것일까?

"40대 중반이 되면서 내면이 죽어가고 있다는 느낌이 들더군요. 사실 그때까지 제 감정에 귀를 기울여본 적이 한 번도 없었거든요. 저는 그저 해야 할 일을 하는 로봇이었어요. 저는 착한 아내였고 좋은 엄마였습니다. 그렇게 가르침을 받고 자랐어요. 남들에게 제 자신을 바친 세월이었죠. 저를 위한 자리는 그 어디에도 없었습니다. 이제 이 모든 것을 바꿀 때라고 생각했어요. 상황을 바꾸는 데서 그치는 것이 아니라, 제 자신을 변화시켜야 했어요! 그동안 제 자신으로 살아가거나 개인적 성장에 대한 마음의 소리를 듣기엔 아이들 키우느라 너무 정신이 없었어요.

하지만 아이들이 하나둘 집을 떠나기 시작하면서 저는 그 소리에 귀를 기울이기 시작했어요. 제 자신이 행복하다는 느낌이 안 드는데 그 이유를 몰랐죠. 그걸 알아내기까지 꽤 오랜 시간이 걸렸어요. 제 꿈은 하나도 이루어진 게 없는 거예요. 저는 더 이상 주부로만 살 수는 없었어요. 그래서 제 마음을 남편에게 이해시키려고 노력했지만 그는 요지부동이었어요. 그 사람은 지금도 마찬가지예요. 그쯤 되자 제 인생이 제 손 안에 있지 않다는 생각이 들더라고요. 그래서 저는 화가 났고 가슴이 아팠어요. 저는 이런 감정들을 극복해야 했고 두려움을 떨치고 일어서야 했어요."

가정의 상황에 숨이 막힌다는 인식이 자리 잡게 되자, 캐시는 그때까지 눌려 있었던 자신의 창조적 에너지가 솟아오르는 것에 주목했다. 그녀는 그동안 정신없이 바쁘게 사느라 생각조차 못했던 자유와 개인적 성장에 대한 마음의 소리에 비로소 귀를 기울이기 시작했다. 집에서는 아무도 그녀의 이야기를 들어주는 사람이 없자 그녀는 여성들끼리의 후원 그룹에 가입했고 거기서 그동안 억누르고 살았던 감정과 욕구들을 명확히 볼 수 있게 되었다. 새 친구들은 그녀가 두려움을 당당히 마주볼 수 있도록 도와주었다. 그리고 그녀가 몹시도 필요로 하는 자신감을 한껏 불어넣어 주었다. 그녀는 곧 무엇이든 겪어낼 수 있다는 각오를 다지게 되었다.

그녀의 성장은 감동적인 〈해방〉의 이야기를 전하고 있다. 그녀는 내적, 외적 제약으로부터 스스로를 풀어주었다. 그녀는 자신이 지금껏 아내와 어머니라는 인습적인 역할에 매여 하녀처럼 살았다고 느꼈다. 뒤에 나오는 캐런처럼 그녀 역시 자신이 할 수 있는 것보다 〈해야 하는 것〉의 지배를 받아온 셈이었다. 그녀는 다른 길을 찾아보려고 애썼지만 남편과 아이들의 경직된 사고가 자신을 가로막고 있다고 느꼈고 그러면서 좀처럼 사라지지 않는 분노가 그녀를 감쌌다. 그녀의 분노는 외모와 유머 감각에도 영향을 미쳐서 그 무렵에는 거의 냉소적인 정서가 그녀를 지배했다. 여성 후원 그룹의 도움과 전문가와의 상담 덕분에 그녀는 자기 가슴속의 분노가 실은 자기 자신을 향하고 있었음을 깨달았다. 그 분노를 이해하고 똑바로 쳐다보고, 궁극적으로는 그것을 긍정적인 에너지로 전환하고 나서야 그녀는 긍정적이고 낙관적인 태도를 가질 수 있었다.

"제가 부족한 사람이라는 데 대해 제 자신에게 화가 났어요. 완벽한 아내, 완벽한 엄마, 완벽한 직장인이 되지 못했다는 데 대해서 말이죠. 제 〈분노의 실체〉를 알아내기까지 오랜 시간이 걸렸어요. 그 분노가 정당한 것인지는 아직도 확신이 없지만 적어도 이젠 분노의 대상을 식별할 수는 있게 되었어요. 그때 저는 분노를 꿰뚫어 보았고, 그 밑바닥에는 제가 사랑받을 가치가 없는 사람이라는 데 대한 두려움이 자리하고 있다는 걸 알았죠."

새로운 사실을 깨닫게 된 후 캐시는 많이 달라졌다. 그녀는 분노를 극복하고 자신의 삶을 단단히 붙잡았다.

"요즘은 분노가 느껴지면 어떻게 하시나요?" 내가 물었다.

"요즘에는 분노를 인정하고 그것을 표현하고 중요한 일이라면 빨리 해결하려고 노력하죠. 그리고 지하실에 펀치백을 하나 매달아두고 제 분노의 감정이 확실하게 표출될 때까지 그걸 쳐요."

그녀의 얼굴에 희미한 미소가 스쳤다. 무해하긴 하지만 숙녀답지 못한 방법으로 분노를 몰아내는 자신의 행위를 생각하니 슬며시 웃음이 나오는 모양이었다. 그만큼 그녀에게 유머 감각이 생겼다는 얘기가 될 터였다.

그녀의 성장은 괄목할 만한 외적인 결과를 가져왔다. 그녀의 세계는 예전보다 훨씬 재미있고 복잡해졌다. 그녀는 자격증이 있는 정식 피부 관리사가 되기 위해서 교육을 받기 시작했다. 그녀는 자신이 통제력을 발휘할 수 있는 의미 있는 목표를 세웠다. 그러면서 자신이 한결 자유로워지고 강해졌음을 느꼈다. 그로부터 2년 뒤에 그녀는 새로운 직업의 길로 들어섰다. 그녀는 초등학교 음악 교사인 친구와 함께 매년 여행을 떠나는데, 그것은 육체적으로나 정서적으로나 자신의 한계에 도전하고 그 한계를 확대하는 것이 주목적이었다. 캐시는 아이들과도 여전히 친밀한 관계를 유지하고 있고, 요즘은 첫 손자에게 완전히 넋이 나간 상태이다.

그녀의 내적 변화는 외적 변화보다 훨씬 더 크고 중요하다고 그녀가 말했다. 지난 10년간 그녀는 자기 발견과 자아 실현의 여행길에 있었다. 이제 그녀는 자신이 가진 여성적 자질들을 보다 확실히 인식하고 그것들을 강인한 의지, 자율성, 삶에 대한 통제력과 조화시킴으로써 긍정적인 정체성을 확립하게 되었다. 그녀의 자아상에 찾아온 또 하나의 커다란 변화는 전에 비해 훨씬 낙관적인 눈으로 세상을 보게 되었다는 점이다. 낙관적인 사람이 되기 위해 그녀는 자신을 희생자로 보았던 예전의 낡은 각본을 버려야 했다. 그녀의 얘기를 들어보자.

"저는 〈희생자〉라는 단어가 싫어요. 하지만 예전에는 사실 제 자신을 그렇게 보았죠. 제 스스로 제 자신이 희생자가 되어버리는 상황을 자초해 놓고 거기서 한 발짝도 움직이지 못했던 거예요. 정말이지 거기 붙박여 살았어요. 그야말로 분노와 의무가 저를 옭죄고 있었죠. 그래서 점점 더 경직되어 갔고요. 그런데 분노의 감정을 해결하고 나자 자신감과 자부심을 되찾게 되더군요.

저는 두려움을 해결하고 힘을 길렀어요. 그건 남들에게 행사하는 힘이 아니에요. 그런 건 갖고 싶지도 않아요. 제가 원하는 건 제 자신을 긍정하고 제 목표와 제가 이루고자 하는 변화를 긍정하는 힘이에요. 이제는 제가 되고 싶은 사람이 되고, 제가 원하는 것을 하는 모습으로 제 자신을 그리고 있고, 그 목표들을 이루기 위해서 필요한 기술들을 열심히 익히기 시작했어요. 그런 모습으로 제 자신을 바라보게 되었죠. 제가 지금 하고 있는 일, 그러니까 피부 관리 기술을 배우고 익히는 제 자신이 자랑스러워요."

그녀의 낙관적 세계관은 그녀 자신이 10점 만점에 10점을 거의 다 줄 만큼 놀랍게 발전했다. 거의 반세기 동안 그녀는 남들이 자신에게 갖고 있는 기대에 스스로 얽매여 살았다. 늘 다른 사람들의 요구에 관심을 기울이느라 그녀의 세계에는 스스로의 자아 실현을 위한 여유 따윈 남아 있지 않았다. 그때 바라본 자신의 후반생은 마치 사막과도 같았다. 중년이 되어서야 그녀는 속박을 벗어던지고 자유를 찾았고 보다 진정한 자신을 찾기 위한 여행길에 올랐다. 남들에 의해 만들어지는 자신의 모습을 더 이상 용납하지 않음으로써 그녀는 자신이 원하는 자아상을 대담하게 인정하게 되었고, 그러면서 새로운 인생 계획을 세우고 자기 생을 스스로 책임지게 되었다.

이제 50대가 된 그녀는 자신의 감정도, 세상도 보다 흔쾌히 받아들이게 되었고, 자신의 가치관과 바람을 자유롭고 힘차게 주장할 수 있게 되었다. 캐시는 오히려 40대 때보다 지금이 더 활력적이라고 느낀다. 그녀는 "나이 드는 것은 힘을 잃어가는 것이다."라는 말을 인정하고 싶어 하지 않는다. 그녀의 말에 따르면 그녀의 동갑내기 친구들은 대부분 인생의 가지치기를 하고 있지만, 그녀는 적극적인 자기 성찰과 실험을 거쳐 표면으로 떠오르는 문제들에 대해 새로운 해답을 찾고 있다. 그녀가 변화에 대해 열린 마음으로 생각하는 것이 개인적 성장에 촉진제가 되고 있고, 현실적 낙관주의는 바로 그 자극제가 되고 있다. 그녀는 내게 이렇게 말했다.

"예전에 비해 제가 더 강해진 느낌이에요. 하지만 그 의미는 좀 달라요. 제 한계를 아는 한편, 제 자신이 바로 제 인생의 공동 창조자임을 알게 되었다고 할까요."

그녀가 자신을 생의 공동 창조자로 보게 된 것은 생명 진화의 원칙에 동의하며 그것을 통해 힘을 얻고 있음을 시사한다. 캐시 또한 50세가 넘은 성인이 어떻게 하면 키를 단단히 잡고 인생 후반기에 새로운 항해를 시작할 수 있는지를 보여주고 있다.

자신을 향해 웃을 줄 알기

이제는 우리 자신을 향해서도 좀 웃어넘기자.
웃어넘기면 사실 그렇게 끔찍할 것도, 아등바등할 것도 없다.

낙관적 태도를 발달시키는 또 하나의 방법은 유머 감각을 키우는 것이다. 내가 인터뷰한 사람들 중 몇몇은 정말 탁월한 유머 감각의 소유자들이어서 나는 인터뷰 내내 배를 잡고 웃지 않을 수 없었다. 하지만 나머지 다른 사람들은 자신들의 심각한 성격을 인정하면서 자신들의 삶에 좀 더 많은 웃음을 끌어들이려고 노력 중이라고 말했다. 사람이 너무 진지하거나 자기 생각에 빠져 있으면 낙관주의가 숨을 쉴 수가 없다.

캐런은 자신이 낙관적인 태도와 자신감을 쌓아가는 동안 마음을 좀 더 가볍게 가질 필요가 있음을 깨달았다.

"유머는 중요한 거예요. 사람이 웃으면 육체적으로도 뭔가 변화가 일어난다고 저는 믿어요. 그건 당신 자신을 위해 좋은 일이에요. 심각한 성격인 저와는 달리 제 남편은 어떤 상황에서든 웃음의 요소를 찾아낼 수 있는 사람이죠. 제가 요즘 깨닫고 있는 것은, 어떤 상황의 재미있는 측면을 보고 웃어넘기려고 노력하니까 사실 그렇게 끔찍할 것도 없고 아등바등할 일도 별로 없더라는 거예요."

캐런은 낙관주의와 마찬가지로 웃음 역시 정신과 육체 양쪽 모두에 좋은 영향을 미친다는 것을 알게 되었다. 데레사도 그랬다. 그녀는 암과 사투를 벌이는 동안 웃는 법을 잊어버렸다고 말했다. 그런데 어느 순간 문득 어떤 상황에 대해 웃음을 터뜨리고 있는 자신을 발견한 것이다.

"그게 그러니까, 암에 걸린 것을 알고 나서 처음으로 제가 웃은 거였어요. 그런데 기분이 참 좋더라고요! 좀 더 많이 웃고 살아야겠다는 것을 그때 깨달았죠. 웃으니까 기분이 좋아질 뿐만 아니라, 건강을 되찾는 데 필요한 긍정적인 태도를 발달시키기 위해서라도 웃음이 필요하다는 걸 깨달은 거죠."

저널리스트인 노먼 커즌스는 치유가 어려운 희귀한 질환이라는 진단을 받고 괴로워하는 동안 웃음이 지닌 원기 회복 능력을 발견했다. 그는 담당 의사와 힘을 합쳐 비타민 C와 웃음의 대량 복용이 포함된 특이한 치료법을 실천해 나갔다. 그리고 자기가 웃을 수 있을 것 같은 예전의 코미디 영화를 볼 수 있도록 하루 계획표를 짰다. 병실에서 복도 바깥까지 퍼져나오는 그의 웃음소리를 들으면서 사람들은 대체 커즌스에게 어떤 약이 투여되고 있기에 저런가 하고 의아해했다. 그는 나중에 자신의 놀라운 회복에 관해 책을 한 권 썼다. 정확히 어떤 과정에 의해 그의 병이 치유되었는지는 지금도 불가사의하다. 하지만 반드시 병을 이기겠다는 그의 결단에 웃음이 힘을 준 것은 사실이고 그것이 바탕이 되어 낙관주의와 자신감이 싹텄으며, 더 최근에는 아마도 그것이 기대하지 않았던 치유에 영향을 준 것이 아닌가 생각하기도 한다.

유머 감각을 발달시키는 방법 중 하나는 상황 속에서 부조리와 부조화를 인식하고 그것을 비웃어주는 것이다. 그리고 또 하나는 우리 자신을 향해 웃는 법을 배우는 것이다. 가끔은 상황이 지독히도 끔찍해서 그것을 웃음거리로 만드는 것 외엔 다른 반응을 보일 수 없는 경우도 있다. 이 장의 원고를 집필하는 과정에서 나는 그와 비슷한 상황을 겪었고, 결국 소중한 교훈 하나를 얻을 수 있었다.

이 장에 해당되는 원고를 일찌감치 써놓았던 나는 몇 주에 걸쳐서 수정 작업을 한 다음 컴퓨터 하드 디스크에 저장해 두었다. 누군가와 약속을 잡느라 서두르면서 나는 이렇게 혼잣말을 했다.

"나중에 CD에 백업을 해두어야지."

하지만 나중에 컴퓨터 전원을 켰더니 아예 부팅이 되지 않는 것이었다. 한 가지 프로그램만 실행이 안 되는 게 아니었다. 나는 반쯤 정신이 나간 상태에서 미친 듯이 전문가에게 도움을 청했고 컴퓨터 시스템에 에러가 발생했다는 말을 들었다. 수리 센터에 컴퓨터를 가지고 가니, 사람으로 치면 심장 발작을 일으킨 것과 마찬가지라고 했다. 하드 디스크는 손상 정도가 심해서 도저히 복구가 불가능했다. 그 기계는 그렇게 수명을 다한 것이다. 나는 컴퓨터를 새로 사야 했고 날아간 파일들은 어디서도 찾을 길이 없었다.

나는 즉각 컴퓨터를 새로 구입했다. 그러고는 새 컴퓨터에 내용을 다시 입력하기 위해 예전에 종이에 대충 작성해 두었던 그 원고의 초안을 찾았다. 그런데 대체 그 원고가 어디로 갔단 말인가? 바로 그 순간, 하나뿐인 그 초안을 쓰레기통에 버렸다는 생각이 문득 뇌리를 스쳤다. 그것은 다른 생활 쓰레기들 틈에 섞여서 일주일에 한 번 환경미화원이 와서 수거해 갈 날을 기다리고 있었다. 결국 쓰레기통에서 원고 초안을 찾아낸 건 행운이었다. 오물이 묻고 구겨져서 엉망이었지만 그래도 알아볼 수는 있었다. 남은 한 주 내내 나는 이 장을 다시 입력했다. 그러던 어느 날 저녁, 저녁 준비를 하다가 와인잔을 쓰러뜨리는 바람에 유리에 손가락을 베었다. 검지에 붕대를 감은 나는 다친 손가락으로 타자를 치기가 힘들어서 원고 입력 작업을 다음 날로 미뤘다. 우여곡절 끝에 거의 마무리 단계에 다다랐을 때 컴퓨터 화면에 이상한 메시지가 떴다. 내용인즉, 이 장을 저장할 수가 없다는 것이다. 그럼 이걸 또 다시 다 날려야 한단 말인가? 정녕 그 어떤 불길하고 광대한 힘이 나를 쓰러뜨릴 작정을 한 것일까?

나는 전화로 컴퓨터 기사를 불렀고 그의 도움을 받았다. 금요일 오후까지는 원고를 프린터로 출력해 두고, 그래도 미심쩍어서 하드 디스크와 CD 양쪽에 저장해 두었다. 아내와 나는 오래전부터 주말 스키를 타기로 계획했다. 그래서 예약해 둔 콘도에 도착한 우리는 저녁식사를 준비했다. 두어 시간쯤 지났을까, 그때부터 오슬오슬 독감 기운이 돌기 시작했다. 그러니 스키를 타면서 주말을 즐기려던 계획은 야무진 꿈이 되고 말았다.

"분명히 운명은 낙관주의에 관한 이 원고를 좋아하지 않는 거야. 아니면 내가 낙관주의자가 되는 것을 원치 않거나."

나는 사실 어느 정도는 의기소침해졌고 기분도 우울했다. 그럴 때, 머피의 법칙이 우리 세계를 지배하는 것처럼 보일 때, 우리는 비관주의의 유혹을 받는다. 그 유혹에 빠지지 않으려면 우리가 처한 기이한 상황이 얼마나 터무니없는지에 대해 그냥 웃어넘길 필요가 있다. 그렇게 하지 못하면 피해망상이 커질 수 있으며 그것은 낙관주의는 고사하고 정신 건강에 하등 도움이 될 게 없다. 내가 나중에 우리 아이들에게 이 이야기를 들려주니 아이들은 배를 잡고 웃었다. 아이들이 낄낄거리는 소리를 듣고 있자니 마치 내가 코미디 프로그램의 내용이라도 들려주고 있는 것 같았다. 아이들의 눈으로 바라보자 비로소 재미있는 이야기가 보였다. 웃는 법을 배운다는 것은, 특히 우리 자신을 향해 웃을 줄 안다는 것은 낙관주의에 활력소가 될 수 있다.

현실적 낙관주의를 받아들였을 때

머뭇거리며 주저하는 비관주의에 묻혀 수십 년을 살아왔으니
이젠 희망하고 믿는 법을 배워야 할 때다.

낙관주의는 치유와 행복에 있어서뿐 아니라 인간의 발달과 쇄신에도 엄청난 영향을 미치는 힘이다. 그것은 창조성과 배움에 자극제 역할을 하고 변화와 성장을 가능하게 한다. 낙관주의는 그 양이 정해져 있는 것이 아니다. 그것은 늘어날 수도, 줄어들 수도 있다. 만일 우리가 성장에 적극적이라면 우리는 낙관적인 태도를 기르는 법을 배워야 한다. 이 장에 소개한 이야기들은 몇몇 사람들이 어떤 방식으로 현실적 낙관주의를 발달시켰는지를 보여주고 있다. 그들은 고난을 만났지만 거기에 굴복하지 않았다. 그들은 역경에 맞서는 법을 배웠고 오히려 그것을 기회로 바꾸었다. 시험을 당하고 어려움을 겪었지만 그럼에도 그들은 긍정적인 요소들이 부정적인 요소들을 능가하게 했다. 그들은 자신들의 앞날에는 모든 게 다 잘될 거라고 희망하고 믿는 법을 배웠다. 이 조사에 응해준 사람들은 미지의 곳으로 자신을 이끄는 지도를 따라가는 용기를 지닌 사람들이다. 우리 또한 용기와 헌신, 그리고 대담한 행동을 요구하는 미지의

영역을 눈앞에 바라보고 있지만, 이런 덕목들은 대부분의 우리들에게는 새로운 것일 수밖에 없다. 우리는 그들의 이야기를 통해 현실적 낙관주의라는 원칙이 2차 성장이라는 모험을 향해 발걸음을 내딛을 수 있게 해줄 것임을 알았다. 처음 두어 발자국을 내딛음으로써 용기를 얻은 우리는 이제 그 힘을 바탕으로 다음 도전 과제를 상대할 준비가 되어 있다. 그들에게서 배운 전략을 이용해 당신의 현실적 낙관주의를 다시 일으켜 세우고 그것을 유지한다면 당신은 다음과 같이 될 수 있다.

- 당신이 처한 상황을 솔직하게 평가하고 장애물과 두려움을 인정하면서도 당신의 강인함과 그 밖의 다른 바람직한 자질들을 강조하는 시각을 키우게 된다.
- 실패를 긍정적으로 바라보고 배움의 기회로 삼는다.
- 바람직한 결과들을 눈앞에 그려보고 당신이 무엇을 할 수 있는지에 강조점을 두며 "나는 할 수 있다."는 태도를 갖는다.
- 가족, 친구, 지원 그룹, 카운슬러, 혹은 그들 모두가 제공하는 도움과 격려를 받아들인다.
- 자신감을 키울 수 있는 도전을 기꺼이 받아들이고 당신이 진정으로 원하는 것을 내세우는 법을 배운다.
- 목적이 있는 계획을 통해 당신의 꿈을 펼쳐 나간다.
- 앞길이 가로막혔을 때, 지체되는 시간을 이용해 당신의 흥미와 관심사의 물꼬를 다른 곳으로 터준다.
- 유머 감각을 키우고 이를 즐긴다.

**마흔 이후,
인생의 2차 성장을 위한
네 번째 원칙**

〈자신에 대한 배려〉와 〈타인에 대한 배려〉의 조화

중년의 과제 중 하나는,
나 자신을 배려하는 법을 배우고 홀대해 온 자신의 감정을 풀어주는 것이다.
그래야 타인도 배려할 수 있다.

배려심, 마흔 이후 2차 성장의 키워드

자신에 대한 배려, 타인에 대한 배려, 사회에 대한 배려.
중년에는 배려의 대상이 보다 넓어져야 한다.

심리학자 에릭 에릭슨은 중년기에는 사람들이 미래의 세대를 돌봐야 하는 특유의 과제에 직면하게 된다고 주장했다. 그는 특별한 형태를 띤 생산성(보통 중년기에 나타나는 후진 양성 욕구로, 인간이 성숙하기 위해서 성인기 이후 어느 단계부터 자신의 에너지를 자기 자신이 아닌 다른 사람, 특히 자식을 포함한 사회의 다음 세대에게 쏟는 것, 즉 이들을 돌보며 책임감을 갖는 것을 말한다.)의 발달을 인성 발달의 마지막에서 두 번째로 오는 미덕이라고 일컬었다. 최근의 연구는 에릭슨의 주장을 뒷받침한다. 사람과 사람 사이의 배려와 타인에 대한 사회적 보살핌을 베푸는 것은 이제 성인기의 건강한 삶에 중요한 요소로 인식되고 있다는 것이다. 중년기 삶에 만족한다는 대다수의 사람들이 말하기를, 40대와 50대를 지나면서 자신들은 그 어느 때보다 연민과 아량, 이타주의를 많이 경험했다는 것이다. 2차 성장을 보여주고 있는 사람들의 경우, 확실히 타인에 대한 배려심이 증가하는 것을 볼 수 있다.

하지만 나는 이 책에서 언급된 사람들의 삶을 추적하면서, 누군가를 배려하고 보살핌을 베푼다는 것은 에릭슨이나 다른 심리학자들이 말한 것 그 이상의 의미가 담겨 있음을 발견했다. 타인을 배려하고 보살피는 것 못지않게 〈자신을 배려하고 돌보는 것〉 또한 중요하다. 중년기의 사람들은 그동안 가족과 직장에 대한 배려를 우선시하느라 자신에 대한 보살핌은 뒷전으로 미루어 왔다. 자신에 대한 배려와 보살핌도 중년기에 반드시 실행해야 할 중요한 요소 중 하나다. 이처럼 몇 가지 다른 형태의 배려에 대한 우리의 수용 능력을 향상시키는 것이 바로 이번 장에서 다룰 원칙이며, 이는 중년의 쇄신을 위한 중요한 도전 과제이기도 하다.

현대의 문화는 경쟁적이고 물질적이며 이기적 유형의 배려를 지향하는 방향으로 흘러가고 있다. 우리가 다른 사람들과 관계를 맺는 방식, 특정 대상을 위해 노력하는 방식, 심지어 우리의 소비 패턴에도 이기심은 그대로 드러난다. 우리 주변을 보거나 자신을 돌아보아도 우리는 이기적이고 근시안적이고 피상적인 것들에 신경을 쓴다. 이런 세태에 굴복해서 나이 들수록 자신의 요구에만 더욱 관심을 집중하고 다른 사람들에 대한 배려는 잊고 사는 것처럼 보이는 사람들을 우리 주변에서 어렵지 않게 찾아볼 수 있다. 하지만 이것은 진정한 의미의 자기 배려가 아니다.

배려가 중요하지 않은 시기는 없지만 제3의 연령기에는 특히 더 중요해진다. 이 시기에 우리 앞에 놓인 가장 큰 도전 과제는 타인을 좀 더 배려하는 사람이 되는 것뿐만 아니라 우리가 마음을 쓰는 대상과 우리 자신에 대해서도 배려하고 재구성하는 일이다.

중년의 과제, 〈나 자신을 배려하는 법〉 배우기

자신을 보살피고 배려한다는 것은 이기적인 것이 아니다.
우리 안에는 자기 존재를 인정받고 확인받기를 고대하는 지친 자아가 있다.
그동안 홀대해 온 자신의 감정을 이제는 풀어줘야 할 때다.

내가 인터뷰를 했던 대부분의 사람들은 소비 중심주의와 이기주의라는 문화적 흐름에 역행하면서 살아온 사람들이었다. 그들은 물질이나 지위 혹은 권력을 그러모으는 데 의미를 두지 않고, 자신들의 성장과 타인에 대한 배려를 확대하는 데 그 가치를 두고 살아왔다. 그러나 그들은 성장의 한 요소로서 〈자신에 대한 배려〉를 성장이라는 의미의 테두리 안에 적절히 끼워 넣기가 어렵다는 것을 종종 깨닫곤

했다. 그들에게는 자기 자신을 보살핀다는 것이 이기적이거나 중요하지 않은 것처럼 보였다. 존은 자신의 일과 가족을 생각하는 마음이 아주 깊은 사람이었는데, 그가 농담처럼 내게 이런 말을 했다.

"내가 나 자신을 보살피기 위해서 하는 일은 눈을 씻고 찾아보려 해도 없어요. 항상 다른 사람들이 내게 기대하는 것을 해줘야 할 것 같은 생각이 들었거든요."

우리는 흔히 〈자신에 대한 진정한 배려〉를 이기심과 혼동하기 때문에 이를 타당한 가치로 받아들이기가 어려웠던 것이다.

"오늘은 다른 누구도 아닌, 당신을 위해 무엇을 할 건가요?"

처크가 기울인 각고의 노력은 중년의 쇄신을 꿈꾸는 사람들이 어떻게 하면 자신에 대한 배려에 가치를 두고, 동시에 타인에 대한 배려와도 균형을 맞출 수 있는지를 생생히 보여준다.

우리가 만났을 때 처크는 53세였고 23년째 결혼 생활을 지속해 오고 있었으며, 그가 늘 자랑으로 여기는 두 아들을 둔 아버지였다. 그는 25년째 영국 성공회 목사로 봉직 중이었다. 햇살이 화창한 여름날, 처크의 교회 바로 옆에 있는 사제관의 계단을 오르던 내게 청바지에 화려한 티셔츠를 받쳐 입은 활달해 보이는 남자가 인사를 건네왔다. 처크는 나를 자신의 거처로 기꺼이 안내했.

내가 처크에게서 맨 처음 알게 된 사실은 그가 지금 알코올 중독에서 회복 중이라는 사실이었다. 그는 지난해 자신이 알코올 중독과 영원히 결별하기 위해 치료 기관에 다니고 있다는 사실을 교구민들에게 알렸던 것이 평생에 걸쳐 가장 어려운 일이었다고 내게 고백했다. 알코올 중독자가 있는 가정에서 태어나고 자란 처크는, 집중 상담 프로그램에서 자기 자신을 보다 깊고 완전하게 이해할 수 있도록 노력하겠다는 서약을 했다. 그는 회복 프로그램을 통해 보다 생각이 깊은 사람이 되었고, 이것이 계기가 되어 습관이 되어버린 자신의 생활 양식을 들여다볼 수 있는 통찰력을 갖게 되었으며 동시에 새로운 성장을 향해 나아갈 힘을 얻었다. 그는 자신이 일중독자이기도 했다고 고백했다. 회복 과정에서 그는 자신을 새롭게 이해하는 방법과, 보다 건강한 삶으로 향하는 길을 모색하고 있었다. 그의 캐주얼한 옷차림과 편안한 분위기로 나는 그 과정이 성공적으로 진행되고 있음을 짐작할 수 있었다.

처크에게는 50대로 접어드는 것이 하나의 전환점이 되었다. 대부분 그렇듯이 그는 자신에게 남은 시간이 그리 많지 않다는 것을 깨달았다. 그가 말했다.

"이제 살날이 얼마 남지 않은 거죠. 젊었을 때는 자신이 영원히 살 것처럼 생각하잖아요. 제게 주어진 시간이 한정되어 있다는 것과, 제가 하고 싶고 배우고 싶은 게 너무나 많다는 사실을 이제 알았어요."

그는 평생에 걸쳐 자신의 감정의 자유로운 표현을 자제해 온 것이 마음에서 우러나오는 진정한 만족감을 가로막는 하나의 장애물이었음을 깨달았다. 그는 늘 가족을 먼저 생각하라고, 집안의 평온한 분위기를 해치지 말라고, 다른 사람들을 불편하게 할지도 모르는 감정은 절대 내색하지 말라고 배우며 자랐다.

"열정도 안 되었고, 무엇보다 분노도 금지된 감정이었어요. 집에서나 교회에서나 그것은 겉으로 드러내서는 안 되는 감정이었죠."

그런 엄격한 금지가 그의 인생에 심각한 영향을 미친 것이다. 그는 직업적으로 남을 돌보는 임무를 선택함으로써 자신에 대한 자각을 회피했다.

"지난해에 비해 제가 제 자신에 대해 얼마나 많은 것을 알게 되었는지 몰라요. 때로는 새롭게 알게 된 사실이 고통스럽기도 했고 더러는 유쾌하기도 했죠. 저는 지금 제 자신을 알아가는 과정에 있어요. 꽤 낯선 일이긴 하지만 여기서 멈출 생각은 없어요. 제가 이 직업에 종사하는 한, 제 자신에 대해 알기보다는 타인에게 관심을 집중하고, 제 자신의 욕구는 뒤로 미뤄놓을 가능성이 많다는 걸 이제 깨달았어요."

오로지 다른 사람들만 생각하고 배려하는 것은 풀리지 않는 문제, 채워지지 않는 욕구로부터 스스로의 관심을 돌리기 위한 방어기제가 될 수 있다. 처크는 타인을 위해 헌신함으로써 자신이 인생에서 진정으로 원하는 것을 명확히 하는 미결의 과제를 회피해 온 것이다. 자신에 대한 강력한 감정과 요구들이 한쪽으로 미뤄지면서 잠재의식 속에 파묻혀 버렸다. 하지만 억압된 감정은 다른 모습으로 위장해 나타나는 경우가 있다. 우리는 자신이 진정으로 원하는 것과, 우리에게 소중한 사람들이 한때 우리가 해주었으면 좋겠다고 바랐던 것을 혼동할 수 있다. 혹은 그보다 더 심각한 것은 우리가 진정으로 바라는 것과 정반대의 가치를 선택할 수도 있다. 처크의 경우에는 자신의 바람을 도외시하는 것이 알코올 중독이라는 자기 파괴적인 행위로 나타난 것이다.

그러던 어느 날 그는 자신을 송두리째 바꿔놓은 깨달음을 얻게 되었다.

"내 속에서 목소리가 들리기 시작했어요. 그것이 전환점이었죠. 제 안에서 뭔가가 말을 하고 있었어요. '네 자신을 돌볼 필요가 있어.' 그때까지는 다른 사람들이 항상 우선이었어요. 교회에서나 가정에서나 제 자신은 최소화되었죠. 어쩌면 제가 이런 태도를 가지고 있었기 때문에 목사라는 직업을 선택했는지도 모르죠. 목사는 늘 저보다는 다른 사람들의 관심과 이익을 중요하게 여겨야 하는 직업이잖아요."

자기 존재를 인정받고 확인받기를 고대하는 억압된 자아를 발견한 것이 그에게는 놀라움으로 다가왔지만, 그는 이러한 변화를 어떻게 설명해야 할지 알지 못했다.

"제가 무얼 어떻게 해야 할지를 말로 설명하기가 어려웠어요. 알코올 중독 협회의 제 후원자가 제게 매일 전화를 걸어서 이렇게 물어요. '처크, 오늘은 당신 자신을 위해 무엇을 할 건가요?' 그러면 저는 이렇게 대답하곤 했죠. '글쎄요. 저를 위해서 무얼 해야 할지 모르겠어요. 제가 아는 거라고는 다른 사람들을 위해 내가 어떻게 해야 할까 그것뿐이에요. 그래야 기분이 좋아지거든요. 저는 이기적인

사람이 되긴 싫어요.'

그런 제가 달라지기 시작했죠. 제가 정말로 하고 싶은 일을 조금씩 해보기 시작했고, 그것이 다른 사람들을 배려하는 것 못지않게 중요한 일이라는 생각을 갖기 시작했습니다. 제 삶의 패턴에서 벗어나고 있는 거죠. 제게는 많은 선택이 가능하고 그 중엔 아주 중요한 것들도 있다는 걸 깨닫게 되었습니다. 예전 같으면 결코 생각하지 못했을 일들이에요. 그저 내가 원한다는 이유로 어떤 것들을 받아들이기 시작했는데, 이 일이 타인을 배려하는 것만큼이나 저를 기분 좋게 만들어 주더라고요. 그렇다면 나쁜 게 아니죠. 다소 이기적인 사람이 되는 것도 나쁘지 않다고 생각해요."

우리는 대부분 무엇이 자신에게 최선인지에 대해 무심하다. 그리고 자신이 관심을 갖는 것과 진정한 자신이 되는 것의 연관성에 대해서도 그다지 심사숙고하지 않는다. 이런 무심함은 처크의 경우에서처럼 생산성에만 초점을 맞춘 결과일 수도 있다. 많은 중년기 사람들에게 있어 자신을 배려한다는 것에 대한 부적절한 죄의식은 2차 성장에 그늘을 드리워 왔다. 인생의 이 시기에 처크는 건강한 내면의 소리에 귀를 기울이기 시작했다. 그 음성은 그에게 자기 자신을 긍정하고, 자신이 되고 싶은 종류의 사람이 되라고 주문했다. 그는 스스로의 상담역이 되어주면서 자기 자신을 받아들이고 배려하는 태도를 키웠다.

"저는 지난 한 해 동안 제 자신을 사랑하는 법을 배웠습니다. 병원에서 저는 끊임없이 자문했죠. '넌 누구니?' 그때마다 남들을 위해서라면 뭐든 다 하는 웃는 얼굴의 남자가 제 눈앞을 스치더군요. 하지만 그 뒤엔 뭐가 있을까요? 지금 저는 제가 되고 싶고, 또 제가 될 수 있는 사람이 되는 법을 배우고 있습니다."

타인에게 가치를 두는 처크의 태도와 타인의 요구를 먼저 생각하는 그의 마음은 모범적인 것이다. 그는 남들을 배려하는 삶을 살아온 사람이었다. 하지만 그의 배려는 〈균형〉을 잃었다. 그가 자신에게 인생의 목적에 대해 묻기 시작했을 때, 그는 자신의 존재가 그 대답에서 자꾸만 멀어지고 있음을 깨달았다. 이기적이라거나 죄악이라는 단어를 떠올리지 않고서는 그 반대의 삶을 그려볼 수가 없었다. 이것이 그의 인생에서 중요한 부분인데도 그는 여기에 대해 생각하거나 말하려고 하지 않았다. 우리 문화는 자신을 보살피고 배려하는 삶에 대한 정확한 용어를 제공하지도 않았고 기준이 될 만한 윤곽조차 제시해 주지 않았다. 자기 자신을 배려하는 것은 이기심과 혼동이 되고, 자기 만족의 추구는 자아 도취와, 자아 실현은 방종과 혼동된다. 처크는 이제 자신을 생각하는 것이 다른 사람들을 배려하는 것만큼 중요하다는 진리를 받아들이려고 노력한다.

우리에겐 각자 〈내가 될 수 있는 사람〉을 배려하고 그 사람이 될 책임이 있다. 외경인 도마복음에 기록된 예수님 말씀이 있는데, 그것이 이러한 문제와 씨름하는 처크에게 도움이 될 수 있을 것이다.

예수께서 말씀하시니라.

"네 안에 있는 것을 열매 맺으면 네게 있는 것이 너를 구원할 것이요, 만약 네 안에 있는 것을 갖지 못하면 네 안에 갖지 못한 것이 너를 사망케 하리라."

우리 안에 있다는 그것은 〈내면의 진실〉이다. 어떤 이는 그것을 영성靈性이라 부르는데, 우리는 그것을 우리의 성장 잠재력이라고 볼 수도 있을 것이다. 이 말은 만일 당신이 될 수 있는 그 사람에게 정성을 기울이면 당신의 삶이 내면의 진실을 펼쳐 보일 것이라는 뜻이다. 만일 당신이 자신의 잠재 능력을 억압하면 그것이 당신에게 등을 돌릴 것이다. 우리의 성장은 사랑의 법칙에 있어서 우리 이웃과 우리 자신, 그 양방향 모두를 긍정해야 한다. 처크는 바로 그것을 배우고 있는 중이다.

홀대해 온 자신의 감정 풀어주기

처크는 방향을 새롭게 설정하기로 결심하면서, 자신의 내면의 것을 꺼내기 위해서는 이를 가로막는 감정적 억압을 극복할 필요가 있다는 생각을 하게 되었다. 그가 배출하는 법을 배워야 할 감정은 바로 〈분노〉였다.

"분노의 감정을 가슴속에 꾹꾹 눌러놓아서 그런지 전보다 화가 더 자주 나는 것 같아요. 하지만 이젠 그러지 않아요. 이제는 제 기분이 어떤지 곧바로 자각하고 있는 그대로 직접적으로 그것을 표출하죠.

제가 가슴속에 꾹꾹 눌러놓은 분노가 알고 보니 거의 제 자신을 향한 것이더라고요."

억압된 분노는 그의 자부심과 낙관주의를 좀먹고 그를 알코올 중독에 빠지게끔 몰아붙였다. 내면의 진실을 돌보지 못한 것이 그를 파괴하고 있었던 셈이다. 그는 분노를 표출함으로써 건강한 자아 형성에 보다 적극적으로 전념할 수 있었다. 그가 가슴속에 묻어놓은 감정은 비단 분노뿐만이 아니었다. 알코올 중독자 협회의 12단계 프로그램에서 그는 애정이나 쾌활함 같은 다른 종류의 감정들도 인정하고 표현하는 법을 배웠다. 우리가 만난 대다수의 사람들처럼 그는 사실 완전한 자기 자신이 되는 데 중요한 요소인 감정 지능을 발달시키고 있는 것이다.

그는 자신을 좀 더 배려하게 되면서 유머 감각 같은, 그러니까 자신이 지닌 성격의 유쾌한 측면도 홀대해 왔다는 것을 깨달았다. 대표적으로, 목사로서의 임무는 진지한 것이다. 하지만 이제 처크는 거기서 무게감을 조금 덜어내는 방법을 찾아냈다. 여름 방학 성경학교를 열면서 그는 그 기회를 이용해 아이들과 함께 좀 더 많은 시간을 부담없이 보낼 수 있을 거라는 생각을 했다. 그래서 그 성경학교 시간을 재미있고 즐겁게 보낼 수 있는 기회로 활용했다.

"제겐 아이들과 함께하는 시간이 필요했어요. 내내 아이들과 함께 붙어 지냈죠. 기타도 쳐주고 노래도 불러주고 게임도 함께하면서요. 한마디로 아이들뿐만 아니라 제 자신도 마음껏 노는 시간이었어요."

이 여름의 경험으로 그는 목사직을 즐겁게 수행할 수 있다는 자신감을 얻었다. 자신이 원래 가지고 있는 유쾌한 면을 좀 더 자유롭게 풀어줌으로써 성장하는 자아에 맞도록 자신의 역할을 재정의한 것이다.

그가 사랑했지만 소홀히 한 분야가 또 하나 있는데 그건 음악이었다. 그는 예배 시간에 찬송가를 부르고 아이들과 성가대에서 노래를 하기도 했지만, 그것만으로는 잠재되어 있는 자신의 음악적 재능을 계발하고 싶다는 그의 깊은 갈망이 채워지지 않았다. 남을 생각하는 삶에서 그가 음악을 할 수 있는 시간은 별로 없었다. 그는 신학교에 다닐 때 기타를 치기 시작했는데 후에 그것도 그만두었다. 50대에 이르러 처크는 마침내 기타를 제대로 배워보기로 마음먹게 되었다. 그는 기타 학원에 등록해 하루도 빠짐없이 강습을 받았다. 이런 그의 이야기는 자신을 돌본다는 것이 건강에 도움이 될 뿐 아니라 정서적인 풍요와 유쾌함, 창조성까지 북돋운다는 사실을 실감하게 했다.

자신을 돌보는 법을 배움으로써 처크는 좀 더 균형을 이루도록 매일 매일의 활동들을 재구성했다. 그는 자신만을 위한 시간을 반드시 가지려고 노력했다. 그래서 대개 아침에 한 시간 정도를 할애해 혼자 생각하고, 책 읽고, 기도하고, 일기 쓰는 시간으로 삼았다. 그는 이 시간을 혼자서 조용히 보냈다. 그와 동시에 가족들과 지내는 시간도 더 늘려 잡았다. 그는 오후에나 저녁에는 아내와 함께 동

네 근처를 산책하곤 했다. 막내아들과는 아침 신문 배달을 함께하기도 했다. 처음에는 아들을 좀 도와주려는 마음에서 따라나섰다. 추운 겨울날 아침에 그는 운전을 하고 아들은 배달을 했다. 이것이 그에게는 일상의 틀을 깨는 신선한 경험이었다. 나중에 그의 아들이 면허를 따서 직접 운전을 할 수 있게 되었지만 처크는 그 일이 정말로 좋았기 때문에 그 후에도 부자간의 신문 배달은 계속되었다.

자신의 삶을 평가하면서 처크는 또 하나의 문제를 간파했다. 세월이 흐를수록 우정이 쇠퇴하고 있다는 것이었다. 그와 그의 아내는 새로운 교구로 이사하면서 오랜 친구들을 떠나와야 했다. 목사로 일하는 동안에는 너무 바빠서 새 친구를 사귈 여유가 없었다. 그는 〈중년의 우정〉에는 두 가지 요소가 있음을 깨달았다. 첫째는 그가 친구라고 부를 수 있는 대부분의 사람들이 그저 지인들이라는 것이다. 둘째는 진정한 우정이라면 훨씬 깊은 인간적 교류가 있을 수 있고 또 그래야만 한다는 사실이었다. 처크와 그의 아내는 교구의 몇몇 부부와 좀 더 잘 알고 지내고 싶다는 데 생각을 같이했다. 그래서 한 달에 한두 번, 저녁 때 다른 부부들과 어울릴 수 있는 자리를 마련했다.

"마음을 터놓고 대화할 수 있는, 제가 정말로 좋아하는 부부들이 몇 있어요. 저희 부부는 이렇게 생긴 우정을 더 튼튼하게 키워가자고 합의했죠. 적어도 한 달에 한 번씩은 이들과 어울리는 걸 철칙으로 삼았습니다. 전에는 한 번도 없었던 일이죠."

이 예를 통해서 보듯, 자신을 보살핀다는 것이 그로 하여금 더 큰 자유와 깊은 친밀감 사이에 균형을 이루게 한 것이다.

우리가 만난 지 2년이 되었을 때 처크는 전에는 생각도 할 수 없었을 결정을 하게 되었다. 넉 달간의 안식 휴가를 갖는 데 동의한 것이다. 전에도 그런 제의를 받은 적이 있었지만 필요 없다는 이유로 사양했었다. 그러던 그가 마침내 단지 자신에게 좋다고 생각되는 것을 받아들일 수 있게 된 것이다. 그는 자신에게 성장과 즐거움을 주는 기회가 왔을 때 이를 물리치거나 주저하지 않고 흔쾌히 반응하는 법을 배우고 있었다. 그 넉 달 중에 두 달은 독서와 묵상에 할애해서 그간 목사로서의 임무를 다하느라 소홀히 했던 지적 소양을 쌓았다. 그는 또한 그 두 달 동안 집을 떠나 신학 대학 안에서 기거하겠다는 이기적인 결정을 내림으로써 배운 것을 점검하고 토론에 참여하는 시간으로 삼았다. 그리고 나머지 두 달은 훨씬 재미있는 일을 하는 데 사용했다. 그 사이에 아내와 함께 2주간 여행을 다녀오기도 했는데, 거기서 그들은 결혼 25주년을 자축했다.

자신을 사랑해야 타인을 사랑하는 능력도 커진다

자신에 대한 배려는 처크가 자신의 바람과 요구, 감정과 배움, 사랑과 우정, 창조성과 여가 활동, 그리고 자신의 건강에 좀 더 신경을 쓸 수 있게 했다. 건강한 생활 방식을 계발하기 위해 그는 자신의 삶에 좀 더 많은 변화를 도입했다. 그리고 스트레스를 보다 효과적으로 관리하기 위해 자신의 감정에 귀를 기울이고 좀 더 세심하게 신경을 썼다. 매일 매일의 명상, 음악 감상, 자기 자신을 배려하는 여유로운 태도, 그리고 걷기 운동이 그가 스트레스를 줄이기 위해 사용하는 방법이다. 몇 년 전에 금연에 성공한 그는 쉰 살에는 술도 끊었다. 55세에는 술을 멀리하고 건강하고 적극적인 생활 방식을 갖게 된 지 5년째가 된 것을 축하했다.

처크의 성장은 그에게 더욱 다채로운 삶을 영위하게 만들었고 그것을 계기로 인생 전체의 뼈대를 다시금 설계하게 했다. 이 재설계 과정에서 가장 중요한 요소는 그가 자기 자신에게 좀 더 관심을 기울이게 되었다는 것이다. 그는 자신이 원하는 것에 귀를 기울이고 그것을 할 수 있도록 시간을 할애했다. 배려의 구조에 초점을 맞춤으로써 그는 중년의 쇄신에 관련된 다른 원칙들도 적용해 나가기 시작했다. 예를 들어서 우리는 그가 어떻게 자신의 정체성을 다시 가다듬어서 잠재력이 있는 존재로 되어가는지 그 과정을 보았다. 또한 새로 생겨난 흥미를 북돋우면서 그의 자유도 더욱 확대되었다. 이제 그는 알코올 중독에서 벗어났고, 그가 되고 싶은 사람이 되는 데에 보다 자유로워졌고, 그가 진정으로 염려하는 사람들과 허심탄회하게 어울릴 수 있게 되었다. 그는 또한 일을 재정의해서 자신의 삶에 음악, 유머, 아내와 함께 즐기는 활동 등 여가 활동의 요소를 더 풍부하게 받아들였다.

그의 이야기는 남을 돌보는 삶을 살아온 사람이 중년의 쇄신을 꾀하면서, 생산성과 자기 배려라는 원칙을 어떻게 통합해서 내면에서 최선의 것을 이끌어낼 수 있는지를 보여준다.

어쩌면 "네 이웃을 네 몸같이 사랑하라."는 말은 우리가 우리 자신을 진정으로 사랑하는 법을 배울 때 타인을 사랑할 능력도 커진다는 뜻일 것이다. 처크의 건강한 변화가 갖는 한 가지 아이러니는 그가 그 어느 때보다 남들을 보살피는 일에서 즐거움을 느끼게 되었다는 것이다. 자신에게 마음을 쓰는 것이 타인을 배려하는 능력을 떨어뜨리진 않는다. 그 비결은 바로 〈균형〉에 있다.

타인에 대한 배려

"이제는 세상에 기여하고 싶고, 세상의 고통을 조금이라도 줄여주고 싶어요."

이번에 소개하는 도로시의 이야기는 2차 성장에 있어서 배려가 갖고 있는 또 다른 일면을 생생하게 보여준다. 이 조사를 통해 만나본 대부분의 사람들처럼 도로시는 자기가 특별한 일을 해왔다고 생각해 본 적이 없다. 이제 50대 중반으로 접어든 도로시는 그녀가 고맙게 생각하고 함께 있으면 즐거운 한 남자와 30년 넘게 결혼 생활을 지속하고 있고 이제 어른이 된 세 딸의 엄마이기도 하다. 아내와 어머니의 역할을 다하면서 교사로 일해 온 그녀는 자기 자신을 꽤 전통적인 여성상이라고 설명한다.

우리가 처음 만났을 때 그녀는 40대 중반이었다. 뉴욕시 북부 웨스트사이드에 있는 그녀의 아파트에 들어서는 순간 식탁 위에는 그녀가 수업 준비를 위해 참고하고 있는 서류와 책들이 잔뜩 쌓여 있었다. 집 안이 엉망이라 미안하다면서 그녀는 내게 이렇게 말했다.

"저는 그냥 보통 주부예요. 제가 집 안을 사부작거리고 다니면서 청소와 바느질, 요리하기를 좋아한다고 제 딸들이 저를 놀리죠. 하지만 그게 저인걸요. 지금은 정식 교사로 일하지만 제가 지금까지 가장 힘들었던 일은 아이들을 키우는 일이었어요. 저는 전통적인 의미의 주부 역할에 충실했고, 그 일은 제가 좋아서 한 일이었어요. 제 딸들이 모두 잘 자라주었고 그래서 저는 부모로서 제가 한 역할에 만족해요. 교사가 되는 것도 중요하지만, 저는 주부로서 제가 하는 일이 즐거워요."

하지만 사실 도로시는 전통적 의미의 주부상에 딱 들어맞는 스타일은 아니었다. 그녀에 대해 깊이 알게 될수록 나는 그녀가 복잡다단한 자신의 성취에 대해 평가절하하고 있다는 것에 놀랐다. 그녀의 생활 패턴에서 중요한 변화는, 가정을 돌보면서 동시에 자신의 경력을 추구해 나감으로써 자신의 잠재 능력에 관심을 기울이기 시작한 것이다. 보살펴야 했던 어린 세 딸과 남편이 있는 상태였기에 대학원에 등록한 그녀가 그 과정을 마치기까지는 무려 18년의 세월이 걸렸다. 대학원에 다닐 때는 임시직 교사로 일하기도 했고, 그녀의 막내딸이 아직 중학교에 다닐 때는 200킬로미터 거리를 통근하면서 교사로 일한 적도 있었다. 그녀가 생산성 면에서는 능력을 충분히 발휘하지 못했을 거라고 생각하는 사람도 더러 있을 것이다. 하지만 그와 반대로 그녀는 현대를 살아가는 대다수의 부모들이 그렇듯이, 전통적인 여성의 역할을 변형시켜 자기 자신과 일, 가정에 대한 헌신을 적절히 조절해 나갔다. 타인을 보살피는 능력이 더욱 확대되면서 그녀는 성장했다.

그녀는 딸들이 모두 집을 떠난 지금 직업적 경력을 쌓아가는 데 집중할 수 있는 여유가 생겼다. 하지만 타인을 보살피는 그녀의 관심은 가정에서뿐만 아니라 여성 문제, 미혼모 문제 등 다양한 방면으로 확대되고 있었다.

내가 그녀에게 인생의 의미에 대해 묻자 그녀가 처음에는 농담처럼 이렇게 되받았다.

"인생의 의미요? 인생의 의미란 산다는 데 있죠."

그녀의 돌연한 대답에 내가 당황하면서 우리 사이에 침묵이 흘렀다. 잠시 후 그녀가 이렇게 덧붙였다.

"그래요. 산다는 것 이상의 의미가 있겠죠. 가끔 이 세상의 고통에 대해 생각해 볼 때가 있어요. 길을 가다가 완전히 무일푼으로 전락해 버린 사람을 마주치게 되면 이런 생각이 들어요. '맙소사, 어떻게 사람이 저렇게 살게끔 방치할 수가 있단 말인가?' 저는 세상에 영향을 주고 싶어요. 부모로서는 이미 그렇게 해왔다고 생각합니다. 하지만 이제는 세상에 기여하고 싶고 세상의 고통을 조금이라도 줄여 주고 싶어요. 제 인생의 가장 큰 목표는 제가 차이를 만들어 내는 것, 제가 이 세상에 있음으로 해서 세상이 조금이라도 나아졌다고 느끼는 거예요."

그녀는 타인에 대한 자신의 배려가 어떻게 더 발전하게 되었는지, 그래서 집 없이 떠도는 사람들의 고통을 덜어주기 위해 자신이 어떤 노력을 해왔는지 내게 말해 주었다. 그녀는 몇몇 친구들과 함께 지역의 교회에 무료 급식소를 열었다. 처음에는 이런 노력에 대해 얼마 못 가 흐지부지될 단기적인 행사로 여기는 사람들도 있었다. 하지만 이 무료 급식 활동이 결국 정례화돼서 오래도록 지속되자 많은 사람들이 놀랐다.

"정말 많은 노숙자들이 매일 교회로 와서 식사를 하고 대화도 나누고, 그 외 다른 형태의 지원도 받게 되었어요. 그들이 일부 교구민들을, 특히 교회의 수입을 수령하는 교구 목사들을 불편하게 했지만 결국 받아들여졌어요."

5년 후, 이 무료 급식소는 더욱 널리 알려져서 하루에 300명 정도에게 식사를 제공하게 되었다. 그녀의 적극적 관심이 커다란 변화를 이끌어낸 셈이다.

도로시는 자신이 돌봐야 할 가족이 3대로 늘어난 이야기도 내게 들려주었다. 30대와 40대를 보내는 동안 그녀의 생산성은 주로 세 딸을 키우는 일과 자신들의 미래에만 집중되었다. 하지만 50대가 되자 그녀의 관심은 자신처럼 점점 나이 들어가는 부모 세대로 옮겨갔다. 그녀는 점점 연로해지는 아버지를 돌아가실 때까지 돌봐드렸다. 게다가 그녀는 형제자매들도 살뜰히 챙겼다. 그녀에게는 세 명의 남자 형제가 있었는데 그 올케들과도 좋은 사이를 유지했다. 도로시는 자신이 어떻게 가족 내의 여러 세대에게 동시에 관심을 기울여주고 챙겨줄 수 있었는지에 대해서도 얘기해 주었다. 그리고 가족 외에 새로 사귄 친구들이 자신과 많은 것을 함께 나누고 자기를 많이 염려해 주었다고 말했다. 나눔과 배려의 상호주의는 그녀의 우정에도 그대로 적용되었다.

그녀가 남을 배려하는 삶의 지평을 점점 넓히면서 살아온 지도 어언 20년이 넘었다. 이것이 그녀의 성장에 중요한 부분을 차지했다. 나는 아직 풀리지 않는 의문이 있어 그녀에게 이렇게 물었다.

"그렇게 바쁘신데, 당신 자신은 언제 돌보시나요?"

"사실 그리 잘하고 있지 못해요. 제 자신을 위한 시간을 따로 내기가 쉽지 않더라고요. 그 어느 때보다 제 삶을 즐기기 위해 애쓰지만 그래도 여전히 책임에 많은 비중을 두고 있죠. 남편과 좀 더 많은 시간을 보낼 수 있도록 노력하는 것이나, 일과 여가의 균형을 맞추려고 노력하는 것이나, 정원에서 즐거운 시간을 보내는 것 등 제가 이 모든 것들을 잘 해낼 수 있기를 바랄 뿐이에요." 그녀가 말했다.

도로시는 자신의 경력을 발전시키는 것과 타인에게 헌신하는 삶 사이에서 그 누구보다 훌륭한 조화를 이루어낸 사람이었지만, 여가 활동이나 자기 자신을 위해 시간을 할애하는 것은 늘 쉽지가 않았다. 50대 중반이 되자 그녀는 이 문제에 대해 좀 더 적극적인 관심을 기울이기로 결심했다. 그래서 남편과 함께 심리 상담을 받았는데, 그 상담이 자신들의 성장에 걸림돌이 되고 감정의 자유로운 표현을 가로막는 요소들을 정리해 주는 데 도움이 되었다. 그녀는 또한 적당한 운동을 시작했고 스트레스를 효과적으로 풀 수 있는 방법들을 이것저것 찾아보기 시작했다.

지난 20년간 그녀의 관심 영역과 헌신의 대상들이 확대되고 더욱 깊어지는 동안 그녀는 정서적으로 더 풍요로워지고 타인과의 관계도 더 돈독해졌으며, 타인에 대한 배려와 연민이 깊어지면서 삶의 의미도 더욱 심오해지는 것을 느꼈다. 그녀는 요즘 그 어느 때보다 살아 있는 걸 실감한다며, 그 나이 때의 자신의 어머니보다 아마도 훨씬 젊은 느낌으로 살고 있을 거라고 말했다. 하지만 성장을 지속하기 위해서는 타인에 대한 배려와 자신에 대한 배려 사이에서 균형을 잃지 않도록 노력할 필요가 있다는 것 또한 그녀는 알고 있었다.

다양한 배려 사이에서 균형 잡기

다른 사람을 배려하려면 먼저 자신을 배려해야 한다.
하지만 한 가지 배려에만 집중하면 중년의 삶은 더 이상 성장하지 못한다.

이번 장에서 우리는 제3의 연령기에 일어나는 2차 성장이 여러 영역에 걸쳐 보다 확대되고 심화된 배려를 통해 진화하는 과정을 살펴보았다. 우리는 배려라는 것을 그간 너무 좁은 의미로 생각해 왔다. 분명히 거기에는 생산성과 이타주의, 타인에 대한 연민이 포함된다. 하지만 진정으로 배려하는 삶은 다양한 방향으로 뻗어나간다. 다른 사람들을 보살피려면 자기 자신을 먼저 배려할 필요가 있다. 하지만 자기 배려는 우리 자신을 넘어서 우리 자신과 미래의 세대, 그리고 지구와의 연관성에 그 방향이 맞춰져야 한다. 중년기의 도전 과제는 좀 더 배려하는 삶뿐만 아니라 다양한 종류의 보살핌들 사이에서 〈균형을 이루는 법〉을 배우는 것이다. 한 가지 차원의 보살핌에만 집중하는 것은 우리의 자아상을 왜곡하고 우리의 의미를 좁은 범위로 한정한다.

2차 성장은 앞날이 밝은 삶을 목표로 하고 있다. 중년기의 쇄신에 열심인 사람들은 자신이 사랑하는 사람들과 자기 자신을 진심으로 보살필 뿐 아니라 지역 사회에 대해, 진실에 대해, 그리고 이 지구에 대해 더욱 폭넓게 헌신할 것이다. 그들은 사회의 요구에 관심을 기울일 것이다. 50세 이상의 사람들이라면 우리 공동체에, 풍부한 자신들의 내적 자산과 함께 50년 넘게 축적해 온 자신의 경험을 제공할 수 있다. 다시 생각해 보고 다시 일으켜 세우고 보살피는 능력이 확장된 성인들의 수효가 점점 늘어나는 데에 바로 우리의 희망이 있는 것이다.

60세 이상의 인구가 학령기 아동의 두 배가 될 날이 그리 멀지 않았다. 건강하고 활기차며 독립적이고 적극적인 성인은 자원 봉사 활동을 통해 남을 보살피는 능력을 표현할 수 있는 무한한 기회를 마음껏 누릴 수 있을 것이다. 우리는 평화 봉사단 같은 단체를 모델로 해서 대규모 중년 봉사단을 조직할 수도 있다. 또 교육의 질을 높이고 새 사업을 시작하는 사람들에게 조언을 제공해줄 수 있으며, 새로운 단체를 설립하고 빈민가와 저소득층 거주 지역에 원조를 제공할 수도 있다. 우리는 또한 더 좋은 이웃을 만들고, 아동과 노인 복지를 확대하고, 미래 세대를 위한 삶의 질을 향상시키는 데 기여하기 위해 지역 사회 내에서 비공식 네트워크를 결성할 수도 있다. 우리는 지속 가능한 발전을 앞장서서 이끄는 사람이 되어 자연을 보호하고 강화하기 위한 운동에 힘을 실어줄 수 있다. 우리는 또한 공원과 황무지에 대한 감시 활동을 돕고, 도시 지역과 자연보호 구역의 환경을 평가하고 보호하는 새로운 방법들을 만들어 나갈 수 있다. 우리는 과소비 문화와 편협한 이기주의, 환경의 파괴와도 맞서 싸워서 건강한 도시, 정의가 실현되는 사회를 이룩할 수 있다. 우리는 기업이 손익 결산을 넘어서 목적의식과 의미를 함양하도록 도울 수 있다. 우리는 또한 너무나 절박하게 이 모든 것을 필요로 하는 이 세상에 상대를 배려하고 도의에 입각한 새로운 지도력을 널리 유포할 수 있다.

  우리 사회는 점점 늘어가는 제3의 연령기에 있는 성인들이 가진 인식과 기대에 대해 근본적으로 재고해 볼 필요가 있다. 자기 본위의 이익 집단 사이의 경쟁은 종종 공동 사회의 상호의존과 환경과의 자연스런 조화에 방해가 되는데, 이것은 봉사에 참여하는 성인들이 실천하는 새로운 형태의 협력과 나눔에 의해 달라질 수 있다. 건강하고 독립적이며 남을 보살피는 성인은 의료보험 청구로 재정을 고갈시키지 않을 것이다. 삶의 범위가 날로 확대되고 남을 배려하는 생활 방식이라는 새로운 영역으로 접어들고 있는 사람들은 이 세계를 희망이 살아 숨 쉬는 미래로 인도할 수 있다. 만일에 제3의 연령기에 달한 대다수의 성인들이 2차 성장을 지속해 나가면서 다양한 차원의 베풂을 통해 창조적 균형을 이루는 법을 배운다면 그들은 보다 배려하는 사회를 향해 나아가는 길에 앞장서게 될 것이다. 그렇게 되면 우리 모두의 삶에 얼마나 많은 새로운 의미가 보태어질지 생각해 보라.

**마흔 이후,
인생의 2차 성장을 위한
다섯 번째 원칙**

〈진지한 성찰〉과
〈과감한 실행〉의 조화

중년에 접어든 세대에게 인생의 주사위는,
이미 던져진 것이 아니라 지금 던져야 하는 것이다.

아직, 인생의 전성기를 도둑맞지 않았다

"난 너무 나이가 들었고, 한 살이라고 젊었을 때 더 발전할 기회를
잡지 못한 게 후회스러웠어요. 그땐 젊은 세대가 그렇게 부러울 수가 없었어요."

지난 12년 동안, 그러니까 〈2차 성장〉이란 과연 무엇이며 그것이 어떻게 시작되는지를 좀 더 명확히 알아보던 중, 나는 2차 성장이 나타나는 과정을 아주 가까이에서 지켜볼 수 있는 기회를 얻었다. 1990년대 후반에 중국의 몇몇 교수들이 내가 근무하는 대학에 교환교수로 와서 일 년을 보낸 적이 있었다. 몇 달이 지날 무렵 나는 그 중 한 명에게 관심을 갖게 되었는데, 나보다 나이가 많은 그 교수는 처음 왔을 때에 비해 그즈음 외모나 행동거지가 눈에 띄게 달라져

있었다. 평소 내가 연구하려던 2차 성장이 그녀에게서 나타난다고 보았던 나는 그녀를 인터뷰하고 싶었다. 나는 그녀의 이야기를 들으면서, 그녀가 낯선 곳에서 시간을 보내지 않았더라면 결코 꿈도 꾸지 못했을 변화를 경험하고 있음을 알게 되었다. 그녀의 경험을 통해서 2차 성장이 어떻게 시작되는지 함께 들여다보자.

"예전 같았으면 이렇게 화려한 옷은 절대 입지 못했을 거예요."
린 교수는 60세로, 결혼을 해서 두 아들을 두었으며 중국에서 러시아 문학을 가르치던 교수였다. 우리가 처음 만났을 때, 나는 그녀의 나이가 65세쯤 되었으려니 짐작했다. 그 후로 그녀의 눈부신 미소와 전염성 강한 웃음이 늘 진중하기만 했던 그녀의 태도에 균열을 초래하더니 점차 이러저러한 억압들이 얼굴에서 희미해지는 것을 느꼈다. 나는 6개월 후에, 중국어와 중국 문화를 강의하는 교실에 앉아서 역동적인 힘이 넘치는 그녀를 바라보고 있었다. 그녀는 교실 안을 빠른 걸음으로 다니면서 모든 학생들과 생기발랄한 대화를 주고받았고 열린 마음과 유머로 그들의 학습을 격려하고 있었다. 정말 희한하게도, 그녀는 점점 젊어지고 있었다.

한 번은 그녀가 중국에서의 자신의 삶과 교환교수 기간 동안에 그녀가 경험하고 있는 변화에 대해 내게 들려주었다. 10대 청소년 시절, 그녀는 공산당에 헌신했고 혁명적 변화에 모든 것을 바쳤다. 당시 그녀는 자신의 삶을 흥분이 넘치는 숭고한 희생이라 여겼고, 그녀의 모든 것은 당을 위해 존재했다. 그녀의 20대는 인생의 절정기였다. 그녀는 러시아어 석사 과정을 마쳤고 과학 분야를 공부했다. 서른 살이 되었을 때는 과학적 소양과 러시아어 실력을 함께 발휘할 수 있는 출판 분야에서 일을 했다. 서른한 살에는 과학자와 결혼을 했고 몇 년 사이에 아들을 둘 낳았다. 하지만 중국의 문화혁명은 그녀의 경력을 완전히 무너뜨렸다. 학자들과 지식인들은 축출되었고 심지어 책을 읽는 것조차 범죄로 취급되는 세월이 10년 넘게 지속되었다. 그 기간에 그녀의 삶은 너무나도 견디기 힘들었고, 더불어 많은 친구들이 세상을 떠나기도 했다.

이후 중국의 정세 변화로 그녀는 러시아 문학 교수로 대학에서 자리를 잡았다. 나는 우리가 처음 만났을 당시 그녀가 자기 자신을 어떻게 보고 있는지 궁금했다. 그녀의 대답에는 약간의 후회가 묻어났다.

"점점 나이를 먹어가고 능력도 예전 같지 않다는 걸 느끼던 참이었어요. 중국은 이제 한창 호시절이고 특히 대학들은 사정이 아주 좋아졌죠. 하지만 난 너무 나이가 들었고, 한 살이라도 젊었을 때 더 발전할 기회를 잡지 못한 게 후회스러웠어요. 근 10년 동안 인생의 중요한 부분을 잃어버리고 살아야 했으니까요. 문화혁명이 끝나고 나자 내 학문적인 경력을 다시 추스르기엔 이젠 너무 늦었다는 생각이 들었습니다. 그땐 정말 젊은 세대가 그렇게 부러울 수가 없었어요."

이 대답에서 그녀는 이젠 발전을 도모하기엔 너무 나이를 많이 먹어버린, 쇠퇴의 길로 접어든 중년 여자로 자기 자신을 그리고 있었다. 그녀가 느낀 좌절감뿐만 아니라 그녀가 처한 불리한 사회적 환경이 그녀의 인식에 부정적인 영향을 미친 것은 당연한 일이었다. 사회적, 심리적 요인들이 그녀를 자꾸만 누르고 있었던 것이다. 그녀는 인생의 전성기를 도둑맞았다고, 그렇다고 이제 와서 새로 시작하기엔 너무 늦었다고 느꼈다.

하지만 나는 그 밖의 다른 질문들에 대답하는 그녀의 모습에서 그녀가 가진 다른 면의 성격을 감지할 수 있었다. 그것은 그녀가 활력과 열정으로 가득 찬 모습으로 수업을 진행하는 모습뿐만 아니라 쾌활한 걸음으로 캠퍼스를 오가거나, 젊은이들과 발랄한 대화를 주고받는 모습을 보면서 내가 이미 발견한 면이었다. 그녀는 자신의 말처럼 시들어가는 것이 아니라 오히려 꽃처럼 활짝 피어나고 있는 것처럼 보였다.

이 기간 동안에 그녀가 자신에 대해 발견한 것은 무엇이었을까? 낯선 곳에서의 경험이 그녀의 삶에 어떤 영향을 미치고 있었던 걸까? 그녀는 지금 활력을 되찾고 있으며 건강도 전보다 좋아진 것 같다고 느꼈다. 그리고 그녀는 이런 말을 했는데, 나는 그 말이 특히 중요하다고 느꼈다.

"여기서는 제 나이를 잊고 살아요. 만일 내가 중국에 있다면 너무나 많은 상황들이 제 나이를 상기시켰을 거예요. 여기서는 내 나이가 얼마인지 아무도 내게 일깨워주지 않아요. 이곳에서의 제 삶은 제가 하고 싶은 만큼 공부하고 배우고, 많은 사람들과 열린 마음으로 소통하고, 내가 원하는 옷을 입을 수 있게 해주거든요."

그녀는 낯선 곳에 와서야 비로소 더 많은 개인적 자유를 누리게 되었고 그와 더불어 자신에 대해 새로운 인식을 갖기 시작했다. 그녀는 중년에도 새롭게 시작할 수 있다는 가능성을 깨닫고 있었다. 그러면서 그녀는 자신의 나이를 잊었으며 예전의 자아상 따위는 놓아버렸다. 나는 그녀와 함께 이야기를 나누는 동안, 그간 문화적 기준이 그녀에게 떠안긴 낡은 각본을 의식적으로 비판하는 그녀의 모습을 보았다. 최근에 그녀는 자기 자신이나 자신의 나이에 대해 좀 더 개인적인 차원에서 생각하는 법을 깨우치고 있었다. 꿈꾸어 보고 싶은 가능성에 대해 진지하게 생각하면서 새로운 성장이라는 두 번째 곡선을 향해 나아가기 시작한 것이다.

그녀는 몇 가지 도전을 받아들이면서 자기만의 세계를 쇄신해 가는 중이었다. 린 교수는 〈젊음을 되찾는 과정〉과 〈자신의 나이를 받아들이는 과정〉을 동시에 경험하고 있었다. 나는 그녀의 얼굴에서, 그녀의 행동에서, 그녀의 움직임에서 젊음을 보았다. 그녀는 화려한 색채의 블라우스에 유행하는 치마를 입기 시작했는데, 그런 옷차림은 예전의 단조롭고 칙칙한 복장과는 달라도 한참 다른 것이었다. 외적인 변화는 내적 변모를 반영하는 것으로, 옷차림은 그녀가 보다 긍정적인 정체성을 갖게 되었음을 보여주는 것이다.

"예전 같았으면 이렇게 밝은색 옷은 입지 않았을 거예요. 내 나이 정도면 회색이나 갈색, 아니면 청색 옷만 주로 입거든요. 화사하고 화려한 색의 옷은 젊은 사람들만 입지, 우리 같은 나이대의 사람들은 감히 엄두도 못 내는 게 사회적 분위기였죠."

낯선 곳에서의 생활은 그녀에게 예상치 않았던 도전을 안겨주었다. 그녀는 자신의 새로운 가능성을 발견하고, 낡은 각본을 거부하고, 관점과 생활 방식을 변화시킬 수 있는 기회를 발견한 것이다. 인습적인 예상을 깨고 그녀는 60세의 나이에 기대하지 않았던 성장을 시작하고 있었다.

이것은 그녀 자신에게도, 나에게도 매혹적인 발견이었다. 이 새로운 성장은 그녀에게 어떤 의미를 지닐까? 그녀는 이렇게 설명했다.

"젊음을 되찾은 기분이에요. 외모도, 기분도 젊어진 것 같아요. 그러니까 전에 없던 용기도 생기던걸요. 전에는 늘 실수를 할까봐 두려웠거든요. 지금은 모험이 겁나지 않아요. 사실 여기 온다는 것 자체가 모험이었지요. 일이 힘들면 그만큼 자극을 받게 되는 면이 있어요. 적어도 제겐 그래요. 지금은 예전의 저보다 한결 개방적인 사람이 되어가고 있는 것 같아요. 사람들에게도 그렇고, 나 자신의 가능성도 활짝 열어놓게 돼요. 전에 비하면 훨씬 낙천적으로 생각하게 되었고, 10년 전 그 어느 때보다도 제 삶을 제가 잘 제어하고 있다고 느껴요. 앞으로도 계속 이렇게 살아갈 수 있겠다는 자신감이 들어요. 나이 때문에 갖는 두려움이 이제는 많이 없어졌어요."

예전 같으면 그런 걸 꿈꾸기엔 너무 늙었다고 생각했을 나이에 그녀는 새로운 성장을 통한 쇄신에 온 마음을 빼앗기고 있는 것처럼 보였다. 설사 적지 않은 저항에 부딪히게 된다 하더라도 그녀는 이 성장을 계속해 나갈 생각이라고 말했다. 이후에도 그녀는 자신의 삶을 더욱 향상시키기 위해 노력할 것이다.

리모컨이 작동시키는 것처럼 살아가는 삶

나이 들면 아무 의심 없이, 사회의 낡은 각본이 지시하는 대로 융통성 없고 경직된 채 판에 박힌 일상을 살아가는 위험에 빠지기 쉽다.

린 교수의 경험에서 우리는 무엇을 알 수 있는가? 교환교수로 6개월간 낯선 곳에서 시간을 보냈을 때 그녀의 마음속에는 자기 자신과 인생에 찾아온 변화에 대해 두 가지 색다른 견해가 공존하고 있었다. 그 첫 번째 견해는 새로운 기회를 찾아 나서기엔 자기 나이가 너무 많다는 중년 여성의 관점이었다. 그녀는 쇠퇴의 과정에 적응하고, 더 적은 것으로 만족할 생각을 했다. 그러나 두 번째 견해는 회춘을 경험하고 있는, 사려 깊고 활기찬 여성의 관점이었다. 두 가지 서로 다른 관점 속에서 그녀는 잠재되어 있던 자신의 가능성을 발견했다. 기존의 인습적인 접근 방식과는 다른 가능성이 자신에게 열려 있다는 인식이 싹트면서 그녀는 새로운 성장의 두 번째 곡선을 향해 나아가기 시작했다. 그때부터 그녀의 삶은 그녀가 이 길을 선택하지 않았다면 경험했을 것들과는 완전히 달라졌을 거라고 나는 생각했다.

 그녀는 어떻게 자신에게 주어진 그 기간을 그토록 풍요롭게 만들 수 있었을까? 내가 그녀와 대화를 나누면서 두드러지게 느꼈던 그녀의 특징 중 하나는 〈진지한 성찰〉이다. 그녀는 자신의 인생과 최근의 경험들을 곰곰이 생각해 보면서 자기 인식이 점차 확대되고 있음을 발견했다. 그녀는 낡은 기준들과 자아상에 포위되지 않았고, 나이가 그다지 중요하게 취급되지 않는 개인적인 공간으로 옮겨간 것처럼 보였다. 나이에 대한 관습적인 표상들이 제거되자 그녀는 자기 내면의 창의적인 힘, 우리가 오직 젊음과 연관 지어 생각하는 그 창조력에 귀를 기울일 수 있었다. 그녀는 자신에게 기대되는 것과는 상관없이, 자신이 무엇에 진정한 가치를 두며 정말로 하고 싶은 것은 무엇인지에 대해 자문해 보기 시작했다. 그녀는 사회적인 기대와 문화적인 기준들을 포함하는 자신의 낡은 각본에 도전장을 내밀었다. 그러고는 이전에는 결코 꿈도 꾸지 못했을 새로운 가능성을 자유롭게 탐색해 나갔다.

 자기 자신을 다른 눈으로 바라보면서, 그녀는 자신이 소중하게 생각하는 것들을 성취하기 위해 좀 더 〈과감한 실행〉에 나서게 되었다. 이러한 경험은 단지 인식의 지평이 넓어지는 것 그 이상의 의미를 지닌다. 진지한 성찰과 과감한 실행 사이에서 독창적으로 균형을 찾아 나선 그녀는 중년기 쇄신의 원칙을 그대로 보여주고 있다.

무심함 vs. 정신 집중

나는 현대 심리학에서 두 가지 서로 다른 개념을 끌어옴으로써 이 장에서 다룰 성장의 원칙을 명확히 이해하게 되었다. 그 첫째는 엘렌 랭거가 개발한 이론으로, 하버드 대학의 심리학 교수인 그녀는 인생을 180도 전환시키는 정신 집중에 관한 연구를 20년 동안 주도해 온 사람이다. 그녀의 연구는 아무 생각 없이 기계적인 행동을 할 것을 주입받는 요양원과 같은 환경에 놓인 노인들에게 초점을 맞추었다. 랭거는 많은 사람들이, 특히 나이가 들면서 마치 리모컨에 의해서 작동되는 것처럼 움직인다는 사실을 발견했다. 그녀는 융통성 없고 경직되고 반복적이며 기계적인 마음가짐이 판에 박힌 일상을 만들어 낸다는 것을 알아냈다. 이 같은 양상을 무심無心이라 일컫는데, 이는 발달을 저해하고 건강한 적응을 가로막는, 흔하기는 하지만 위험한 심리 상태이다. 정신 집중mindfulness의 반대되는 개념인 무심mindlessness은 우리의 잠재력을 충분히 발휘하지 못하게 한다.

무심이라는 것이 나이 든 사람들만의 전유물인 것은 아니다. 아무 생각 없는 행동은 도처에서 볼 수 있다. 우리는 이렇게 말한다.

"그 사람과는 대화가 안 돼. 그 사람 마음엔 어떤 것도 들어설 여지가 없어. 절대 달라지지 않을 사람이야."

무심은 마음에서 우러나오는 솔직한 질문을 가로막기 때문에 배움에 불리하게 작용한다. 무엇을 보아야 할지 다 안다고 생각하며 새로운 상황을 그냥 지나왔는데 나중에 보니 중요한 것은 죄다 놓쳐버렸음을 알게 되는 것처럼 말이다. 판에 박힌 경직된 사고와 편견 역시 무심의 일반적인 형태다. 무엇이든 새롭거나 색다른 것을 낡은 틀에 억지로 끼워 맞추려고 노력할 때 우리는 아무 생각 없이 행동하게 된다. 나이가 들면서 미묘한 형태의 무심함이 눈에 띄게 힘을 얻는다. 우리가 오십여 년 이상 살아오면서 갖게 된, 더 이상 경험으로부터는 새롭게 배울 게 없다는 무심한 결론은 우리의 성장과 변화를 위험에 빠뜨린다. 낡은 각본을 무작정 따른다면 거기에 더 이상 진보는 없다. 린 교수가 자신을 늙은 여자로 그릴 때 그녀에게서 내가 보았던 종류의 인식은 그런 무심함의 한 형태였다. 중년이나 노화에 대해 우리가 일상적으로 주고받는 대화와 농담들도 무심함을 더욱 증폭시키고 있다.

  랭거 교수는 특히 중장년층의 경우에 정신 집중으로 어떻게 기계적 무심함을 극복할 수 있는지 보여주고 있다. 그녀는 요양원에 있는 노인들을 대상으로 간단한 실험을 했다. 대조군(동일 실험에서 실험 요건을 가하지 않은 그룹)은 평소와 다름없이 생활하고, 반면에 실험군은 일상의 틀을 깨고 그날그날의 가능성에 대해 창의적으로 생각해 보고, 남이 내린 결정을 따라가는 대신 능동적으로 자기 문제를 결정하고, 자기 생활을 스스로 주도해 나가도록 격려받았다. 한 번은 랭거 교수가 환경을 확 바꿔서 몇몇 노인들에게 일주일이라는 기간을 주고 지금보다 20년 젊었을 때의 삶을 다시 살아볼 수 있도록 해주었다. 환경이 바뀌자 그들은 낡은 틀을 벗어던지고 새로운 관점에서 자신들을 보았고, 일상의 틀을 벗어난 행동을 시도해 보기도 하면서 다시 젊어진 기분을 만끽했다. 그녀의 실험은 의식적으로 무심함을 타파한 사람들이 다른 그룹에 비해 삶에 대한 만족도가 훨씬 높고 더 오래 살고 더 창의적으로 생활하며, 또한 건강과 활력도 좋아지고, 심지어 더 젊어 보인다는 사실을 우리에게 보여주었다. 이처럼 우리가 지금껏 정상적인 것이라고 여겼던 나이 들어가는 과정은 얼마든지 뒤집힐 수 있는 것이다.

지금껏 내 조사에 응해준 성인들은 랭거 교수가 이 실험을 통해 깨달은 사실을 자신들의 향상된 삶을 통해 몸소 보여주었다. 처음에 린 교수는 자신이 늙었고 점점 쇠약해져 가고 있다는 인습적인 전제를 아무 생각 없이 받아들였다. 그러나 처한 환경이 달라지자 낡은 각본에 의문이 싹텄고 자기 자신과 자신의 인생을 새로운 관점에서 볼 수 있는 창의적인 능력이 생겼다. 그녀는 억압된 젊음을 표현하고 실험할 수 있는 자유로움을 느꼈다. 자기 자신과 자신이 속한 세계를 바라보는 눈이 달라지면 우리는 비로소 새로운 방향으로 나갈 수 있다.

린 교수는 새로운 환경을 자신의 기계적 무심함을 깨뜨리고 사고방식을 변화시키는 기회로 삼았다. 우리는 그녀에게서 무엇을 배울 수 있는가? 그녀가 한 일은 과연 무엇인가? 아래에 그 답이 나와 있다.

- 그녀는 자신의 개성과 무한한 잠재력을 보다 명확히 인식하게 되었다.
- 자신이 가지고 있던 낡은 각본과 나이 든 여자에 대한 사회의 전통적 기대에 의문을 제기했다.
- 자신의 가치관을 정립하고 미래에 정말 자신이 하고 싶은 일이 무엇인지 구

> 체화했다.
> - 장기적인 계획을 세우고 거기에 도달하기 위해 〈용기〉를 냈다.
> - 자신의 가능성을 보다 긍정적으로 생각하게 되었다.
> - 새로운 자아상을 계발하고 자신의 삶에 대한 통제력을 강화하기 시작했다.

이것들이 바로 2차 성장의 시작 단계에 필요한 요소들이다.

나이 듦에 대처하는 두 가지 방법

"그냥 그러고 앉아 있지 말라고. 뭐든지 하란 말이야!" vs.
"아무거나 하지 말고 그냥 그 자리에 가만히 앉아 있으라고."

진지하게 성찰하는 성격은 무척 중요한데, 이것은 습관적으로 정형화된 인식으로부터 우리를 한 발 물러나게 하고 또한 삶을 재검토하여 거기에 대해 의문을 제기하는 연습을 하게끔 해준다. 이렇게 확장되는 인식과 비판적 사고는 과감한 실행과 결합되어야 한다. 하지만 〈진지한 성찰〉과 〈과감한 실행〉이라는 두 가지 개념은 서로 충돌하는 것처럼 보인다. 그것들을 어떻게 하면 잘 결합할 수 있을까? 고대 동양에서는 정신 집중이 어떤 형태로 나타났는지를 생각해 보면 이 두 가지 특성이 지닌 역설이 더 첨예하게 느껴진다.

랭거 교수가 탐구한 개념의 이면에는 정신 집중에 대한 오랜 불교적 전통이 자리하고 있다. 진지한 성찰과 과감한 실행이라는 두 가지 관점 모두 인간의 정신이 갖는 창조적인 힘에 통찰력을 불어넣어 평범한 전제와 기대를 벗어던지고 자기 인식을 향상시키게끔 하며, 지금까지와는 다른 관점을 형성하게 하고 새로운 이해에 도달하게 한다. 이러한 두 가지 접근 방식을 통한 정신 집중은 현재의 일상을 중단하고 삶을 바라보는 관점을 바꿀 것을 권장한다. 만일 우리가 시간을 내서 자신의 잠재 능력과 가능성을 새롭게 파악하는 능력을 계발한다면 우리는 삶을 좀 더 야무지게 제어할 수 있다. 이것이 정신 집중의 강력한 교훈이다.

진지하게 성찰하는 습관을 갖기 위해 평소의 활동에 휴지기를 갖는 방법에는 여러 가지가 있다. 랭거 교수의 실험은 사람들의 환경을 바꿔놓았고 일상의 틀을 깼다. 린 교수는 안식 휴가를 얻었다. 아시아의 전통적인 정신 집중은 속세를 떠나 은둔지에서 묵상을 하거나 혹은 특별히 시간과 장소를 마련해서 평소의 생각과 활동을 잠시 멈출 것을 권한다. 흔히 과감한 실행을 주장하는 행동주의자들은 "그냥 그러고 앉아 있지 말고 뭐든지 하라!"고 하는 반면, 진지하게 성찰하는 사람들의 모토는 아마 이런 것이리라. "아무거나 하지 말고 그냥 그 자리에 앉아 있어라."

특히 물질적이고 대단히 활동적이며 경쟁을 부추기는 생활 방식이 보편화된 오늘날에는 계획과 행동을 잠시나마 멈추고, 그날그날의 틀에 박힌 일상과 행위들에 파묻혀 버린 또 다른 차원의 경험에 고요한 마음으로 주의를 기울일 필요가 있다. 〈존재감being〉을 되찾기 위해서는 〈행위doing〉를 잠시 멈출 필요가 있는 것이다. 우리는 진지한 성찰을 통해 현실적인 것에 몰두하거나 적극적으로 어디에나 개입하려는 태도를 잠시 벗어던지고, 감정과 사고의 더 깊은 차원을 향해 마음을 열 수 있게 된다. 진지한 성찰은 우리로 하여금 정신적인 것과 더 긴밀하게 닿아 있게 하고, 우리의 가치관과 우리가 어떤 존재가 되고자 하는지에 대해 보다 명확한 인식을 갖게 한다. 또한 우리의 상상력은 자유롭게 풀려나 아직 계발되지 않은 잠재 능력과 새로운 가능성의 문을 두드릴 수 있게 된다.

과감한 실행이라는 또 다른 면은 〈도전이나 모험〉과 관계가 있다. 미하이 칙센트미하이 교수는 30년간 사람들이 느끼는 행복과 만족에 대해 연구해 왔다. 그는 물질적으로 훨씬 풍족해지고 여가 시간도 더 늘었음에도 불구하고 평균적인 사람들은 자신들의 선조에 비해 인생을 즐기지 못하고 있다는 모순을 알아냈다. 그들은 자신에게 주어진 기회를 즐거움으로 바꾸는 방법을 알 수도 있었지만 그러지 못했다. 그는 사람들이 넘치지도 모자라지도 않은 딱 적당한 만큼의 도전이 주어지는 활동에 몰입할 때 성취감과 행복감을 느낀다는 것을 발견했다. 도전이 너무 약하면 그들은 따분해하고, 반면에 너무 거세면 불안을 느낀다. 지나침은 오히려 모자람만 못하다. 적절한 정도의 도전이 주어지고 여기에 몰입할 때, 그들은 칙센트미하이 교수가 몰입이라 일컫는 상태, 즉 도전 과제와 자신의 능력 사이에서 적절한 균형점을 찾았을 때 생겨나는 의식의 확장을 경험하게 된다. 도전 과제에 대한 적극적인 몰입과 완벽한 집중은 보다

고양되고 더욱 창의적이며 활기찬 심리 상태로 사람을 몰아넣는다.

최적의 경험에 대한 칙센트미하이 교수의 연구는 〈성장〉에 대해서 랭거 교수와는 조금 다른 관점을 제시한다. 그는 다양한 사회적 환경에 처한 각양각색의 사람들을 조사하고 나서, 우리가 만일 의미 있는 성장을 하고자 한다면 만만치 않은 도전을 받아들일 필요가 있다고 주장한다.

"일단 해보는 거야."

그것이 몰입의 즐거움을 느끼고자 하는 사람들의 좌우명이다. 활력과 만족감을 주는 성장을 경험하기 위해서는 때론 위험을 무릅써야 하고 과감한 실행을 위해 적극적으로 행동에 뛰어들 필요가 있다. 따라서 우리가 가슴에 새겨야 할 또 하나의 좌우명은 아마 다음과 같은 말이 되어야 할 것이다.

"성장하기 위해서는 몰입하라."

우리는 행동할 기회를 인식하고 우리 앞에 놓인 도전에 응하고 거기에 꼭 필요한 기술을 계발하고, 그 기술을 우리가 가진 다른 것들과 결합시킴으로써 몰입의 즐거움을 경험하게 된다. 그런 반응은 동떨어진 사건이 되어서는 안 된다. 만일 우리가 이 몰입의 즐거움을 평생토록 누릴 수 있다면 잠재된 모든 능력을 발휘할 수 있다고 칙센트미하이 교수는 믿는다.

변화를 거부한 채 현 상태를 고집하는 데에도 고통과 비용이 따른다

자, 여기 얼핏 상충되는 것처럼 보이는 두 가지 관점이 있다. 어떤 사람은 그냥 그대로 멈춰 있으라고 하는 반면, 다른 사람은 앞으로 나가라고 말한다. 어떤 것이 옳은가? 이 사람의 말도 저 사람의 말도 아닌, 두 사람 말 모두가 옳다는 것이 정답이다. 2차 성장을 시작하는 길은 두 가지 관점이 갖는 역설을 창의적 균형 속에서 포용하고, 진지한 성찰과 과감한 실행에 온몸을 맡기며 이 두 가지 특성을 통합해 인생의 시야를 확대하는 쪽으로 나아가는 것이다.

이것은 말처럼 그리 쉬운 일이 아니다. 우리가 지닌 잠재 능력을 새롭게 인식하는 것은 당황스럽거나 심지어 혼란스러울 수도 있다. 위험을 무릅쓰고 새로운 도전 과제에 완벽하게 몰입한다는 것은 그야말로 두려운 일이다. 자기 내면의 새로운 가능성과 잠재력을 느끼더라도 그것을 실행할 용기를 내는 일은 어려울 수 있다. 랭거 교수가 지적했듯이 나이가 들면서 우리는 점점 더 변화를 거부할 위험이 있다. 작가 존 스타인벡은 이렇게 말했다.

"사람이 나이가 들면 변화를 거부하는 것은 너무나 자연스러운 일이다. 특히 우리는 더 나은 개선을 위한 변화에 저항한다."

설사 그것이 우리의 본성은 아닐지 모르지만 스타인벡의 견해는 나이 듦에 대한 낡은 각본과 잘 맞아떨어진다. 우리는 변화와 모험에 대한 두려움 때문에 한 곳에 너무 오래 머무르다 주어진 기회를 놓쳐버릴지도 모른다. 중년의 쇄신을 이루려는 우리 모두에게 주어진 가장 큰 과제는 이런 두려움을 안고 살면서 어떻게 창의적이고 새로운 성장 과정을 향해 나아갈 것이냐 하는 것이다.

변화에 대한 두려움과 변화를 거부하려는 본성을 자각했다면 이

제 우리는 어디서부터 시작해야 할까? 일단 현재 자신이 처한 상황을 주의 깊게 살펴보고 우리가 바라는 이상적인 상황과 비교해 보는 것이 도움이 될 것이다. 개인적으로 의미 있는 변화를 이루기 위해서는 대개 현재와 이상을 동시에 바라보는 이중 시각이 요구된다. 우리는 린 교수가 자신을 바라볼 때 쇠약해져 가는 나이 든 여성으로 보는 것과, 젊음을 되찾고 있는 활기찬 여성으로 보는 것, 이렇게 두 가지 시각이 공존한다는 사실을 간파한 바 있다. 방향을 바꾸고 미래를 다시 계획하겠다는 그녀의 결심에는 두 가지 시각이 함께 불을 지폈다. 현재 우리가 처한 위치에 대해 비판적인 시각을 키우는 것만으로는 변화를 위한 충분한 동력을 얻을 수가 없다. 왜냐하면 변화란 대개 나이에 상관없이 저항을 부르기 때문이다. 우리는 상상의 나래를 펴서 자신이 어디로 가고자 하는지, 무엇이 되고 싶은지 마음속으로 그림을 그려볼 필요가 있다. 소망하는 미래에 대한 우리의 꿈은 그러한 저항을 뚫고 나아가도록 도와줄 것이다. 그러나 우리가 나아가는 길은 평탄하지도, 쉽지도 않다. 현재 자신의 상황을 비판적으로 분석하고 미래에 대한 꿈을 갖는 이중 시각이 마음을 불편하게 하는 동력일 수도 있는데, 왜냐하면 현상과 미래의 가능성 사이에는 창조적 긴장감이 존재하기 때문이다. 우리는 이러한 긴장감을 견디면서 그것을 추진력으로 삼아 앞으로 나아가야 한다. 우리가 아예 긴장감을 놓아버리면 우리의 배는 바람이 불어오는 쪽을 향해 마주서게 될 것이며, 그러면 결국 그 자리에서 한 치도 나아가지 못할 것이다.

이러한 이중 시각은 또한 견디기 어려워 보이는 것에 대한 개인적 손익 계산을 필요로 한다. 처음에 우리는 의미 있는 변화가 요구하는 고통과 비용을 헤아려 볼지도 모른다. 하지만 현상 유지에도 고통과 비용이 따른다는 것을 알아야 한다. 움직이지 않고 그대로 있을 때와 변화를 모색할 때의 모든 변수들에 대해 곰곰이 생각할 때 이 인식의 강렬함은 거의 우리를 압도할 수 있다. 현 상태를 유지한다는 것은 숨이 막히기는 해도 편안하기는 할 것이다. 반면 변화는 미지의 것들로 가득하고, 따라서 지도에도 나와 있지 않은 곳을 향해 내딛는 발걸음은 두렵기 마련이다. 만일 현재에 안주하는 것이 변화를 모색하는 것보다 고통이나 비용 면에서 더 크다는 확신이 없다면 우리는 변화를 위해 용기를 낼 수 없을 것이다. 그런 계산을 해보면 용감하고 진취적인 결단을 위한 의지가 생겨날 수 있다. 이 대목에서 린 교수는 사회적으로 규정된 그녀의 미래에 대해 이렇게 이야기했다.

"지금 당장 뭔가를 이루는 게 제 꿈은 아니에요. 이후에도 제가 지금 시작한 것을 계속하는 것이 제 목표지요. 그건 좀 더 대담한 모험이 될 것이고 그러려면 좀 더 많은 용기가 필요하겠죠."

우리에게 무엇이 필요한지 확실히 알았으면 이제는 선택을 해야 하고, 새로운 방향이 제기하는 도전에 응해야 하고, 끝을 알 수 없는 과정이 안고 있는 모호함과 불확실성을 감수해야 한다. 우리의 개인적인 변화는 우리가 생각하는 방식, 우리가 하는 선택들, 우리가 취하는 행동 등 다양한 행위들이 모여서 이루어지는 것이다. 〈멈추다〉와 〈가다〉라는 이 두 가지 역설적인 개념은 마치 음악의 선율들처럼 서로 활기를 불어넣고 떠받치며 보완해 준다. 확실한 비전이 우리를 움직이게 한다. 그런 다음에는 선택을 하면서 계속해서 앞으로 나아가야 한다. 따라서 2차 성장은 아주 힘든 일이 될 수 있다.

조사를 하다 보면 그러한 가능성이 점점 위축되는 경우들도 가끔 보게 된다. 자신의 미래상이 희미해지면 결심이 약해지고, 강물은 속도가 점점 줄어 시냇물이 된다. 낡은 각본이 다시 등장해 삶을 장악할 수도 있다. 톰은 처음에는 여러 변화들을 모색하며 활기차게 중년기를 시작했다가 나이 듦에 대한 인습적인 전제들에 다시금 그 자리를 내준 대표적인 경우이다. 한때 심리학 교수였던 톰은 현재 58세로, 문득 지금껏 적극적으로 살아왔던 자신의 인생을 돌아보고 다음과 같은 결론에 도달했다.

"돌이켜보니 지난 10년이 제 인생의 전성기가 아니었나 싶어요. 저는 일을 사랑했고 그 일로 인해 행복할 수 있어서 좋았죠. 그리고 젊은 학생들과 함께할 수 있다는 게 즐거웠고요. 육체적으로도 활기차게 살아왔지만 이젠 좀 속도를 늦춰야 될 필요가 있겠다는 생각이 들어요. 이제는 제 자신이 중년이라는 생각이 안 들어요. 세상 물정을 아시잖아요. 저는 이제 노년으로 접어들고 있는 거죠. 현재의 위치에서 앞으로 5년 정도는 더 있겠지만 그러고 나면 좀 편한 자리로 옮겨야겠어요."

인터뷰에서 드러난 톰의 생각에 나는 깜짝 놀랐다. 불과 3년 전에 그와 얘기를 나눌 때만 해도 그는 젊은이 같은 모험심으로 가득 찬 사람이었다. 40대 후반에 놀라운 변화를 이룬 그는 바로 2차 성장의 표상이었다. 내 눈에 비친 50대 초반의 그는 쇄신과 활력, 그리고 희망으로 가득 차 있었다. 그런데 불과 몇 년이 지난 후에 만나본 그는 예전의 낡은 각본에 사로잡힌 게 분명해 보였다.

톰과의 마지막 인터뷰가 있은 지 몇 년이 지났을 때, 나는 그가 인생의 중요한 부분에서 사실상 가지치기를 시작했음을 알게 되었다. 그리고 그의 결혼이 파경을 맞았다. 그가 세운 제3의 연령기에 대한 계획이 뭔가 삐걱거리는 듯 보였다. 인습적 심리에 의해 강화된 낡은 각본이 이제 욕망을 줄이고 편안하게 나이 들어갈 준비를 하라고 그를 부추겼다. 그렇지 않았다면 그는 아마도 전성기를 누릴 수 있었을 것이다. 낡은 패러다임을 떠받치고 있는 세상 물정이라는 것, 바로 그러한 일반적인 통념이 위험할 수 있다! 톰은 낡은 각본의 무심함에 도전장을 내밀고 지금과는 다른 삶을 살 수도 있었을 것이다. 톰이 언급한 세상 물정과는 반대로, 쇠퇴를 기정사실화하는 중년이 불가피한 것도 아니고 필수적인 것도 아니라는 사실을 우리는 알고 있다. 낡은 각본은 떨쳐버리면 되는 것이다.

"내 인생에서, 과연 내가 무얼 할 수 있을까요?"

그날이 그날 같은 삶을 살고 싶지 않다면,
남은 삶을 그저 빈둥거리며 TV나 보며 보내고 싶지 않다면,
자신이 지금 무얼 할 수 있는지 스스로 자문하고 실행에 옮겨야 한다.

톰과 같은 나이의 여성인 지니는 2차 성장이 어떻게 시작되며 그 긴 과정이 어떻게 유지되는지를 실제로 보여주고 있다. 린 교수와 달리 그녀의 성장은 지리적 문화적으로 달라진 환경의 자극을 받아 생겨난 것이 아니라, 마음을 불편하게 하면서 싹 터오는 이중 시각에 의해 촉발되었다. 그녀의 마음속에는 자신의 삶이 현재보다 훨씬 더 나아질 수 있다는 인식이 생겨나기 시작했다. 지니는 30년 동안 공장 근로자로 살아오면서 작은 도시에서 단 한 발짝도 벗어나지 않았지만 그녀의 개인적인 세계는 눈부시게 변화했다.

지니를 내게 소개해준 사람은 그녀를 8년째 알고 지내면서 그녀의 성품과 성취, 성장에 크게 감명을 받은 어느 대학의 교직원이었다. 내가 지니를 처음 만났을 때 그녀는 공장의 조립 라인에서 일을 하면서 혼자서 아이들을 키우는 한편 만학도로 입학하여 8년 만에 대학 졸업장을 받은, 사려 깊고 생각이 명확한 54세의 여성이었다. 나는 인터뷰를 시작하면서 그녀에게 현재 자신에 대해 어떻게 생각하는지, 다시 스물다섯 살이라는 나이로 돌아가면 어떻겠느냐고 물었는데, 그녀의 대답에 나는 적지 않게 놀랐다.

"아뇨. 스물다섯 살 시절로 돌아가고 싶지 않아요. 그땐 젊은 나이에 이혼을 해서 홀몸으로 아이들을 키우느라 정말 고생을 많이 했거든요. 하루 종일 일을 해야 했어요. 저를 위한 인생은 제 나이 마흔여섯 살 때부터 시작되었어요. 그때부터 제 인생의 전성기가 시작된 거죠."

그것은 정말 예상치 못했던 색다른 답변이었다. 도대체 그녀 나이 마흔여섯에 무슨 일이 있었던 걸까? 그녀의 설명에 따르면, 그녀는 그때야 비로소 고등학교를 졸업하고 지방의 작은 대학에 진학할 수 있었다. 그리고 예전에는 미처 몰랐던 자신의 창의적인 잠재력을 발견했고 거기서부터 성장 단계의 두 번째 곡선으로 접어든 것이었다.

"아이들이 집을 떠난 후 저는 판에 박힌 생활을 했어요. 아침이면 일터에 나갔다가 해 지면 집에 들어오고, 세 끼 밥을 먹고, 소파에 길게 누워 TV를 보고, 주말이면 쇼핑을 하기도 하고요. 그때 문득 이런 생각이 들었어요. '이렇게 살 게 아니야. 살면서 뭔가 내가 할 수 있는 다른 일이 분명히 있을 거야.' 저는 남은 시간들을 그저 빈둥거리며 누운 채로 보내면서 그날이 그날 같은 삶을 살고 있었거든요. 그래서 병원의 자원 봉사 프로그램에 지원했는데, 하루 두 시간씩 사람들과 어울려서 보낸 그 시간이 제 인생을 180도 바꿔놓았어요. 그때 이런 의문이 들기 시작했어요. '네 자신이 안됐다고 생각하니?' 그러면서 제 자신에게 숱한 질문들을 던졌죠. 가장 중요한 질문은 이것이었어요. '내 인생에서 내가 과연 무얼 할 수 있을까?'"

이 존재론적인 질문에 대해서 그녀는 서서히 자신의 답을 찾아가기 시작했다. 그녀는 배움의 길로 나설 수도 있었고 병원 봉사 활동으로 새로운 경력을 쌓아갈 수도 있었다. 시골의 가난한 농가에서 태어난 노동자 계층의 여성에게, 그것도 이미 할머니가 된 그녀에게 그것은 그리 만만한 질문이 아니었다. 하지만 현재의 일상을 그대로 유지하는 데서 오는 마음의 불편함이, 변화를 모색하는 과정에서 그녀가 감수해야 하는 두려움이나 불확실성보다 훨씬 더 컸다. 그녀는 자신에게 주어진 삶을 좀 더 적극적으로 활용하기로 결심했다. 중요하다고 생각되는 것은 다 배우면서 자신을 향해 온갖 질문들을 던졌다. 그리고 자신에 대해 자세히 파고들기 시작했다. 심사숙고 끝에 평생 교육이라는 새로운 길로 접어들었다.

그녀는 근처의 지방대학에 입학한 후, 만학의 길을 가는 대부분의 학생들이 그렇듯이, 자신이 성공할 가능성에 대해 회의가 들면서 이 생각 저 생각으로 마음이 복잡해졌다. 오랫동안 신중하게 생각해서 자신의 잠재력과 가능성을 계발하기로 결정한 터였지만 어려운 과목들과 낯선 환경에 부딪혀야 하는 현실에 그녀는 새로운 두려움을 느꼈다. 교육을 더 받겠다는 결심을 실행에 옮기면서 여러 방면에서 종종 시험을 받아야 했다. 이렇듯 그녀에게 닥친 도전은 결코 만만한 것이 아니었다.

그러나 별 준비 없이 고등교육을 받기로 결심한 것만으로는 성에 차지 않는 듯 그녀는 자신의 꿈을 이루기 위해서는 다른 분야에서도 모험을 감행할 필요가 있음을 깨달았다. 새로이 싹튼 자아상은 예전의 낡은 관습과 번번히 충돌했다. 대학을 졸업하려고 노력하는 동안 그녀는 점차 자기 자신과 자신의 생활 방식을 바꿔나갔다. 여기 그녀와의 인터뷰 내용을 소개한다. 그녀의 성품과 그녀의 집념, 그리고 감동을 남기는 그녀의 성장을 당신도 느낄 수 있을 것이다.

"저는 달라졌고, 지금도 여전히 변화하고 있어요. 그리고 제 자신에 대해 많은 것을 알아가고 있지요. 이건 정말 기분 좋은 일이에요. 제가 지금까지 해온 일들은 과거에는 상상조차 못했던 일들이니까요. 정신적으로나 육체적으로 힘에 겨웠지만 저는 판에 박힌 일에는 금세 싫증을 내는 사람이에요.

대학에 들어간 후 몸이 아파서 일 년을 꼬박 쉬어야 했어요. 회복하고 돌아갔더니 수업을 따라가기가 정말 힘들더라고요. 내가 이 나이에 왜 머리를 쥐어짜며 살아야 하는 건가 하는 의문도 들었어요. 그래서 그만두고 싶을 때도 있었죠. 하지만 제 자신에게 이렇게 말하곤 했어요. '네가 직접 해보지 않고서는 네가 무엇을 할 수 있는지 절대 알 수 없잖아.' 전 패배자가 되고 싶진 않지만 그렇다고 실패를 두려워하지도 않았어요. 남들보다 조금 더 고생해서라도 목표를 이루고 싶어요. 이 길을 따라가면서 남들에게 도움을 청하는 법도 배웠어요. 예전 같으면 어림없었을 일이죠. 그리고 새로운 신조가 하나 생겼어요. 저는 무척 꼼꼼하게 따지게 되었는데 덕분에 '왜?'라는 질문을 많이 하게 되었어요. 전에는 남이야 어떻게 생각하든 그건 그 사람 자유라고 여겼어요. 이제는 제가 그 사람들의 의견에 동의하지 못하겠으면 왜 그렇게 생각하느냐고 물어요.

저는 두려움에 대해서도 생각을 바로잡을 필요가 있다는 걸 깨달았어요. 두려운 게 있더라도 마음을 열면 그것을 정복할 수 있잖아요. '만약에 ……라면 어떻게 하지?'라는 마음으로 어떤 문제를 대한다면 그 문제가 꼭 발목을 잡는다는 걸 알았어요. 그런 마음은 한쪽으로 밀쳐두어야 해요. 수영도 그렇잖아요. 저는 늘 물이 무서웠어요. 하지만 졸업을 하기 위해서는 수영을 배워야만 했죠. 그래서 YMCA에서 생존 강습을 받았어요. 그러면서 수영에 대해 적극적인 자세를 갖게 되었어요. '나라고 왜 못해?'라고 생각하기로 했죠. 지금은 제게 주어진 선택들을 곰곰이 따져보고 이렇게 자문합니다. '안 될 거 뭐 있겠어!'"

인터뷰가 끝난 후 나는 그 교직원이 왜 지니를 내게 추천했는지 알 것 같았다. 그녀는 분명 다른 사람들이 누렸던 특권이나 호사와는 거리가 먼 생활을 해온 사람이었다. 하지만 세월이 흐르면서 그녀야말로 내가 만났던 그 누구보다 인생을 풍요롭게 살아온 사람이라는 것을 깨닫게 되었다.

중년의 나이에 고되고 빡빡한 환경에 처한 지니는 개인적인 세계를 한층 다채롭게 만들어 주는 눈부신 변화를 이루었다. 그녀는 지금도 계속해서 공장의 조립 부서에서 상근 직원으로 일하고 있고 그러면서 8년이라는 긴 세월 동안 혹독한 배움의 과정에 스스로를 적응시켜 왔다. 그녀는 8년의 학업 끝에 졸업을 했고 직장에서도 열심히 일했으며, 앞으로 다른 분야에서 일하기 위해 또 다른 공부를 시작하고 있다. 50대 중반에 접어든 그녀에게 이제 배움은 인생에서 없어서는 안 될 중요한 요소가 되었다. 내가 마지막으로 인터뷰했을 때의 나이가 63세였던 그녀는, 아직도 새로운 것을 배우고 있노라고 말했다.

일과 배움에 정성을 쏟는 한편으로 지니는 자녀들이나 손자손녀들과도 아주 가깝게 지냈는데, 이제는 가족들과 보내는 시간과 자신만의 시간 사이에서도 균형을 찾을 수 있었다. 그녀의 성장은 개인의 자유와 타인과의 관계의 역설로도 확대해 볼 수 있다. 그녀는 자녀들이나 손자손녀들과 새로운 패턴의 관계를 만들어 나가면서 동시에 여러 친구들을 사귀었다. 예전에는 친구라고 하면 주로 늘 만나왔던 사람들이 대부분이었다. 그녀는 자신의 친분 관계가 달라져야 한다는 것을 깨달았고, 이제 막 생겨나고 있는 새로운 흥미와 가치를 공유할 수 있는 사람들과 친하게 지내고 싶었다.

이렇게 정신적인 면을 계발하는 한편 영양 섭취나 운동에도 신경을 써 육체적으로도 자신을 챙기기 시작했다. 다방면에 걸쳐 잘할 수 있다는 자신감이 붙으면서 자기 인생의 가능성에 대한 그녀의 태도도 달라졌다. 그녀는 모험에 대해서는 앞서 말했다시피 "안 될 거 뭐 있겠어?" 하는 사고방식을 갖게 되었다. 물러서지 않고 받아들이는 도전이 많아지면서 예전에 비해 훨씬 낙관적인 태도를 갖게 되었고 자신의 삶을 스스로 헤쳐 나가고 있다는 느낌도 받았다. 그러면서 인생의 재미도 훨씬 늘어났다.

내가 목격한 그녀의 변화들은 우리가 흔히 자기 계발이라고 생각하는 것들을 능가한다. 그 변화들 중에는 고용 기회의 확대, 배움의 지속, 새로운 경력의 창출, 가족이나 친구들과의 친밀한 관계, 사회 참여의 확대, 그리고 보다 건강한 생활 방식과 여가 활동 등이 포함되어 있다. 이처럼 점점 더 복잡해지고 있는 그녀의 개인적 세계에서 자기 인식이나 도전 정신 같은 내적인 변화는 예전 같으면 상상도 할 수 없었을 항로로 그녀를 이끌었다.

지니의 2차 성장은 그녀가 지닌 복잡한 잠재 능력을 표현하게 한다. 그리고 그 혜택은 다른 사람들에게도 돌아간다. 그녀의 내면에서 일어나는 일과 그녀로 인해서 일어나는 일들이 서로 역동적인 상호작용을 일으키는 것이다. 그녀의 내면적인 변화는 직장에서의 발전에 도움이 되었고, 가족과 친구들, 그리고 그녀가 속한 공동체에도 기여해 왔다. 더 나이가 들면서 그녀는 다른 사람들에 대한 보살핌을 무엇보다 우선순위에 놓는다는 태도를 분명히 하고 있다. 그녀는 배움을 계속하는 것에 대해 설명하면서도 그 지식을 남을 돕는 데 활용할 수 있을 때 특히 더 열심히 배우게 된다고 했다. 그녀는 그야말로 자기 자신과 타인들을 풍요롭게 하는 삶을 만들어 나가고 있는 것이다.

그녀의 2차 성장의 궤적을 따라가는 동안 나는 그 밖의 다른 원칙들을 다루는 그녀의 방식을 발견했다. 예를 들어 배움과 여가 활동,

건강 관리 등을 통해 자기 자신을 가꾸는 동시에 타인과 공동체에도 더욱더 관심을 갖게 되었다. 그녀는 각종 지역 활동에도 더욱 발벗고 나섰고 미래 세대를 위한 후원 활동에도 앞장섰다. 그녀는 또한 점점 늘어가는 가족 사이에서 중심적인 존재가 되어갔다. 마지막으로 그녀를 만나 이야기를 나눌 때, 그녀에겐 열두 명의 손자손녀가 있었는데 모두들 그녀의 집에서 몇 분 안 되는 거리에 살았다.

지니의 개인적 성장은 10년이 넘게 이어지고 있다. 그녀는 나이 듦에 대한 인습적 기대에 굴복하지 않았으며, 새로운 대안을 모색하고 의문을 제기하고 항상 배워나가고 있었다. 그렇다고 그녀의 성장에 난관도 후퇴도 없었던 것은 아니었다. 그녀는 사회복지사가 되기 위해 55세에 대학원 과정에 진학했다. 하지만 척추에 문제가 생겨 수술을 받아야 했고 그 수술은 6개월간의 회복기를 요구했다. 그 기간 동안에 그녀는 사회복지사 대신 노인 전문 간호사가 되기로 결심했다. 그래서 자신의 목표를 향해 한 걸음 더 가까이 다가가기 위해 적십자사의 인명 구호 과정뿐 아니라 간호보조원 자격증을 취득하기 위한 과정을 수료했다. 그러면서 동시에 공장에서 상근 직원으로 일하는 동안 병원에서 노인들을 돌보는 자원 봉사 활동도 계속했다. 우리가 마지막으로 만났을 때 자격증을 갖춘 간호보조원으로 일하기 위한 그녀의 계획은 착착 진행되고 있었고 지역 사회를 위한 봉사 활동도 게을리 하지 않았다. 그녀가 병원에서 자원 봉사를 해온 것도 20년 가까이 되었고 요즘은 호스피스로도 활동하고 있다. 〈일과 여가 활동〉의 장에서 우리가 만나본 다른 사람들처럼,

지니는 자신의 일이 배움과 봉사를 한데 아우르도록 그 개념을 재정의했다. 한편 점점 나이가 들면서 일이 더 중요해지긴 했지만 그러면 그럴수록 그녀는 여가와 놀이도 보다 중시했다. 그녀가 한 번은 내게 이런 말을 했다.

"여가 활동에 더 많은 시간을 할애하려고 해요. 예순세 해나 살았으니 그 정도는 제 자신에 대한 의무라고 생각해요."

진지한 성찰과 과감한 실행을 피하지 않는 용기로 시작된 지니의 2차 성장은 지금까지도 지속되고 있다. 그녀가 내딛은 첫 번째 걸음이 다른 성장 원칙들로 그녀를 이끌었다. 인생의 후반기에, 그녀는 성장에 중점을 둔 생활신조로 새로운 각본을 썼다.

"제게 주어진 선택권들에 대해 생각해 보고 저는 이렇게 자문했어요. '도대체 못할 이유가 뭐지?'"

그녀는 제3의 연령기를 자기 인생의 전성기로 변모시켰다. 그리고 그렇게 함으로써 자신의 인생뿐만 아니라 다른 사람들의 삶도 풍요롭게 만들었다. 그녀는 헤아릴 수 없이 많은 사람들에게 도움을 주었고 다른 나이 든 사람들의 귀감이 되었다. 20여 년 동안 수많은 장애를 극복하면서 멋진 성장을 일궈온 그녀가 왜 자신의 인생이 마흔여섯 살에 시작되었다고 말했는지 나는 이제 그 뜻을 알 것 같다.

건강한 자기 인식에 도달한다는 것

"세상에 나오면 삶이란, 그리 예측대로만 돌아가지 않는다는 걸 깨닫게 되지요. 하지만 일단 변화를 시도하려면 풍덩 뛰어들어야 해요, 풍덩."

성장이라는 것은 주르르 미끄럼 타듯 찾아오지는 않는다. 누구나 그 과정에서 위협적인 장애에 부딪히고 난관에 봉착한다. 때로는 직장에서의 힘겨운 상황이나 실직, 경제적 빈곤, 가정 내의 갈등 같은 것들이 당신의 앞길을 가로막고 발목을 붙잡는다. 많은 사람들에게 있어 장애란 육체적인 장애가 아니라 두려움, 불안, 혹은 낡은 각본 따위의 정신적인 것이다. 하지만 일부 성인들의 경우에는 지속적인 성장에 가장 무시무시한 걸림돌이 되는 것이 바로 생명을 위협하는 질병이다. 내가 인터뷰했던 사람들 중에도 몇몇이 그런 난관에 부딪혔는데 놀라운 개인적 성장으로 그 상황을 극복했다. 데레사도 그들 중 하나였다. 또한 그녀의 이야기는 진지한 성찰과 과감한 실행이라는 원칙을 아주 실감나게 보여주고 있다.

"내가 죽게 될 거라는 깨달음이
많은 것들에 얽매여 있던 저를 풀어주었습니다."

우리가 처음 만났을 때 데레사는 50세였다. 키도 크고 쾌활하고 매력적인 그녀는 온몸으로 자신감을 발산하고 있었다. 그녀에겐 장성한 자녀가 둘 있었고 결혼 생활도 행복했다. 그녀는 내가 인터뷰한 사람들 중 그 누구보다 용감하고 활기차 보였다. 나는 불과 8년 전에 그녀가 유방암이라는 모진 시련을 감내해야 했다는 사실이 실감나지 않았다. 그녀는 암과 싸워서 건강을 되찾았을 뿐만 아니라 성격과 세계관도 동시에 변함으로써 이것이 2차 성장의 기폭제가 되었다. 그녀는 자기 인생에서 최고의 시기는 지금이라고 내게 말했다. 지금의 삶이 그 어느 때보다 신나고 만족스럽고 모험으로 가득차 있으며 더 보람차고 관계도 애정도 더 깊어졌다는 것이 그녀의 말이었다. 지니와 마찬가지로 데레사 역시 진짜 자신의 인생은 40대 후반부터 시작이라고 말하고 있는 것 같았다.

데레사는 전통을 중시하는 고루한 가정에서 자랐고 아내이자 엄마 역할에 만족하도록 사회화되었다.

"저는 집에서 살림 잘하는 착한 아내가 되려고 온몸을 바쳤죠."

그녀는 집안 살림을 꽤 잘 해냈으나 그 결과가 긍정적인 것만은 아니었다. 그녀는 아내로서 엄마로서 자신의 역할에 부족함이 많다고 느꼈고 매사에 자신감이 없었다. 또한 그녀는 몹시 소심해서 혼자 밖에 나가는 것도 꺼렸으며 심지어 혼자서는 복잡한 시내로 차를 몰고 나가지도 못했다. 모임에 가서도 어찌나 수줍음을 많이 타는지 남들과 말이라도 한 마디 나누려면 몹시 긴장을 해야 했다. 그녀는 점점 더 집 안에 매인 사람이 되어갔다. 운동을 하자는 약속이 잡히면 비가 올 거라는 일기예보에 안심이 될 정도였다. 운동 약속을 취소할 수 있기 때문이다. 그녀는 남편에게 몹시 의존적이어서 중요한 결정은 남편에게 일임했고 심지어 가족 행사나 휴가 여행에 대한 세부 계획을 세우는 일도 모두 남편의 몫으로 돌렸다. 결혼 생활 초기에 그녀가 어땠는지에 관한 인터뷰 내용을 보면, 마치 좁디좁은 우물에 갇혀서 반복되는 일상을 아무 생각 없이 살아가는 것처럼 보인다. 그녀는 중년기 성장 따위와는 거리가 먼 사람이었다. 그런데 그녀의 나이 마흔두 살에 그녀가 상상할 수조차 없었던 최악의 사건이 일어났다. 바로 유방암이 그녀를 덮친 것이다.

그녀의 이야기를 통해서 본 40대 초반의 그녀의 모습과 지금의 그녀 사이에는 놀라운 차이가 있다. 그 이야기에는 그녀가 단지 암에서 회복된 것으로 그치지 않고 40대와 50대의 나이에 이룩한 의미 있는 성장에 대한 경이로운 내용이 담겨 있다. 그 변화를 어떻게 설명할 수 있을까? 그녀는 갑작스레 덮쳐온 유방암과 그것이 가져다준 거스르기 어려운 공포에 어떻게 대응했을까?

그녀는 암에 걸렸다는 사실을 알고 몹시 놀랐지만 거기에 맞서 싸우기로 결심했다. 그녀의 싸움에는 화학요법을 받고 체력 강화를 위해 잘 짜인 섭생을 하고 건강하게 살려고 노력하는 것도 포함되었다. 그녀는 목표를 설정하고 그 목표에 다다르기 위해 용기를 모으면서 자신의 능력을 조금씩 계발해 나갔다. 그녀의 대응 전략은 진지한 성찰과 과감한 실행 사이에서 창조적으로 균형을 찾아나간 하나의 모델이다.

건강한 자기 인식에 도달한다는 것은 그리 쉬운 일이 아니고 단시일 내에 이루어지는 것도 아니다.

"처음에는 너무나 기가 막혔어요. 특히 화학요법을 받을 때는 그

절망감이 말도 못했죠. 하지만 절망적인 상태일망정 포기하고 싶지는 않았어요. 제가 사랑하는 것이 있다는 게 꽤나 도움이 되더군요. 저는 또한 병을 앓는 동안 매사를 전체적인 시야로 바라보는 법과 일의 우선순위를 정하는 방법을 배웠어요. 하지만 정말 저를 낙담케 하는 일이 한둘이 아니었어요."

그녀는 질병과 싸워나가는 한편 낡은 각본과도 전쟁을 벌였다. 그녀의 회복과 성장은 삶의 건강하지 못한 양상들을 인식하고, 그것들을 과감히 폐기하며, 건강하고 생산적인 여성으로서 자신의 정체성을 재정립하는 것까지 한데 아우르는 것이었다.

데레사는 도전에 맞닥뜨렸을 때의 자신의 생각과 반응을 생생하게 들려주었다. 자신에 대해, 자신이 처한 상황에 대해 진지하게 성찰하면서 그녀는 무엇을 얻었을까? 그녀는 넓은 시야를 갖게 되었고 우선순위를 정하는 법을 배웠노라고 말했다. 하지만 무엇보다도 그녀는 자기 자신에 대해 비판적인 질문을 제기하고, 지금까지의 자신의 모습이 아닌 건강하고 적극적이고 능력 있는 여성, 그러니까 그녀가 되고 싶은 여성으로 자신을 그려보기 시작했다.

"저는 회복을 다룬 책을 읽으면서 시각화의 기술을 배웠어요. 예술이나 스포츠 같은 분야에서도 시각화를 훈련하는 걸로 알고 있어요. 7년 전에 처음으로 제 자신을 시각화하기 시작하면서 저는 제 자신을 건강하고 적극적인 사람으로, 예를 들어 달리기를 하거나 신체 활동을 하는 제 자신의 모습을 그려보곤 했어요. 이렇게 제가 정말 원하는 것이 무엇인지를 분명히 하다 보니 결국 그게 현실로 이루어진 거죠. 저는 운동선수는 아니지만 새로운 생활 양식을 갖게 된다면 육체적인 활력이 넘치는 사람이 되고 싶었고 도전을 통해 제 한계를 넘어서고 싶었거든요.

저는 또한 목표를 세우는 법을 배웠어요. 장기적인 것과 단기적인 것으로 나누어 목표들을 죽 정리해 보았죠. 제 딸과 함께 있을 때 제가 그 일을 하면 딸아이가 저를 놀리곤 했어요. 저 혼자 있을 때는 제 자신을 꼼꼼히 들여다보고 평가하면서 이렇게 물어요. '지금 내가 하고 있는 일이 정말 마음에 드는가? 그렇지 않다면 어떻게 해야 그것을 바꿀 수 있을까?' 그러면 우선 큼지막한 목표를 적어 봐요. 예를 들자면, 좀 더 즐겁게 살고 싶다든가 하는 것들 말이에요. 그런 다음 그 목표를 달성하기 위한 구체적인 목표들을 세우죠. 일주일에 영화 한 편을 보고, 한 달에 한 번은 가까운 교외로 여행을 다녀오는 것 등이 여기 포함되겠죠. 그것들을 줄줄이 적은 다음 실천에 옮기는 거예요.

이렇게 뭐든 목표를 세우면 삶이 과도한 통제 하에 놓이는 걸까요? 살면서 체계가 필요한 일들은 많잖아요. 하지만 우선순위를 정하고 목표들을 세우고 인생을 체계화했는데, 세상에 나오면 삶이란 그리 예측대로만 돌아가지 않는다는 걸 깨닫게 되지요. 계획을 세웠으면 풍덩 뛰어들어야 해요, 풍덩!"

그녀의 마지막 말은 시각화 뒤에는 반드시 용감한 실행이 따라야 한다는 깨달음을 보여주고 있다.

데레사의 말은 진지한 성찰과 과감한 실행 사이의 복잡한 관계를 보여준다. 자기 자신을 깊이 들여다본 후 그녀는 용감하게 결단을 내렸고 어찌 됐건 자신의 행동에 책임을 지기로 마음먹었다. 가끔 두려운 마음이 들지 않은 것은 아니지만 변하지 않고 예전처럼 그대로 산다는 것이 훨씬 더 끔찍하게 느껴졌다. 그녀는 위험을 무릅쓰고라도 해보아야 한다는 것을 알았고, 이러한 성향은 그녀에게는 참으로 새로운 것이었다. 그녀는 이렇게 말했다.

"그냥 풍덩 뛰어들어야 해요, 풍덩요."

이것은 행복감을 느끼기 위한 그녀만의 신조처럼 보인다.

데레사의 2차 성장은 진지한 성찰과 과감한 실행 사이의 귀감이 될 뿐 아니라 우리가 앞에서 살펴본 현실적 낙관주의의 원칙까지 잘 보여주고 있다. 내가 지금 그것을 언급하는 까닭은 그것이 대개는 진지한 성찰과 과감한 실행이라는 원칙과 밀접하게 연관되어 있기 때문이다. 마흔 살이었을 때의 데레사는 분명 낙관주의자도 아니었고 자신의 삶을 제대로 통제하고 있지도 못했다. 그녀의 낙관주의적 성향은 마치 조수가 빠져나가듯 쇠퇴기로 접어들고 있었다. 그러나 그녀는 현실에서 죽음이라는 문제에 직면했을 때 그 도전을 받아들이고 자신의 의지와 통제력이라는 현안 문제를 해결하는 것으로 다시금 낙관적인 태도를 쌓아나갔다.

"내가 죽게 될 거라는 깨달음이 많은 것들에 얽매여 있던 저를 편안하게 풀어주더군요. 예전처럼 걱정이 태산 같지도 않았고 우선순위를 정하기도 쉬웠어요. 죽음에 직면하게 되면 세상을 바라보는 시선에 변화가 와요. 예전엔 결혼 생활이든 금전 문제든 제겐 모든 게 걱정거리였거든요. 누군가는 이렇게 말하기도 했어요.

'당신 남편이 당신보다 젊은 여자와 바람이 나서 당신을 버릴지도 몰라요.'

지금은 그런 걱정 안 해요. 그저 최선을 다하면 되는 거예요. 마음을 편히 가지면 매사를 자기 뜻대로만 하려고 아등바등하지 않게 돼요."

여기 또 하나의 역설이 있다. 하나하나의 사안을 장악하고 있던 손을 놓아버림으로써 그녀는 역설적으로 자신의 삶에 대해 훨씬 포괄적인 통제력을 갖게 되었다. 그녀는 비로소 자기가 통제할 수 있는 것과 그렇지 않은 것을 구분할 수 있게 되었다.

"만일 내가 병에 걸리거나 남편에게 무슨 일이 일어난다면 지원 그룹을 만들 수도 있고, 이번 경험에서 얻은 교훈을 바탕으로 앞으로 나아갈 수 있다는 것도 이제는 알아요."

그 낙관주의의 핵심적인 요소는 〈자신감〉이다. 병에 걸리기 전의 그녀는 자신감이라곤 전혀 없는 사람이었다. 질병으로 인해서 있던 자신감도 산산이 부서질 판에 그녀에게는 정반대의 일이 일어났으니 참으로 신기한 일 아닌가. 그녀는 불리한 조건을 기회로 바꾸었다. 자신감이 놀라울 정도로 회복되자 자아상이 기운을 차렸고 자부심도 가득 차올랐다.

누구나 살다보면 어떤 사건이 삶의 전환점이 되기도 한다. 데레사에게는 분명 암과의 만남이 인생의 전환점이었다. 그래서 그녀는 암을 이기고 건강을 회복한 것으로 그치지 않고, 예전에는 생각지도 않았던 성숙한 발전을 향해 나아갈 수 있었다.

"저는 아프기 전에는 아무것도 할 수 없는 사람이었어요. 친구와 외식을 하는 일도 어렵게 느껴졌으니까요. 저는 그냥 집 안에 있어야 현모양처가 되는 거라고 느꼈어요. 하지만 제가 제 볼일을 보는 데도 남편과 아이들은 멀쩡하게 잘만 지내더라고요. 그러니까 제 자신의 목소리에 귀를 기울여도 되더란 말이죠."

그녀는 목숨이 위협받는 상황을 놀라운 개인적 성장의 기회로 전환시키려고 노력하는 중이었다. 그녀가 즐겨 사용하는 경구는 바로 이것이다.

"당신이 가진 장애가 바로 기회이다."

데레사의 삶은 전에 비해 훨씬 더 복잡해졌다. 그녀는 일과 공동체, 자기 자신, 가족, 그리고 친구들로 분산된 책임 사이에서 균형을 찾는 법을 터득했다. 그녀는 자기 자신을 좀 더 잘 돌볼 수 있게 되면서 그 배려를 타인들에게로 확대해 나갔다. 그녀는 남들을 보살피고, 자선기금을 모으고, 지역 활동에도 적극 참여했다. 최근에는 빈곤 아동을 후원하기 위한 비영리 후원 단체의 결성을 도왔다. 일과 봉사의 영역이 점점 확대되어 가면서 그녀의 관계도 점점 넓어질 수밖에 없었다. 예전에는 친구들이 모두 그녀와 비슷했지만 이제는 배경이나 경험, 관습이 완전히 다른 여성들과도 친구가 되었다.

　자신의 관심을 다양한 영역으로 확대해 나가는 동안 그녀가 이룬 성장의 주요 요소는 도전에 맞서고 모험을 피하지 않겠다는 확고한 의지였다. 한 번은 내가 어떻게 해서 도전의 위험을 흔쾌히 받아들이게 되었는지 사례를 듣고 싶다고 했는데, 끝도 없이 풀려나오는 그녀의 이야기에 나는 그만 경외감에 휩싸이고 말았다. 이제 모임에서 더 이상 쭈뼛거리지 않게 된 그녀는 자선기금 마련을 위한 설명회를 계획하고 조직하고, 다양한 규모의 사람들을 대상으로 직접 나서서 설명을 하기도 한다. 20년 전에 한적한 교외에 파묻혀 살던 그녀와 그녀의 남편은 이제 시내 중심가로 이사했다. 혼자서는 시내에 나가기도 무서워했던 여자가 이제는 혼자서도 얼마든지 자유롭게 시내 중심가 이곳저곳을 누비고 다니기 시작했다. 또한 그녀는 이따금씩 시골이나 삼림 지대로 자전거 여행을 다녀오기도 하는데 그런 일은 예전 같으면 꿈도 꾸지 못했을 일들이었다. 몇 년 전에는 겨울철 한밤중에 도로에서 그녀의 차가 고장이 났다. 눈보라가 몰아치는 속에서 가능성 없어 보이는 구조를 하염없이 기다리고 있느니, 그녀는 스키를 신고 눈 덮인 할렘가를 지나서 직접 도움을 청하러 갔다.

　나는 소심하기만 했던 이 여성의 모험담을 듣는 동안 나 자신이 초라하게 느껴짐과 동시에 그녀에 대한 경외심이 밀려오는 것을 느꼈다. 그녀의 이야기에서 나는 대담한 기상을 발견할 수 있었지만 그녀는 자신의 모험에 대해 아주 겸손하게 말했다. 그녀는 나이 오십에 처음 용기를 내어 실험을 해보고 위험 부담을 기꺼이 떠맡았던 경험을 내게 들려주었다.

"사실 내게 모험이라고 해봐야 뭐 별 거 있나요? 기업체의 회장에 비하면 아무것도 아니죠. 하지만 모험은 저를 독립적인 사람으로 만들어줘요. 예를 들어, 전에는 휴가 계획을 전부 남편에게 맡기곤 했어요. 그런데 지금은 기꺼이 제가 떠맡죠. 작년 여름에는 전적으로 제 책임 하에 온 식구가 캠핑을 다녀왔어요. 결정은 제가 했지만 가족들이 함께 계획을 짜고 장비를 구입하고 준비를 해 여행을 떠났지요. 사실 따지고 보면 별일도 아니지만 예전의 저라면 절대 못했을 거예요."

이 사례는 그녀가 창조하고 싶은 삶에 대한 진지한 성찰과 과감한 실행을 어떤 식으로 결합시켜 나가기 시작했는지를 보여주고 있다. 이 원칙은 아직도 그녀의 인생에 중요 요소로 남아 있다.

40대에 시작된 2차 성장이 가져다준 놀라운 변모는 그녀가 50대를 지나는 동안에도 계속해서 이어지고 있다. 그녀의 용감한 행보는 앞으로도 20년은 그칠 줄 모를 것이다. 암 선고를 받은 후 20년 동안 데레사는 육체적인 건강을 되찾았을 뿐만 아니라 보너스로 얻은 생을 풍요롭고 창조적으로 영위해 나가고 있다. 지금도 그녀는 성장을 지속하기 위해 정기적으로 도전과 모험을 찾아 나선다.

성장을 부추기는 도전이 꼭 육체적인 것이어야 할 이유는 없다. 암 치료 후 50대 중반의 그녀에게 주어졌던 가장 커다란 도전 과제는 빈곤 아동들을 위한 기금 마련 단체를 설립하는 일에 나선 것이었다. 하지만 데레사에게는 육체적인 도전 역시 중요한 것으로 자리매김되어 있다. 왜냐하면 암에서 회복된 그녀에게는 그것이 건강하고 적극적인 여성으로서의 자아상에 없어서는 안 되는 부분이기 때문이다.

"제 삶이나 현재의 제 자신이 지나치게 편안해져서 그 자리에 주저앉지 않으려면 항상 운동이나 산행 같은 육체적 모험이 필요해요."

이제 60대가 된 그녀는 앞으로도 자신의 한계를 넘어설 수 있는 일들을 찾아서 성찰과 모험을 계속할 것이다.

인생의 주사위

중년에 접어든 세대에게 주사위는, 이미 던져진 것이 아니다.
지금 던져야 하는 것이다.

데레사, 지니, 린 교수는 성격이나 성장 배경, 관심 영역과 생활 방식 면에서 모두 다른 사람들이다. 성장기나 성인이 되어서의 그들의 경험은 그야말로 판이하다. 그들은 요즘 시대에, 아니 어느 시대 어느 장소든 간에 그리 전형적인 여성들은 아니다. 하지만 그들에게는 몇 가지 공통점이 있는데, 모두 반세기 넘게 살아온 사람들이라는 것, 그리고 지속적인 성장과 성취에 대해 긍정적인 전망을 가졌다는 점이다. 그들은 자신들이 중년으로 접어들면서 새로운 성장을 경험하게 되리라고는 예상하지 못했다. 실은 그들 모두 자신이 지나온 40대 중반을 퇴조기로 보았고, 부분적으로는 낡은 각본이 그들 각각의 삶의 틀을 형성한 것도 사실이었다. 어떤 사람들은, 예를 들어 제1부에서 인터뷰를 했던 58세의 폴은 성인기 전체를 통해 꾸준히 성장하여 발전해 온 반면 지니와 데레사는 그렇지 않았다. 그들에게 가장 괄목할 만한 성장은 뒤늦게 찾아왔다.

그들의 이야기를 들으면서 우리는 2차 성장에서 중요한 역할을 담당하는 원칙들을 발견했다. 특히 진지한 성찰과 과감한 실행을 〈통합〉하는 과정이 어떤 식으로 시작되었는지 알 수 있었다. 이 원칙은 다른 중요한 역설적 원칙들에 주의를 기울이고 몇 가지 핵심적인 주제들을 새롭고 활기찬 생활 양식으로 통합하도록 그들을 이끌었다. 그들의 인생은 시간이 흐를수록 훨씬 복잡해지는 방향으로 진화하고 있다. 사회적 통념이 쇠퇴를 예견할 때 그들은 새로운 성장을 경험하면서, 남들이 어쩔 수 없다고 말하는 나이 듦의 과정이 마음먹기에 따라 얼마든지 달라질 수 있음을 우리에게 보여준다.

내 조사에 응한 사람들이 털어놓은 인생담은 훌륭하기도 하지만 동시에 부러움을 살 만한 것이기도 하다. 제3의 연령기를 통과하는 길은 여러 갈래지만, 그들은 우리가 2차 성장을 통해 삶의 변화를 선택할 수 있음을 보여주고 있다. 폴, 린 교수, 지니, 데레사와 같은 다양한 계층의 사람들을 통해 우리는 성인기의 중간 단계가 새로운 가능성을 향해 활짝 열려 있음을 본다. 중년기에 접어드는 우리에게 주사위는 이미 던져진 것이 아니다. 우리는 자신의 미래를 바꿀 수 있고 삶을 쇄신할 수 있다. 주사위는 이제 던져야 하는 것이다.

우리가 새로운 성장이라는 두 번째 곡선으로 접어들면서 우리의 삶은 더 풍요롭고 성숙한 방향으로 확대될 것이다. 이러한 삶의 풍요로움은 20대나 30대에는 얻을 수 없는 것이다. 무르익은 성숙함은 그보다 늦게 온다. 이 책에 등장하는 사람들이 마흔다섯에, 쉰에, 예순에, 심지어 일흔 살에 이룩한 쇄신은 우리 각자에게 숨어 있는 잠재 능력과 그것을 계발하는 방법까지 한꺼번에 제시해 준다. 따라서 2차 성장의 원칙에서 출발하는 당신은 다음과 같은 것들을 이룰 수 있다.

- 당신이 선 위치에서 몇 걸음 뒤로 물러서서 자신의 삶을 회고하고 의문을 제기할 수 있다.
- 당신의 창조적 잠재력에 귀를 기울이고 자신이 앞으로 살고 싶은 인생을 상상하거나 그려볼 수 있다.
- 당신의 가치관을 분명하게 정립하고, 인생의 후반기가 갖는 의미와 목적이 무엇인지 진지하게 생각해 본다.
- 자신을 속박하는 문화적 규범을 깨뜨리고 낡은 각본을 비판한다.
- 당신에게 적합한 도전을 찾아보고 당신의 기대를 명확히 한다.
- 용기를 내어 실행에 옮긴다.
- 현재의 당신과, 미래에 당신이 되고 싶어 하는 모습을 동시에 바라보는 데서 오는 창의적 긴장감을 받아들인다.
- 당신이 선택한 도전 과제를 효과적으로 수행하는 데 필요한 능력을 계발한다.
- 당신이 원하는 결과를 위해 헌신한다.

**마흔 이후,
인생의 2차 성장을 위한
여섯 번째 원칙**

〈자신만의 자유〉와
〈타인과의 친밀한 관계〉의 조화

―――

중년에게 자유란,
마음 깊이 믿는 대로 행동하도록 스스로 허락해 주는 것을 의미한다.
동시에 서로에게 혼자만의 자유를 허락해 줘야 한다.

〈중년의 해방〉과 〈중년의 위기〉의 혼동

대중매체는 중년의 해방을 중년의 위기와 혼동해서 유포해 버렸다. 해방은 열다섯 살이나 스물다섯 살에도 중요하지만 중년에도 똑같이 중요하다. 의미 있는 중년의 성장에는 해방과 자유의 신장이 수반되어야 한다.

해방은 20세기를 규정하는 힘이었다. 새로운 형태의 자유들이 곳곳에서 터져 나왔다. 각 나라에서, 문화에서, 관습에서, 사상에서, 예술에서, 유행에서, 일에서, 가정에서, 성별에서, 세대에서, 생활 양식에서 그리고 삶의 단계에 있어서도 사정은 같았다. 여기에 제3의 연령기는 또 하나의 〈개인적 해방〉을 위한 무대를 마련하고 있으며, 그것은 곤혹스러울 만큼 사람을 들뜨게 만들 수도 있다. 제3연령기에 맞는 이 새로운 자유는 선택 가능한 새로운 대안들을 우리에게 제시하지만 동시에 두려움과 저항을 불러일으킬 수도 있다. 그것은 현재의 상태를 교란시키고 불안한 질문들을 제기하는 한편, 동시에 놀라운 발견으로 우리를 이끌기도 한다. 해방은 언제나 사고의 전환을 요구한다. 우리 인생의 중년기에 이 〈새로운 자유〉는 과연 무엇을 위한 것인가? 무엇으로부터 자유로워지겠다는 것인가? 어디로 가려는 것인가? 무엇을, 어떤 결과를 얻기 위해서인가?

중년기에 고개를 드는 자유는 지금까지 언론의 호의적인 조명을 받지 못했다. 대중매체는 〈중년의 자유〉를 〈중년의 위기〉와 혼동하게 만드는 잘못된 생각을 유포시키는 데 기여해 왔다. 우리는 40대가 된다는 것, 혹은 50대로 접어든다는 것이 죽음에 대한 공포와 내면의 혼란을 일으키고, 결국 이로 인해 어쩔 수 없이 위기가 찾아와 행동의 변화로 이어진다는 말을 종종 들어야 했다. 중년의 위기는 억압된 감정의 분출이라는 면에서 사춘기의 방황을 능가할 수 있다. 중년의 위기는 짐작컨대 〈겨울은 춥다〉는 사실만큼이나 흔해빠진 얘기가 되어버렸다. 사실, 그것은 갱년기 우울증이나 권태기 같은 결혼에 대한 속설과 더불어 중년에 대한 통념 가운데 하나다. 하지만 이제 우리는 이 통념에서 신화적 성격을 제거할 필요가 있다. 일부는 중년의 위기를 겪지만 대부분은 그렇지 않다. 위기는 중년에만 찾아오는 것이 아니라, 나이와 상관없이 갖가지 이유로 올 수 있다.

나는 중년의 해방을 중년의 위기와 혼동하는 것이 우리를 잘못된 방향으로 이끈다고 단언한다. 지금까지 잘못 전해지고 있는 사회적 통념 중 하나는 개인적 자유의 향상은 성실함이나 인간관계, 혹은 공동체를 희생한 대가로 얻어지는 것이라고 넌지시 암시한다. 그러나 내가 이 연구를 통해 성인들의 삶을 들여다보면서 그들의 경험에서 발견한 것은 그게 아니었다. 나는 그들의 삶에서 점점 깊어지는 타인과의 친밀한 유대감과 더불어 동시에 개인적 자유의 엄청난 신장을 보았다. 중년기 쇄신을 위한 이번 원칙은 아마도 〈자신만의 자유〉와 〈타인과의 친밀한 관계〉라는 이 상반되는 두 개념 속에서 〈균형〉을 맞추는 일이 될 것이다.

내 개인적 경험을 얘기하면 이번 도전 과제가 좀 더 명확해질 수 있을 것이다.

나는 종종 집 근처에 있는, 나무가 우거진 언덕으로 혼자 산책을 가곤 한다. 이 산책은 내게 자연을 벗하면서 지금 하고 있는 일에 대해 곰곰이 생각해 볼 기회를 준다. 어느 날 해질녘에 자전거를 타던 나는 머리 위의 태양을 비껴서 미끄러지듯 나아가는 커다란 비행기를 보았다. 나는 고개를 들고 눈으로 그 궤적을 좇다가 불쑥 치솟는 갈망을 느꼈다. 어딘가 먼 곳을 향해 가는 그 비행기의 은빛 동체에 밝은 황금빛 햇살이 부서지고 있었다. 나는 가슴이 마구 뛰면서 그 비행기를 따라 지금껏 한 번도 가보지 못한 그 어딘가를 가보고 싶었다. 내가 너무나 잘 알고 있고, 제한되어 있고, 그래서 예측 가능한 이곳을 떠나고 싶었다. 높이 나는 비행기는 자유를 상징했으며, 동시에 익숙한 테두리에서 벗어나는 것을 의미했다. 그것은 이미 알려진 한계를 넘어서라고, 다르게 살아보라고, 아직 계발되지 않은 잠재력과 가능성을 발견하라고 나를 새로운 방향으로 이끄는 듯했다. 나는 이렇게 소리치고 싶었다.

"나도 데려가 줘!"

그러나 나는 그날의 산책에서 황혼의 끝자락으로 재빠르게 멀어져 가는 비행기에 마음으로만 올라타고 환상 속의 여행만 했을 뿐이었다. 보다 많은 나만의 자유를 향한 갈망은 반성과 변화의 촉매가 되어 왔다.

그러나 다른 날 저녁에 산책을 하면서 나는 또 다른 갈망을 느꼈다. 길에서 한참 떨어진 곳에 자리 잡은 어느 집에서 새어나오는 불빛들이, 점점 짙어지는 차가운 어둠에다 대고 그 안에 사람들이 살고 있다고 말하고 있었다. 창문으로 새어나오는 반짝이는 불빛들을 바라보면서 나는 그 집 안의 온기를 상상했고 오순도순 모여 사는 그 집 사람들의 즐거움을 생각했다. 나는 그 집에 들어가서 그들과 대화하고, 고요한 침묵도 함께 나누면서, 동시에 그 집을 가득 채우면서 생기를 불어넣고 있는 일과 여가와 동지애를 함께 느껴보고 싶었다. 그것은 일전에 비행기를 보고 느꼈던 흡인력만큼이나 강렬한 것이었다. 알지도 못하는 사람들이 사는, 내 머릿속에서 이상화된 그 집에서 내가 느낀 매력은 타인과의 강한 유대감과 깊은 친밀감에 대한 욕구를 상징하는 것이었다. 더 큰 자유에 대한 갈망이 느닷없이 밀려왔던 것과 같이, 내게 중요한 의미를 지니는 사람들과 보다 가깝게 연결되고 싶다는 욕구가 내 마음속에서 점점 커져 가고 있었다. 타인과의 유대감에 대한 갈망 역시 하나의 촉매제가 되어 나에게 왔다.

집—비행기, 속박—자유, 뿌리 깊은—억제되지 않은, 익숙한 친밀감—신비한 미지의 세계. 이처럼 분명하게 상반되는 두 개의 의도 중 나는 어떤 것에 내적 에너지를 집중시켜야 하는가? 나는 어느 쪽을 따라야 하는가? 내가 한쪽에만 주의를 기울이면 어떻게 될까? 만일 내가 나만의 자유를 택하고 타인과의 친밀한 관계를 버려야 한다면 나는 고독을 추구하게 될 것이다. 비록 내가 보다 많은 자유를 그저 마음속으로만 꿈꾼다 해도 그로 인해 결혼 생활에는 때때로 긴장감이 감돌 것이고, 내가 너무나 편안하게 생각하는 사람과 나 사이에 거리를 두는 위험을 무릅써야 할 것이다. 하지만 만일 내가 나의 자유를 희생하고 그 대신 타인과의 친밀한 유대감에 더 애착을 가진다면 아마도 나의 내적 성장은 그 자리에서 멈춰버릴 것이다. 익숙한 사랑의 경계선이 또한 상대를 구속하는 담이 된다.

이 두 상이한 가치의 궤적을 파악하기란 매우 어렵다. 서로 멀리 떨어져 있는 은하계처럼, 그것들은 때로 서로를 밀어내고 있는 것처럼 보인다. 어떻게 하면 두 가지를 동시에 잡을 수 있을까? 해질녘의 산책에서 경험한 이 양자택일의 어려움은 2차 성장에 있어서 또 하나의 역설을 드러낸다. 그것은 어쩌면 가장 어렵고 혼란스럽고 위험하지만, 동시에 사람을 가장 들뜨게 하고 그 모든 성장 원칙들 중에서 가장 기품 있는 하나의 단계가 되기도 한다.

우리의 성장에 있어서 해방은 열다섯 살이나 스물다섯 살에도 중요하지만, 중년에도 노년에도 해방은 똑같이 중요하다. 의미 있는 성장에는 몇 가지 차원에서의 자유의 신장이 수반된다. 오만함으로부터의 자유, 무지로부터의 자유, 맹목적인 신념과 고정관념으로부터의 자유, 억압적인 구속과 사람을 무력하게 만드는 심리적 장벽으로부터의 자유, 무심한 습관, 진부한 약속, 그리고 좌절감을 안겨주는 복잡한 얽힘으로부터의 자유가 여기에 수반된다. 이렇게 얻어진 자유는 무언가를 하기 위한 〈흥분된 자유〉로 우리를 이끈다. 중년의 우리는 스스로를 속박하는 요소들로부터 자유로워질 수 있는 기회를 가지며, 그러한 해방을 통해서 새로운 아이디어를 발견하고, 잠재된 재능을 계발하며, 그릇된 점을 바로잡고, 자신의 흥미와 가치를 따르고, 새로운 상황을 마주하고, 새로운 사람들을 만나고, 새로운 목표를 추구하고, 독창성을 향상시키고, 타인들에게 뭔가 기여할 수 있게 된다.

  인생의 후반기에 우리가 갖는 타인과의 친밀한 유대는 그 어느 때보다, 특히 인생의 전반기에 비해 훨씬 더 중요해진다. 사랑이 없는 긴긴 후반생은 끔찍한 운명과도 같다. 하지만 사랑을 지키기 위해 자유를 포기할 필요는 없다. 50대 이후에 늘어난 개인의 자유는 타인과의 친밀한 유대감에 한층 깊이를 부여한다. 해방이라는 것이 어느 정도는 속박을 끊어내는 것과 관계되지만 그것이 오히려 더욱 풍요로운 관계로 향하는 길을 열어줄 수도 있다. 나는 중년의 결혼 생활과 우정에서 더 많은 자유와 새로운 유형의 친밀감을 보아왔다. 특히 이 원칙이 어떤 의미를 지니는지를 명확히 알 수 있게 해준 한 남자가 있었다.

자신만의 북소리를 따라가라

자유란 진정으로 자신이 원하는 것을 할 수 있도록,
우리가 마음 깊이 믿는 대로 행동하도록 〈스스로 허락해 주는 것〉을 의미한다.

"살면서 꼭 많은 사람들을 앞설 필요는 없어요."

우리가 만났을 때 켄은 50세의 직장인이었고 결혼을 해서 장성한 두 아이를 두었다. 그는 20년 넘게 대학 행정을 맡고 있었다. 키가 크고 조용한 성격의 켄은 사람들에 대한 알뜰한 배려심도 갖고 있었다. 나는 그의 동료들과 얘기를 나누면서 켄이 직장에서 사람들에게 인기도 있고 존경도 받는 관리자라는 것을 알 수 있었다. 그래서 처음 보았을 때 켄이 현재 자신의 위치에 매우 만족하고 있다는 느낌을 받았다. 그는 자신만의 자유를 옹호할 타입으로 보이지도 않았고, 그의 상황으로 미루어 굳이 그럴 필요도 없을 것 같았다. 하지만 인터뷰를 시작하면서 그가 꺼낸 말에 나는 다소 놀랐다.

"지난 5년간, 저는 제가 가질 수 있는 것 중 자유가 가장 중요하다는 사실을 깨달았어요. 제 자신과 세상에 대해 알아가는 것에 관심이 커질수록 자유가 중요해지더군요. 지금 저는 하고 싶은 일이 많아서 우선순위를 세우려고 노력 중입니다. 이제 와서 생각하니 예전에 충분한 관심을 기울이지 못하고 그냥 지나쳐버린 일들이 너무나 많아요."

자유라는 개념이 애매하기로 악명이 높아서 나는 자유에 대해 그가 가진 생각을 좀 더 충분히 들여다봄으로써 이해를 명확히 하고자 했다. 켄은 자유에 대한 그의 탐구가 지금껏 자신의 인생을 이끌어온 가치와 전제들에 어떻게 의문을 제기하게 했는지에 대한 설명으로 이야기를 시작했다.

다른 사람들도 대부분 그렇듯이 켄은 성공 여부를 규정하는 외적인 성취에 삶의 초점을 맞췄다. 그는 일에서나 기타 활동에 있어서나 누구에게든 뒤지지 않겠다는 생각으로 살아왔다. 그러나 나이가 들면서 자신에 대해 알아가는 동안, 이 지점에 오를 때까지 발전의 원동력이 되었던 목표와 가치에 대해 의문이 들기 시작했다. 그러면서 그는 좀 더 많은 생각을 하고 자신의 우선순위를 똑바로 세우면서 경쟁적인 인생관을 다시 생각해 보게 되었다.

켄의 자유가 가진 첫 번째 특징은 〈진지한 성찰〉과 닮아 있었다. 그의 해방은 자신과 세상에 대해 알아가는 과정에서 시작되었다. 그는 성공에 대한 전제라든가, 경쟁적인 삶의 양식이 갖는 가치 등 지금껏 자신이 당연하게 생각해 왔던 것들에 회의가 들면서 그에 대한 의문을 제기하는 것에서 출발했다. 그는 이런 문제 제기와 깨달음은 삶의 의미에 대한 총체적 탐구의 일환이었다고 말했다. 그의 철학적 사고는 그동안 자신이 설정한 인생의 우선순위에 대해 의문을 제기하게 했을 뿐만 아니라, 자신이 근무하는 직장과 지역 사회가 사회적 책임을 다하기 위해서는 어떻게 해야 하는지도 생각하게 만들었다.

"저는 우리의 이상이라는 것이 대체 무엇인가에 대해서 스스로 더 많은 질문을 하고 있습니다. 예를 들어 이런 것들이죠. 이 단체는 무엇을 위한 것이며 실제로 어떤 일을 해야 하는가? 우리는 자신의 사명에 충실한 것인가, 아니면 정치적 게임에 사로잡혀 있는가? 우리의 관심을 필요로 하는 자연 환경에 대해 우리는 무엇을 해야 할 것인가? 내 인생을 가지고 나는 지금 무엇을 하고 있어야 하는가?"

켄은 이상주의적 경향을 지녔으면서도 독립적인 생각을 하는 사람이라는 인상을 주었다. 나는 그가 처음부터 그런 사람이었는지 궁금했다. 하지만 그의 대답으로 그가 실은 최근에 꽤 급격한 태도 변화를 겪었음을 알 수 있었다.

"아닙니다. 처음엔 이상주의자가 아니라 현실주의자였어요. 제가 재능을 보이는 분야도 재무 관리 쪽이었거든요. 젊은 나이에 하나의 조직에 몸을 담게 되었으니 그렇게 되는 것이 당연했지만, 그것보다 저는 남들이 제게 기대하는 대로 살아왔습니다."

켄의 성찰은 인생 후반기에 자신이 하고 싶은 일이 무엇인지에 대해 진지하게 생각해 보도록 그를 이끌었다. 젊어서 선택한 직업은 여러 면에서 그에게 보람을 안겨주었다. 그러나 50대에 좀 더 많은 자유를 누리고 싶다는 그의 갈망은 중년의 위기나 실망감, 통제력의 상실 혹은 불행에서 생겨난 것이 아니었다. 오히려 그보다는 앞으로 50년간 자신이 가장 하고 싶은 일이 무엇인지에 대한 탐구에서 비롯된 것이다. 그때 나는 여러 가능성들을 시험적으로 탐색하면서 서로 조정하기 어려워 보이는 목표들을 향해 앞으로 나아가는 그를 보았다. 예를 들어, 보다 많은 자유는 때로는 책임으로부터 도망칠 수 있는 기회처럼 보였다. 하지만 그럴 때 그는 자유에 대한 욕망을 표현하면서 동시에 가족과 공동체에 관한 일들에 좀 더 관심을 기울이곤 했다.

켄의 해방은 자유에 대한 문화적인 저항을 보다 섬세하게 인식하는 것도 포함되었다. 그는 자신이 선택한 길에 방해가 될 수 있는 낯익은 압력들을 보다 명확히 인식하게 되었다. 예를 들어, 사회적인 역할과 현대의 물질적인 가치관은 외적인 목표를 향한 예측 가능한 길로 우리를 내몰 수 있다. 그러나 중년의 켄은 사회적 관습과 기호를 재점검하고 보다 독립적으로 우뚝 서서 내면으로 관심의 방향을 돌릴 필요성을 느꼈다. 이렇게 인식의 힘이 자라나면서 그는 예전에 자신이 추구했던 것들로부터 거리를 두기 시작했다. 그의 말을 들어보자.

"저는 사람들이 자기 자신을 드높이기 위해 열중하고 있는 어리석고 불필요한 것들로부터 자유로워지고 싶었습니다. 그런 것이 우리 인생에 어떤 의미가 있을까 하는 생각이 줄곧 머릿속에서 떠나질 않았습니다. 최신 모델의 자동차 같은 물질적인 것들이나 사회적 지위는 인생 자체만큼 중요하지는 않아요. 저희 세대에게는 무엇에서든 최고가 되기 위해 체계적으로 목표를 세우는 경향이 있습니다. 우리는 배지처럼 지위를 나타내주는 물건들을 수집하면서 다른 사람들에게 보여주기 위해 될 수 있는 대로 더 많이 끌어 모으려고 노력하죠. 이런 거 이제 제발 그만두었으면 좋겠어요. 꼭 많은 사람들을 앞설 필요는 없잖아요. 그보다는 제가 정말로 중요하다고 생각하는 일을 스스로 선택할 수 있을 정도의 자유와 독자성을 원합니다."

켄이 흠모하는 인물 중 한 명인 헨리 데이비드 소로가 한 번은 이런 말을 했다. 만약 어떤 사람이 동료들과 나란히 함께 걸어가지 않는다면, 그는 다른 북소리에 발을 맞추게 된다는 것이다. 켄은 자기 인생의 추진력들을 구분하게 하는 소로의 말에 감명을 받았다. 즉 "자유를 얻고 싶으면 당신 자신의 북소리를 따라가라!"

자기 책임을 다하는 것 vs. 자신만의 북소리에 맞춰 가는 것

미하이 칙센트미하이 교수는 행복의 추구는, 보다 자유롭게 자신의 경험을 형성해 가기 위해서 외적인 보답으로부터 거리를 둘 것을 요구한다고 말했다. 50대로 접어들면서 켄이 했던 일이 바로 그것이었다. 그는 자신이 현대 사회의 물질주의와 소비 지향주의, 신분의 상징들로부터 좀 더 자유로워졌음을 느꼈다. 통속적인 보답으로부터 거리를 둠으로써 그는 성공의 개념을 보다 적절히 정의했는데, 그것이 새로운 자기 정의의 중요한 요소가 되었다. 그는 또한 처신과 만족에 대해 자신만의 기준을 보다 명확히 설정하고, 특히 그것이 대중적인 흐름과 배치될 때는 더더욱 나름대로의 기준을 지키려고 노력하고 있다. 한 가지 차원에서 보면 자유란 우리가 진정으로 원하는 것을 할 수 있도록, 우리가 마음 깊이 믿는 대로 행동하도록 〈스스로 허락해 주는 것〉을 의미한다. 켄의 말대로, 그는 자신이 진정으로 중요하게 생각하는 활동들을 보다 정기적으로 선택할 수 있는 자유를 누리기 위해 노력하고 있다.

흔히 해방은 낡은 역할 모델뿐만 아니라 우리가 현재 가지고 있는 역할 모델에까지 의문을 제기할 것을 요구한다. 예를 들어서 켄은 자신의 아버지가 예전의 그 나이에 당신 자신을 바라보던 것과는 전혀 다른 시각으로 중년의 자신을 보게 되었다.

"제 아버지는 기회를 이용하실 줄 몰랐지만 저는 그렇지 않아요. 제 아버지는 은행에 돈을 넣어두지 않으면 지나치게 염려하셨죠. 뭐든 안전해야 마음을 놓으셨는데 그것이 늘 아버지의 발목을 잡았죠. 반면에 저는 어떤 일이 일어나야 한다면 모험을 감행하는 편이죠." 그가 말했다.

켄의 부친은 지극히 평범한 어른들이 갖는 염려를 상징적으로 보여주었다. 대개 사람은 나이를 먹어가면서 위험을 피하고 싶어 한다. 불확실성과 미지의 것에 대한 두려움은 쇄신의 기회를 박탈한다. 안전에 대한 집착은 강박관념으로 흐르기 쉽다. 위험을 최소화하고 안전한 쪽으로만 가려는 것은 자유와는 반대되는 개념이다. 안전이 긴장을 줄일 수는 있겠지만 스트레스가 전혀 없는 삶은 죽어서나 얻을 수 있는 것이다. 뭐든 안전한 것만 골라서 하려는 태도는 엄청난 대가를 요구한다. 심리학자인 제인 뢰빙거는 우리 대다수가 중요한 것을 배울 때 그것에 요구되는 불확실성을 외면하기 때문에 성장이 방해를 받는다고 주장했다. 자유로워지는 법을 배우고자 한다면 중요한 위험에 맞닥뜨렸을 때 우리가 만나게 되는 두려움을 피하지 말고 함께 안고 갈 수 있어야 한다. 보다 큰 개인적 자유의 추구는 불확실성을 받아들이고 두려움에 굴복하지 말 것을 요구한다.

지금까지 켄의 중년의 해방은 주로 심리적 측면에서 이루어져 왔는데 그러면서 그는 자신에 대해 더 많은 것을 알게 되었다. 또 자신이 우선시하는 가치들을 분명히 하는 일에 착수했고, 사회의 가치와 획일화된 행동에 대해 비판적 시각을 키웠으며, 성공을 바라보는 관점과 자신에 대해서도 재정의했다. 성장이 이루어지려면 정신의 자유가 행동이나 삶의 양식 속으로 녹아들어야 한다. 앞에서 보았듯, 우리가 다시 살펴보아야 할 가장 중요한 부분은 바로 일이다. 켄은 인생이 활짝 피어나는 50대에 일의 형식과 실체 양쪽 모두에서 중요한 변화를 이룸으로써 자신의 자유를 표현했다.

켄은 자신의 일에 대단한 자부심을 가지고 있었지만, 일과 그 일이 주는 구속으로부터 거리를 둘 필요가 있다는 마음의 요구가 점점 커져 갔다. 그가 중년기 쇄신을 경험하는 데 걸림돌이 되는 여러 측면들이 그에게 좌절감을 안겨주었다. 25년 동안 그는 일하러 가는 것을 고대했던 사람이었다. 그런데 중년이 되면서 〈일에서 자기 책임을 다하는 것〉과 〈자신의 북소리에 맞춰 나아가는 것〉 사이에서 갈팡질팡하는 자신을 느꼈다.

"때로는 상자에 갇힌 듯한 기분을 떨쳐버릴 수 있는 산이나 숲 같은 혼자만의 장소로 떠나고 싶다는 충동에 사로잡힙니다. 개인적으로는 황야 같은 데서 늪지에 앉아 있는 왜가리나, 가지를 아작아작 깨물고 있는 비버를 보는 걸 좋아해요. 저에게는 속박 없이 이런 일을 할 수 있는 자유가 가장 높은 차원의 성취에 해당하죠."

켄에게는 야외에 있다는 것이 자유를 상징했다.

"한 달을 애팔래치아 산맥에서 보낼 수 있다면 그게 바로 자유죠!"

하지만 그렇다고 해서 자유의 기분을 만끽하기 위해 직장에서의 책임을 벗어던지고 그냥 떠나버릴 수는 없다. 중년에 들어선 그는 정말로 중요한 과제는 일과 여가 사이에 〈균형〉을 맞추는 것임을 깨닫게 되었다. 그는 자연과 문명에 한 발씩 발을 담그고 조화롭게 살아가는 것에 대한 소로의 충고를 따름으로써 생활 양식에 보다 많은 자유를 불어넣으려고 노력하고 있다.

현대의 중년에게 삶의 조화를 이룬다는 것은, 자연에 담그고 있는 발에 좀 더 무게를 싣고 여가 활동에 보다 많은 시간을 할애할 것을 요구한다. 자신의 가치관과 흥미를 명확히 하고 일을 재정의하며, 야외에서 하는 활동의 범위를 확대하면서 켄은 더 자유로운 사람이 되었다.

무엇으로부터의 자유, 무엇을 할 자유, 그리고 함께하는 자유

자유를 신장하는 문제에 대한 켄의 이야기를 처음 들었을 때 나는 마음이 편치 않았다. 현대 사회의 지나친 개인주의에 대한 조사 보고는 우리 모두 익히 알고 있는 바가 아니던가. 우리 시대는 자기 중심적인 개인들이 자기 일에만 열중하고 있는 〈나 세대Me-generation〉라고 기술되어 왔다. 그러므로 종종 보다 큰 자유에 대한 추구는 이기적인 욕심으로 보일 수도 있다. 하지만 켄이 원하는 자유는 이기심에서 비롯된 것이 아니며, 우리가 2차 성장에서 추구하는 자유도 그런 것과는 거리가 멀다는 것을 나는 깨달았다.

켄의 자유의 추구는 자기 자신의 성장과 함께, 보다 책임 있는 사회적 활동, 그리고 더 깊은 차원에서 〈나눔〉이라는 목표를 향해 나아가도록 그를 이끌었다. 자유란 결과와 상관없이 무엇이든 당신이 원하는 대로 하는 것이 아니다. 궁극적으로 더 큰 자유에 대한 켄의 추구는 그를 둘러싼 세계와의 관계 속에서 자신만의 독특한 의미를 찾으려는 시도의 일환이었다. 자유에 대한 그의 시각이 발전을 거듭하면서 그는 의미 있는 삶이란 가족들, 친구들, 지역 공동체, 그리고 자연과의 의미 있는 관계를 아우르는 것임을 이해하게 되었다. 나는 그가 걸어온 개인적 해방의 노정을 따라가면서 더 큰 자유가 더 강한 유대감에 이르게 되는 이 역설을 더욱 명확히 보았다. 〈무엇으로부터의 자유〉와 〈무엇을 할 자유〉가 〈함께하는 자유〉라는 더 높은 단계에 이를 수 있는 것이다.

자유의 이중적인 면, 즉 무엇을 할 자유와 누구와 함께할 자유는 내가 켄과 처음 인터뷰를 한 지 몇 년이 지나자 더욱 확실해졌다. 내가 50대의 그와 이야기를 나누었을 때, 자유는 여전히 그에게 높은 우선순위를 차지하고 있었다. 그 당시 그는 퇴직을 고려 중이었다. 하지만 그는 자신에게 퇴직은 일을 그만두는 것을 의미하지는 않는다고 말했다. 현재의 일에서 놓여나게 되면 타인들과의 활동에 좀 더 체계적으로 시간과 노력을 바칠 수 있게 될 것이다. 그는 이 것이야말로 자신이 진정으로 원하는 일임을 깨달은 터였다. 사실 그는 이 길에 이미 들어선 것이었고, 자신의 열정과 보다 확대된 일의 포트폴리오를 통합하는 방법을 벌써 터득하기 시작한 것이다.

나는 보다 많은 자유에 대한 자신의 욕망을 지역 사회와 환경 운동에 대한 활동과 연결하면서 그가 보여준 독창성에 감명을 받았다. 비록 그것이 회사에서 관리자로 일하는 그의 의무에 속하는 것은 아니었지만, 그는 다양한 외부 활동을 통해 학생들과 친밀한 유대 관계를 형성해 나가기 시작했다. 그는 학생들을 위해 야외에서 진행되는 환경 오리엔테이션을 기획했고 자연 보호에 관한 과목을 개설하도록 자신이 사는 지역 내 학교를 설득했다. 그는 자신이 맡은 새로운 일로 자연과의 유대가 더욱 강화되었고 자연에 대해 배우는 시간도 더 늘었다. 비록 그는 지금도 가끔 혼자서 자연과 벗하는 것을 즐기지만 보통은 친구들이나 학생들과 함께 생태 여행을 떠난다. 얼마 전 봄방학 때는 학생들, 교직원들과 함께 자전거 생태 여행을 떠나기도 했다. 몇 년 전에 그는 지역의 공공용지를 그가 어린 시절에 보았던 가정 채소밭처럼 계발하는 계획을 추진했다. 그의 도시 채소밭 계획안은 야외에 나와 자연을 즐기고 환경을 보존하며 소도시의 지속 가능한 발전을 도모하는 일에 지역민들을 하나로 묶어주었다. 50대에 그는 자연에서 만끽할 수 있는 자유와, 환경을 보호하고 회복하는 데 목적을 둔 공공 봉사를 결합하는 것으로 자신의 꿈을 추구해 나갔다. 그의 개인적 자유가 신장되면서 일의 범위는 엄청나게 확대되었고 여가 활동도 늘어났으며 그의 삶 자체도 풍요로워졌다. 뿐만 아니라 새로운 형태의 봉사 활동을 생각해내면서 자연을 즐기고 보호하는 성과도 거둘 수 있었다.

서로에게 혼자만의 자유 허락해 주기

그의 중년의 해방이 사람과 사람의 관계에 어떤 영향을 미쳤는지는 그의 아내 발레리와 그들의 오랜 결혼 생활에 대한 이야기를 통해 더욱 명백해졌다. 성인이 된 두 자녀가 집을 떠나자 켄과 발레리는 시간 여유가 많아지게 되었다. 그녀와 켄은 배움에 대한 열정이나 야외 활동을 즐긴다는 점에서 공통점이 있었다. 하지만 두 사람은 여러 활동을 함께하는 가운데서도 따로 각자의 취미 생활을 가지고 있었다. 가정에서 새로이 주어진 자유는 자칫 두 사람을 소원해지게 만들었을 수도 있었다. 하지만 켄과 발레리는 그들 각자의 개인적 성장이 실제로 두 사람의 관계 향상에 도움이 된다는 사실을 깨달았다.

"아내와 저는 사이가 좋은 편이에요. 서로에게 혼자만의 공간을 허락해 주는 방법을 터득했거든요. 서로의 자유를 인정하기 때문에 저희 관계가 날로 좋아지는 것 같습니다. 아내가 일을 처리하는 방식은 제 방식과는 달라요. 저희는 서로에게 배울 점이 많고 지금도 계속 배우고 있습니다. 그리고 각자의 자유를 보장해 주는 것이 필수적이라는 것을 잘 알지요. 그래야 서로가 성장할 수 있기 때문이죠. 그게 중요하잖아요."

켄은 자신의 결혼 생활에 대해 얘기하면서 삶의 핵심적인 원칙을 지적하고 있었다. 그는 스스로 더 자유로워졌다고 느끼면서도 아내와 가족, 친구들, 그리고 지역 공동체와 그 어느 때보다 가까워진 기분이었다. 그는 자신의 성장을 방해하는 통념이나 이미지, 사회적 고정관념으로부터 자유로워지면서, 자신의 새로운 자유가 자신에게 소중한 타인들에게서 멀어지는 것이 아니라 오히려 그들을 향해 다가가야 한다는 의미임을 깨달았다. 사랑에서 생겨나는 자유 속에서 켄은 타인들과 더욱 친밀하게 어울릴 수 있는 힘을 발견한다. 자신만의 자유와 타인과의 친밀한 관계 사이의 균형의 원칙은 창조적인 긴장감과 기쁨, 그리고 도전 정신의 원천이 된다. 중년의 해방이, 내가 살펴본 바로는, 다음에 나오는 결혼과 우정의 새로운 패턴까지 만들어 내고 있는 것이다.

마흔 이후, 새로운 유형의 결혼 생활

결혼 초기에는 〈우리〉라는 개념 밖에 없었다면,
중년의 결혼 생활에는 〈우리 두 사람〉이라는 개념이 들어서야 한다.

사실 이러한 긴장감은 전적으로 새로운 것은 아니다. 가정 문제 전문가인 앨린느 스콜닉은 자신만의 자유 추구와 타인과의 유대감 사이의 긴장 상태를 해결하려고 노력하는 것은 역사의 핵심 주제라고 주장했다. 그 문제는 요즘 들어 더욱 심각해지고 있고, 특히 현대 가정 생활에서 그 긴장감은 더 심화되고 있다. 오늘날 많은 사람들은 이 극적인 주제가 자신들의 결혼 생활에서 매일같이 부딪히는 현실적인 문제임을 발견한다.

〈사랑과 자유〉 사이의 유익한 긴장감을 인지하게 되면 결혼 생활에 대한 인식에 변화가 온다. 『이상적인 결혼』의 공동 저자인 주디스 윌러스테인에 의하면, 개인적 해방과 친밀한 유대감의 균형을 통해 최근 결혼 생활의 새로운 유형이 등장하고 있는데, 이것을 그녀는 〈친구 같은 결혼companionate marriage〉이라고 부른다. 이런 유형은 자녀들이 모두 집을 떠난 이후의 중년 부부에게 특별한 의미를 갖는다. 그녀는 이 시기에는 아이들을 낳아 키우는 것으로 규정되는, 결혼의 전통적 의미는 놓아버릴 필요가 있다고 주장한다. 이 때가 되면 우리는 배우자의 요구와 결혼의 요구에 초점을 맞추는 쪽으로 결혼 생활을 재정의할 수 있다는 것이다.

프란체스카 캔시언은 변화하는 애정의 유형을 조사하는 과정에서 새로운 형태의 결혼이 함께 생겨나고 있음을 발견했다. 그녀는 이것을 〈상호의존적인 결혼interdependent marriage〉이라고 부른다. 이러한 결혼에서 강조하는 것은 관계의 모든 중요한 국면에서 고루 나타나는 〈동등함〉이다. 그리고 이 동등함은 자기 계발과 타인과의 친밀감을 쌓아가는 일 양쪽 모두에 대한 헌신과 균형을 이루어야 한다. 이런 유형의 결혼은 갑자기 등장한 것이 아니다. 그것은 오랜 세월에 걸쳐 무르익어 왔으며 용기, 인내, 겸손, 용서, 애매함에 대한 관용 등 많은 덕목을 요구한다. 자신의 저서 『친밀한 배우자』에서 매기 스카프는 좋은 결혼이란 "자율성과 친밀감이 각 배우자의 개성과 두 사람이 함께하는 관계의 통합된 양상으로 나타날 때 비로소 이상적인 단계에 도달한다."고 말하고 있다.

나는 2차 성장을 보여주고 있는 사람들의 삶에서 이런 상호의존적인 결혼의 모습을 발견했다. 의존성과 독립성의 전통적 불균형은 이제 결혼의 친밀한 상호의존으로 대체되고 있다. 중년에 이르러 배우자에게 집중하는 결혼 생활은 보다 조화롭고 균형적이며, 앞으로 이어져 나갈 변화에 대해서도 훨씬 개방적인 자세를 갖게 해준다. 한 남자가 자신과 아내가 최근에 경험하고 있는 변화를 설명하면서 그 변화가 어떻게 시작되었는지 말해 주었다.

"우리가 처음 결혼했을 때는 그저 〈우리〉밖에 없었습니다. 20년이 지나자 비로소 〈우리 두 사람〉이라는 개념으로 관계를 이해하게 되더군요. 저도 전에 비해 집안일을 훨씬 많이 하는 편이고, 아내도 예전에는 제 몫으로 여겼던 책임을 기꺼이 떠맡기도 합니다. 우리 부부에게 새로운 것이 있다면, 그것은 서로의 독립성을 좀 더 강조하게 된 것입니다. 우리는 변화하고 있고, 서로의 차이를 존중하고 이를 지지해 주는 방법을 배우고 있습니다."

자녀들이 둥지를 떠나기 시작하면서 그와 그의 아내는 켄과 발레리가 걸었던 길과 비슷한 길에 서 있는 것처럼 보였다. 그들은 두 사람의 유대가 끊어지지 않는 한도 내에서 자유와 상호의존이 함께하는 결혼 생활을 만들어 가려고 노력했다. 그는 이 같은 변화 과정이 이전의 전제와 합의 사항들에 혼란을 가져올 수 있다는 것을 알 만큼 현실적이었고, 그래서 결혼 생활을 새로 만들어 가는 데는 꽤 많은 세월이 걸릴 거라는 사실도 충분히 인식하고 있었다.

마흔 이후 결혼 생활의 세 가지 특징
삶의 모습은 모두 다르지만, 2차 성장을 보여주고 있는 사람들 사이의 상호의존적인 결혼 생활에는 다음과 같은 세 가지 특징적인 모습이 나타나는 듯하다.

첫째, 그 부부들은 서로에게 전념하고 있고 그 관계를 소중히 여긴다는 점이다. 부부 두 사람을 함께 만나보면 그들에게서 자유롭고 편안한 분위기가 느껴지곤 했다. 두 사람 사이에 공통의 장을 만들어 가는 것에 그들은 최우선순위를 둔다. 또한 서로를 진정으로 편안하게 여긴다. 그들은 두 사람의 결합을 발전시키고 즐기기 위한 방법을 찾는 일에 창의적이다. 또 자신들의 관계를 표현할 수 있는 방향으로 가정을 설계했다. 몇몇은 결혼 서약을 새롭게 하거나 축제처럼 즐거운 결혼 기념일을 보냈고, 자신들의 일체감을 지지할 수 있게 생활 양식을 바꾸었다. 그들 대부분이 시간적 여유가 나면 둘이 함께 있는 시간을 즐기고 여가 활동도 함께한다. 그들이 우선순위를 두는 것은 여유 시간을 둘이 함께 보내는 것이다.

둘째, 부부간의 일체감을 소중히 여기면서도 서로에게서 독립적이고 각자의 개성을 존중한다는 것이다. 그들은 자유와 애착이라는 경쟁적인 두 개념에 신경을 쓰며 상대를 꼭 이기려는 마음도 별로 없다. 그들은 각자의 차이를 인식하고 존중하며 서로의 개인적 성장을 지지한다. 켄이 말했듯이, 그들은 "서로의 자유를 긍정한다." 그들은 서로 함께할 수 있는 특별한 시간을 계획하기도 하지만, 많은 이들이 혼자서도 혹은 자기 친구들과 여행을 떠나거나 휴가를 즐기기도 한다. 대다수가 배우자와 별개로 혼자서 즐기는 특별한 취미가 있고 정성을 쏟는 활동이 있었다. 몇몇 사람들의 경우에는 개인적인 목표가 부부 사이에 불화를 만들어 내기도 하는데, 이것은 두 사람이 함께 인식하고 치유해 나가야 할 일임을 깨닫기도 한다. 그들은 또한 독립성이 향상되는 도중에도 상호의존의 강력한 유대를 형성하기 위해 다시금 배우자에게 돌아오기도 한다.

셋째, 결혼 생활을 일궈나감에 있어 그들은 개방적이고 진심이 담긴 의사소통의 기본을 유지한다. 그들 대부분이, 이해하는 마음으로 자기 이야기를 들어주고 자신이 흥미를 느끼는 것에 대해 격려를 아끼지 않는 배우자가 자신의 가장 좋은 친구라고 말한다. 그들의 의사소통 방식은 대개 어떤 문제에 대해 충분히 이야기를 나누면서 결론을 도출해 가는 형식의 대화이다. 그들은 논쟁을 두려워하지 않으며 때로는 개인적인 혹은 공동의 책임을 명확히 하고 이를 새로이 규정하기 위해 논쟁을 한다. 중년이 되어서야 예전보다 훨씬 깊은 대화를 나누는 법을 아내와 함께 배워가고 있노라고 말한 남자들도 있었다. 감정의 저수지를 막고 있던 마개를 뽑으면서 그들은 함께하는 삶에 대해 다시 생각하고 잘못된 것들을 뜯어고쳤다. 그들은 생각하고 있는 것뿐만 아니라 마음에 담고 있는 것까지 공유했다. 또한 용기를 내어 감정적 솔직함을 추구하는데, 이것이 때로 부부 사이에 긴장감을 유발할 수도 있지만 결국은 더 큰 신뢰로 그들을 이끈다. 함께하는 그들 사이에서 천상의 바람이 춤을 추고 있다.

"우리 부부의 이런 관계가 절대 하루아침에 이루어진 건 아니에요."
결혼한 지 거의 30년이 된 또 다른 부부는 지난 20년 동안 새로운 결혼 생활의 유형을 만들어 가는 데 창조성을 발휘했다. 내가 처음 제이콥을 인터뷰했을 때 그는 막 오십을 넘긴 나이였다. 그와 그의 아내 루스는 학창 시절에 만난 사이였다. 졸업 후 그들은 결혼을 했고 제이콥은 아내와 의논한 끝에 교직으로 진출하기로 했다. 루스는 전통적인 아내의 역할을 다하면서 집에서 두 아이를 키워냈다.

제이콥의 말에 따르면 그들은 행복하게 살았다.

"살아오면서 좋은 일들도 많았고 힘든 일도 많았습니다. 제 존재에 대해 생각해 보기 시작한 것은 제 나이 마흔으로 접어든 후였습니다. 사십대 중반에 이르러서야 제가 바람직하다고 여겨왔던 사람이 되기 위해 나선 거죠.

그때가 제겐 창조성을 마음껏 펼칠 수 있는 시기였어요. 저는 성격도 함께 계발하기 시작했습니다. 원래는 수줍음이 많은 성격이었는데 이젠 친목 모임도 제법 즐길 수 있게 되었죠. 유머 감각도 발전했고 대화의 기술도 많이 늘었습니다. 그렇게 되니까 사람들과 사귀는 게 좀 더 쉬워지더라고요."

이맘 때 제이콥과 루스의 결혼 생활에도 변화가 찾아오기 시작했다. 아이들이 모두 상급 학교로 진학하자 루스는 바깥일을 갖기 시작했다. 가정에서의 상황이 바뀌자 그들은 결혼 생활의 의무와 역할을 재조정할 수밖에 없었다. 아이들을 키울 때의 전통적인 역할이 이제 그들 부부에게는 적합하지 않았다. 사정이 이렇게 되면 결혼 생활이 심각한 시험대에 놓이게 된다. 제이콥과 루스는 보다 동등하고 조화로운 관계를 확립하기 위해 그들이 불가피하게 거쳐야 하는 위기 단계로 접어들었다. 꽤 많은 대화를 하고 심사숙고한 결과 제이콥은 주부의 역할을 떠맡았다. 그러기 위해서는 그가 성별 교차뿐 아니라 직업인으로서의 자신의 역할에 대해서도 비판적인 관점에서 다시 생각해 볼 필요가 있었다. 사람들은 일반적으로 집안 청소를 하고 장보기를 하고 식사 준비를 하는 중년 직장 남자의 모습을 쉽게 상상하지 못한다. 그와 루스는 한때 전적으로 아내의 몫이었던 일들을 서로 분담하게 되었다.

무엇이 제이콥의 변화를 가져온 것일까? 그는 자신들의 결혼 생활이 더 발전하려면 무엇이 필요한지에 대해 예리한 통찰력을 지닌 아내의 영향이 컸다고 말했다. 삶이 점점 더 복잡해지는 가운데 그들은 자신들의 역할에 대해 다시 생각해 본 후, 부부간의 평등한 관계를 창조해야 한다는 것을 깨달았다. 루스와 제이콥은 남녀의 역할에 대한 고정관념을 비판적으로 검토해 보고 이를 극복할 마음의 자세가 되어 있었다. 그들은 자신들의 관계에 지금까지와는 다른 패턴을 만들어 나가는 일에 자유롭게 몰입했다.

변화하고 있는 그들의 결혼 생활이 이번에는 제이콥의 개인적 성장에 중요한 역할을 했다. 제이콥과 루스가 보다 조화로운 부부 관계를 형성하면서 제이콥은, 자신의 내면에 마땅히 관심을 기울여야 했는데 그러지 못했던 성격적 특성이 있음을 알아차리게 되었다. 앞서 말한 바와 같이 이 조사에 응한 사람들은 중년에 자신의 숨은 잠재력을 발견하게 되는 경우가 많았다.

2차 성장에 중추적인 역할을 하는 우리 내면의 어떤 기질, 특히 상호의존적인 관계의 관점에서 보면 그것은 〈감성 지능〉이다. 이는 감정을 인지하는 능력을 말하는데, 이 감성 지능 덕분에 감정들이 긍정적인 요소가 되며 우리가 타인들과 진심으로 교류할 수 있게 된다. 이 책에서 소개한 대다수의 사람들처럼 제이콥 또한 감정적으로 더 풍부해지고 현명해지기 위해 노력하고 있는데 보다 친밀하고 솔직한 아내와의 관계가 그것을 용이하게 해주었다. 시골의 작은 고등학교 교장으로 몇 년을 근무한 그는 자신의 성격에 숨겨진 일면이 있음을 깨닫게 되었는데, 그것은 학자가 되고 싶다는 꿈이었다. 그는 이 꿈을 좇기 위해서는 자신이 좀 더 자유로워질 필요가 있다는 것을 깨달았다. 다행히 그들 부부의 결혼 생활은 그의 보다 큰 자유에 대한 추구와 성장에 뒷받침이 되어주었다. 제이콥은 교장직을 사임하고 독립적으로 학문을 연구하는 학자가 되었다.

제이콥은 그의 결혼 생활이 어떻게 그를 해방시키고 변화시켰는지 내게 설명했다. 루스의 나이가 예순이 되었을 때 제이콥이 이렇게 말했다.

"저한테 루스는 여전히 열여덟 살 소녀예요. 이 긴긴 세월 동안 그녀는 제 동반자 이상의 역할을 했습니다."

루스는 일과 결혼 생활에서 제이콥의 동반자였을 뿐 아니라, 친밀한 관계의 지속적인 발전을 위해 꼭 필요한 자질이 무엇인지에 대한 그의 이해를 드높이는 데 도움을 준 스승이기도 했다. 그녀는 제이콥에 비해 그런 관계의 역학을 훨씬 깊이 이해하고 있었다.

"루스는 우리의 관계를 분석하는 데 대단한 재주가 있었고 그래서 그 부분에서 저를 많이 이끌어 주었습니다. 지난 10년간 우리 관계에 무엇이 필요한지에 대해 제가 많이 이해하게 되었어요. 그 결과 저희 부부는 더 가까워졌고 특히 지난 5년 동안 사이가 점점 더 좋아지고 있습니다. 직장을 그만두고 나니 둘이 함께 보낼 수 있는 시간이 늘었고 지금은 함께 일을 합니다. 진정한 동반자 관계를 만들어 나가는 중이라고 할까요. 함께 일하고 함께 여행도 가고 한 집에서 함께 살기까지 하니 말입니다. 하지만 이런 관계가 절대 하루아침에 쉽게 이루어진 것은 아닙니다. 두 사람 모두 만족할 수 있는 관계를 만들어 가는 방법에 대해서 제가 아내에게 끊임없이 배웠으니까요."

제이콥은 자신의 최근 성장이 자신을 새로운 전성기로 안내하고 있고, 동시에 개인적 세계를 보다 다채롭게 만들어 주고 있다고 생각한다. 이 다채로운 세계에는 일도 포함되는데, 예전보다 훨씬 다양해진 일 때문에 각 지방을 여행하는 일도 훨씬 늘었다. 그와 루스는 보다 작은 집으로 옮겼지만 일과 여가를 겸한 여행을 가는 일이 잦아서 집을 비우는 날이 많다.

내가 제이콥의 생활 양식과 결혼 생활에 또 하나의 중요한 변화를 알아차린 것은 바로 이 부분에서였다. 나는 바쁜 생활에 어떻게 여가 활동을 하느냐고 그에게 물었다.

"정확히 여가가 무얼 의미하는지 모르겠어요. 제 아내는 제가 늘 일만 한다고 말할지도 모르죠. 저는 일에 있어서는 아주 체계적이고 계획적인 사람이어서 제가 일에 대해 생각하는 시간이 많은 건 사실이에요. 하지만 사실 저는 여가 활동까지 포함되도록 일의 개념을 확대하고 있어요. 저는 여가도 일의 범위에 포함시켜야 한다고 생각해요.

일 때문에 제가 집을 비우는 날도 더러 있지만 집에서나 여행을 하면서나 아내와 보내는 시간은 오히려 늘고 있어요. 저희 부부는 거의 매일 산책을 합니다. 아내와 보내는 시간이 제겐 노는 거예요. 저는 쇼핑도 즐기고 요리도 좋아합니다. 그런 일들도 아내와 함께 하죠. 아내와 함께하는 시간과 제가 즐기는 일을 결합하는 것이 제겐 곧 여가 활동이 되는 셈이죠."

재미있게 살면서 제2의 전성기를 구가하고 있는 이들 두 사람은 부유한 편은 아니다. 하지만 내가 인터뷰를 하면서 만나본 사람들과 공통점이 있다면 상호의존적인 결혼 생활을 통해 개인적인 성장, 그리고 두 사람이 함께하는 성장에 적극적이라는 점이다. 더 큰 개인의 자유와 타인과의 친밀감이라는 개념을 통합한 제이콥과 루스 부부는 그야말로 남부럽지 않은 40주년 결혼 기념일을 며칠 앞두고 있다.

우정은 사춘기만의 전유물이 아니다

"오십이 넘으면 새로 친구를 사귀기가 어려워요.
그저 가족들에게나 치대고 몇 안 되는 옛 친구들이나 만나면서 정을 나누는 거죠."

자신만의 자유와 타인에 대한 친밀감의 원칙은 가까운 친구 사이에서도 적용되는 것을 볼 수 있다. 오래전 고대 그리스 철학에서도 이 둘의 결합 관계가 언급된 바 있다. 아리스토텔레스는 청년이 갖는 행복에 대한 갈망을 얘기하면서, 자유를 고결하게 사용하는 것이 바람직한 우정으로 이어질 수 있으며 우정 없이는 행복도 상상할 수 없다고 말했다. 그러나 그 당시의 성별 불공평으로 인해 아리스토텔레스는 남편과 아내가 진정 좋은 친구가 될 수 있다는 사실을 고려하지 않았던 게 분명하다. 그에게 진정 바람직한 우정이란 남성들만의 특권이었다. 그러나 세월이 얼마나 많이 변했는가! 내가 인터뷰했던 대부분의 남자들이 가장 좋은 친구로 자신의 아내를 꼽았다.

나는 대다수의 남자들이 현재의 동성 친구들에게 〈친한〉, 혹은 〈최고의〉라는 표현을 사용하길 꺼리는 것을 보았다. 제이콥이 한 말은 그간 내가 만나보았던 많은 남자들의 경험을 그대로 반영하고 있다.

"가까운 동성 친구들과의 관계를 제대로 지켜오지 못한 것이 후회가 됩니다. 왜 이런 일이 빚어진 것인지는 잘 모르겠어요. 하지만 우정은, 제가 지금껏 살면서 그것을 발전시키기 위해 무엇을 할 수 있는지 많이 생각하는 분야 중 하나입니다."

어쩌면 현대 사회의 특성상, 남자들이 다른 남자와 친해지기 위해 마음을 열기가 어려울는지도 모른다. 어렸을 때부터 남자들은 경쟁을 즐기며, 지위를 얻기 위해 독립성을 주장한다. 데보라 태넌은 남자들이 의사소통을 할 때조차 여자들보다 더 경쟁적이라고 말한다. 남자들은 종종 자신들을 우월하게 보이게 해주는 정보를 제공하기 위해 대화를 하는 반면, 여자들은 교감을 향상시키기 위해 대화를 한다. 경쟁은 확실히 친밀감에 방해가 될 수 있다. 사람은 자신이 몹시 갈망하는 무엇인가를 가질 수도 있는 사람과 마음을 열고 허심탄회하게 대화하게 되지는 않는다. 사업이나 직업 이동성, 경쟁적 기질, 그리고 동성애에 대한 혐오는 혹시 그들이 고결한 친구 사이로 발전할 가능성이 있다 해도 성인 남자들 간의 오래 지속되는 우정에 불리하게 작용한다. 아마 제 아무리 아리스토텔레스라도 이것은 쉬운 일이 아니라고 생각했을 것이다.

그러나 2차 성장을 보여준 내 조사 대상자들 중 여성들은 모두 독신이든 미망인이든 혹은 결혼 생활을 하고 있든 간에, 아직도 계속되고 있는 그들의 해방과 우정 두 가지 모두 우선순위의 맨 위에 있다고 말했다. 대부분이 특히 친하게 지내는 한두 명의 친구를 가지고 있었다. 그들은 그냥 친구들과, 절친한 친구를 조심스럽게 구분했다. 가까운 친구 사이의 우정은 세월이 흐를수록 점점 더 깊어진다. 친밀감은 나눔과 신뢰라는 깊은 곳에서 솟아나며 이렇게 생긴 친밀감은 거꾸로 더 큰 자유를 만들어 낸다. 서로 가까운 친구들은 친밀한 교류의 순간에 자유로움을 느낀다. 여자들은 가까운 친구와 함께 있으면 마음이 느긋해지고 솔직해지고 있는 그대로의 자기 모습을 보여줄 수 있다고 종종 말한다. 친밀한 교감은 또한 최고 수준의 진실성에 기여한다. 친한 친구끼리는 흉금을 터놓고 못할 말이 없다고 여자들은 말한다.

내가 만나본 대상자들 중 미망인인 이렌느는 다른 여성들이 에둘러서 말했던 가까운 친구끼리의 우정에 대해 이렇게 설명했다.

"남편이 세상을 떠나고 나서 저는 친구들과 한층 가까워졌어요. 친한 친구들과 있으면 못할 얘기가 없잖아요. 딸린 식구들이 있고 직장 생활을 한다면 친구들을 만날 시간이 별로 없죠. 그러나 저는 일부러 시간을 내서라도 친구들과 멀어지지 말아야겠다고 느꼈고 그렇게 했어요. 제 가장 친한 친구의 남편이 지금 아파요. 우리는 이런저런 대화를 나누면서 서로를 진심으로 이해하죠. 그녀와는 정말 친해졌어요. 그녀는 이런 얘기를 저 말고 누구한테 할 수 있겠느냐고 해요. 저희는 마음속 이야기들을 오래도록 나눌 수 있는 시간을 가지려고 노력합니다. 제 생각에는 이것이 우정의 기본인 것 같아요."

이 여성들은 친한 친구들과 재미있고 가치 있는 시간을 보내기 위해 삶을 체계화한다. 직장과 가정일로 아무리 바빠도 그들은 시간을 내서 친구들을 만난다. 그래서 점심을 함께 먹거나 쇼핑을 함께하거나 영화관에 함께 가는 등 친한 친구와 단둘이 격식을 차리지 않아도 되는 편안한 시간을 갖고, 그것이 안 되면 하다못해 긴긴 전화 통화라도 한다. 기혼 여성이든 미혼 여성이든 친한 친구들과 함께 휴가를 떠난다. 가까운 친구들이 멀리 떨어져 살게 되면 일 년에 한 번씩 그들을 만나는 행사가 최우선순위에 놓인다. 낸시는 자신의 우정에 대해 이렇게 말했다.

"저한테는 정말 좋은 친구들과 함께 보내는 시간이 무엇보다 소중해요. 하늘이 두 쪽 나도 친구들 만날 시간은 빼놓죠. 때로는 휴가를 함께 가기도 합니다. 하지만 그것보다도 얼마 만에 한 번씩 정기적으로 만나서 얘기도 하고 쇼핑도 하고 운동도 함께하려고 노력해요. 제가 전보다 한결 성숙한 사람이 되어가고 있는 기분인데 여기엔 좋은 친구들이 큰 몫을 하고 있는 것 같아요. 내가 누군지 그들을 통해 알 수 있으니까요. 남에게 베푸는 것도 그 친구들을 통해 배우게 되고요. 그래서 친구가 좋다는 거 아니겠어요?"

친구들은 긍정적인 정체성을 형성하는 데도 매우 중요하다. 우리는 자신을 정의하면서, 긍정적인 정체성이란 개인적으로 얻는 것이기도 하지만 동시에 우리를 사랑하는 사람들로부터 받는 선물이기도 하다는 사실을 확신하게 될 것이다. 내가 만났던 바버라는 친한 친구에게 갖고 있는 고마움에 대해 특히 힘주어 얘기했다.

"지난 10년 동안 저는 몇몇 친구들과 아주 많이 가까워졌어요. 저는 늘 독립심을 가지라고, 적당한 거리를 지키라고 교육받으며 자랐죠. 하지만 이젠 그렇게 살지 않기로 했어요. 비록 어떤 면에서는 그 어느 때보다 독립적인 사람이 되었지만 말이에요. 제 인생의 가장 큰 변화라면 제가 솔직해졌다는 거예요. 저는 친구들에게 있는 그대로의 모습을 다 보여주거든요. 친한 친구들과 있으면 굳이 감추고 싶다는 생각이 안 들어요. 두려움, 분노, 연민, 장난스러움 등 제 가슴 깊은 곳의 감정을 굳이 숨길 필요를 못 느껴요. 전에는 저를 그런 식으로 다 드러낸다는 건 상상도 못했어요. 하지만 이제는 친구들 덕분에 성숙해진 거죠."

바버라를 비롯한 여자들이 우정에 대해 말할 때는 그들의 마음 속에 친구들에 대한 고마움이 가득하다는 것을 느낌으로 알 수 있다. 그들은 친한 친구들과 나누는 웃음과 수다에 대해서도 얘기를 했다. 친구들에게서 느끼는 친밀감은 그들을 자유롭게 했고 새로운 성장을 향해 나아가게 했다.

만일 바람직한 우정을 쌓아간다는 것이 중년의 쇄신에 중요하다면, 나이 오십이 되어도 가까운 친구들을 갖지 못한 우리는 황폐하게 살아갈 운명인 것일까? 친구들이 세상을 뜨거나 멀리 이사를 가버려서 우정을 나눈다는 것이 불가능하거나 적어도 어렵다면 어떻게 할 것인가? 기업의 임원을 지내고 은퇴한 한 남자가 내게 이렇게 말했다.

"오십이 넘으면 새로 친구를 사귀기가 어려워요. 그저 가족들에게나 치대고 몇 안 되는 옛 친구들이나 만나면서 정을 나누고 그러는 거죠."

그의 말이 옳다면 우리는 친밀한 우정을 잃어버린 채 제3의 연령기를 맞이할는지도 모른다.

하지만 내가 인터뷰를 했던 여성들 중 거의 모두가 그의 견해를 반박했다. 그들은 성인이 되어 정말로 좋은 친구들을 사귀면서 느꼈던 놀라움과 기쁨에 대해 얘기했다. 이렌느가 세상에서 가장 친한 친구를 만난 것은 그녀의 나이 66세 때였다. 여성들은 나이가 50대든, 60대든, 심지어 70대에도 여전히 가까운 친구들과 우정을 키워가고 있으며, 이 조사를 통해 만나본 몇몇 남자들 말마따나 나는 남자들이 친구들과의 깊은 유대관계나 친밀감을 쌓아가는 법을 여성들로부터 배워야 한다고 믿는다. 자유의 길은 완전한 자아 실현을 향해 나아가면서 역설적으로 배우자와 가족, 그리고 새로 사귄 친구든 옛 친구들이든 간에 친구들과의 보다 친밀한 유대감으로 우리를 이끈다.

사랑과 우정의 질을 높이는 것, 그리고 그것들이 우리의 삶 속에서 조화를 이루게 하는 것은 제3의 연령기에 쇄신을 이루려는 남녀 모두에게 중요한 과제가 될 것이다. 이 개념들을 서로 대조되는 것으로 보는 사람도 있을 것이다. 만일 사랑이 단지 구속이라면 그 사랑은 자유를 박탈할 것이다. 하지만 이 장에서 소개한 이야기를 통해서 보듯, 사랑의 굴레는 사람을 자유롭게 하고 개성의 발현을 돕는다. 진지한 성찰은 해방을 향한 첫걸음이다. 탐구를 위한 질문들은 눈앞에 넓게 펼쳐진 새로운 지형을 향한 문을 열어주고 그것은 종종 우리 마음에 두려움을 야기한다. 하지만 사랑은 그 두려움에 맞서고 그것을 극복하기 위해 필요한 자신감을 우리 속에 불어넣어 준다. 사랑은 우리의 배우자를, 친구들을, 우리 자신을 좀 더 새롭게 보라고 가르친다. 타인의 두드러진 개성을 보아내고 인정하는 것은 오직 사랑뿐이다. 새로운 방향으로 나아가면서 우리는 사랑과 자유가 서로 보완적인 관계임을 깨달아야 한다. 인간은 자유롭게 태어난 존재가 아니다. 하지만 우리는 개인적인 성장을 이루고 사랑을 받음으로써 자유로워진다. 사랑에 속박됨으로써 자유를 얻게 되는 것이다.

❧ ❧ ❧

맺는 글

나이 들수록 더 나은 사람이 되어간다는 것

우리 인생에서 가장 긴 제3의 연령기 덕분에 새로운 삶의 구조가 부상하고 있다. 이건 우리에게 지금까지와는 다른 인생의 후반기를 재설계할 기회를 준다.

이 책을 쓰기 시작하면서 나는 성인기 발달과 나이 듦의 전통적 패턴에서 벗어난 삶의 모습을 여러분에게 보여주겠다고 약속했다. 이제 우리는 나이 든다는 것이 반드시 전통적인 의미의 노화를 의미하는 것은 아니라는 사실을 알았다. 우리는 한 살 한 살 나이를 먹으면서 중년기 쇄신의 원칙을 활용해 나이 듦의 성격을 바꿔놓을 수 있다. 우리의 인생담이 결국 어떻게 풀려나갈지 누가 알 수 있겠는가! 바로 얼마 전까지만 해도 사람들은 자신의 미래를 뻔히 내다볼 수 있었다. 그래서 노화는 누구나 예측 가능한 하나의 과정이었다. 그러나 일단 그 궤도에 올라타면 당신을 기다리고 있는 것은 내리막길뿐이었다.

나는 우리에게 주어진 수명 보너스를 통상적인 방식의 노화에 써버려야 하는 것은 아님을 당신이 알아주길 바란다. 짧지 않은, 실은 우리 인생에서 가장 긴 제3의 연령기 덕분에 새롭게 부상하고 있는 삶의 구조는 우리에게 인생의 후반기를 재설계할 기회를 준다. 우리는 이 기회를 이용해서, 인습적인 사고에 의하면 퇴화와 쇠퇴가 시작되어야 할 시기인 제3의 연령기에 새로운 성장의 과정을 끼워 넣을 수 있다. 이 새로운 2차 성장은 당신이 이 책에서 만난 사람들의 경우에서 보듯이 우리의 중년기를 바꿔놓을 것이고 노화를 늦춰 줄 것이다. 우리가 이 과정을 뭐라고 부르든 그것은 중요하지 않다. 하지만 나는 〈2차 성장〉이라는 용어가 참 마음에 드는데, 그것은 인생 초반의 성장과는 다른, 눈에 띄는 특징과 과제로 우리에게 새로운 방향을 제시해 주기 때문이다. 2차 성장은 우리가 앞에서 살펴본 원칙들을 적용함으로써 진화하며 그것은 또한 중년기 쇄신을 촉진한다. 이제 그 전 과정을 다시 한 번 살펴보고 그것이 개인의 삶에 어떤 변화를 가져올 수 있는지 보고자 한다.

마흔 이후 인생의 2차 성장을 위한 여섯 가지 원칙은 각각 별개의 활동들이 연속적으로 일어나는 것이 아니다. 마치 장애물 코스를 통과하는 것처럼 한 가지에 관심을 집중해서 그것을 해결한 후 그 다음 행위로 옮겨 가는 것이 아니다. 그것은 순차적으로 진행되는 과정이라기보다는 한눈에 들어오게 펼쳐져 있는 모자이크라고 보아야 할 것이다. 이 연구 조사를 진행하는 동안 나를 매혹시킨 것은, 성인들의 삶의 패턴은 끊임없이 변화하며 한쪽에서 다른 쪽으로 빠르게 옮겨 간다는 것이다. 흐릿한 부분들은 윤곽선으로 구체화되고, 어두운 부분은 새로운 빛과 대조를 이루며, 없어서는 안 될 중요한 요소들은 모두 모여서 세상에 하나뿐인 유일한 형태의 모자이크가 만들어지는 데 기여한다. 한 해 한 해 세월이 지나면서 우리 인생의 모자이크가 어떤 식으로 나타날지, 어떤 형태를 띨 것인지, 또 어떤 방향으로 나아갈지는 아무도 모른다.

예술 작품과 같이 삶의 모자이크는 인생 예술가가 거기서 지속적인 노력을 기울일수록 그 가치가 향상된다. 2차 성장의 창조적인 과정은 그들의 손길이 닿는 사람들뿐 아니라 그들이 자양분을 공급하는 사람들의 삶까지 비옥하게 만든다. 나이 60대 중반에 놀라운 성장을 보이고 있는 어떤 여성이 쉰 목소리로 껄껄 웃으면서 이렇게 말해 우리 둘 다 즐거운 기분이 된 적이 있었다.

"나이가 들수록 점점 쓸 만해지고 있어요!"

그녀는 웃으면서 그렇게 말했지만 그 말엔 진심이 담겨 있었다. 그녀는 새로운 성장을 계기로 성공의 의미를 재정의하고 있었다. "나이가 들수록 사람이 괜찮아진다."는 말은 우리에게 명확한 목적의식과 의미를 제공하며, 특히 그 향상이라는 것이 남들을 이롭게 하는 것일 때는 더욱 빛을 발휘한다.

40대 중반이 되어서야 처음으로 삶의 목표가 무엇인지 자문해 보았다는 엘의 이야기를 나는 결코 잊을 수 없다. 그는 차츰 자신의 목표를 분명히 했다.

"제 목표는 진정한 제 자신이 되는 것, 그리고 다른 이들과 나누는 사람이 되는 겁니다."

그가 설정한 목표는 중년의 쇄신을 놀랍도록 그대로 보여주고 있다. 그의 목표는, 2차 성장의 다른 요소들이 그렇듯이, 한편으로 역설적이다. 진정한 자기 자신이 된다는 것은 〈자신〉에게 초점을 맞추는 것이고, 나눈다는 것은 〈타인〉에게 초점을 맞추는 것이다. 제3의 연령기의 목적 있는 삶이란 찰스 핸디가 〈적절한 이기심〉이라고 명명했던 것을 포함한다. 그것은 부분적으로는 타인들의 지지와 격려라는 지배적인 윤리에 의해 형성된다. 만일 2차 성장을 경험하고자 한다면 우리는 양쪽 모두를 가질 수 있을 뿐 아니라, 가져야만 한다.

이 책에서 우리는 중년기 도전에 관심을 집중하고 있는 30명 이상의 사람들을 만나보았다. 그들의 성장에 나타나는 두드러진 특징들에 초점을 맞추면서 각각의 원칙들을 한 번에 한 가지씩 살펴보았다. 이번 마지막 장에서는 나이 오십에 집중적이고 비판적인 자기 반성을 통해 이 과정을 시작한 아주 독특한 사람을 만나보려고 한다. 그는 15년째 새로운 성장을 지속하고 있다. 오십 이후의 그의 삶의 궤적을 좇음으로써 우리는 활기차고 의미 있는 과정으로 전개되는 살아 있는 모자이크의 전모를 명확히 보게 될 것이다.

인생의 네 가지 꼭짓점

자기 자신, 가족, 직업, 그리고 공동체.
이젠 꼭짓점이 네 개인 인생 계획을 세워야 할 때다.

건축학을 전공한 테드는 20대 중반에 교수 추천으로 보스턴 교외의 작은 신설 건축 회사에 합류하게 되었다. 테드는 그 회사에서 조경 분야를 맡았다. 갓 결혼한 그로서는 출발이 상당히 빠른 편이었다. 내가 그를 만난 것은 그로부터 30년이 지난 후, 그의 나이 54세로 그가 한창 전성기를 누리고 있을 때였다. 그는 그동안 좋은 일도 많았지만 어려울 때도 많았노라고 말했다. 당시 그는 경제적으로는 어느 정도 기반이 잡혀 있었지만 거의 파산하다시피 한 적도 있었다.

그는 인터뷰 초반에 최근에 겪은 급격한 변화에 대해 매우 사적인 이야기를 내게 들려주었다. 몇 년 전에 그는 자신의 인생이 남들이 겉에서 보는 것보다 그다지 건강하지 못하다는 생각을 하게 되었다.

"지금은 많이 좋아졌지만 꽤 오랫동안 오직 일 밖에 모르고 살았습니다. 가족에게도 신경을 많이 써주지 못했고, 심지어 제 자신을 제대로 돌보지도 못했죠. 거의 주당 100시간을 일에 쏟아 부었고, 일 년이면 열다섯 번은 출장을 가야 했고, 성탄절이고 주말이고 없었습니다. 중요한 개인적 목표들은 잊어버리고 살아온 셈이었죠."

결혼 생활마저 실패로 돌아가 결혼한 지 12년 만에 이혼을 했다.

그 후 곧 직장에서 한 여자를 만났고 서로 공통점이 많다고 느낀 두 사람은 결혼을 했다. 재혼한 그들 부부는 금슬은 좋았지만 둘 사이에 아이는 없었다. 그러나 테드가 재혼한 지 10년쯤 되었을 때 그들 부부 사이에 위기가 왔다. 테드가 말했다.

"결혼 생활에 문제가 생기고 있었어요. 그런 건 느낌으로 알 수 있잖아요."

그는 직업적으로는 성공한 편이었지만 이쯤에서 자기 자신과 자신의 삶을 비판적인 눈으로 깊이 들여다보기 시작했다. 그래서 쉰 살이 되기 직전에 혼자서 여행을 떠났다. 일상에서 벗어나자 그는 지금까지 살아온 방식에 변화를 가져올 개인적인 깨달음을 얻었다.

"제 인생이 엉망으로 되고 말았다는 걸 그때 깨달았습니다. 혼자 지내면서 곰곰이 생각해 볼 시간을 가졌죠. 네 가지 목표를 한꺼번에 안고 가야 한다는 것을 그때 알았습니다. 가족, 지역 공동체, 나 자신, 직업. 이렇게 네 가지요. 일에만 매달려 사는 동안 나머지 세 가지에 너무 소홀했어요. 이 네 가지 사이에서 균형을 이루는 법을 터득하지 못하면, 저는 초라한 삶을 살 수밖에 없고 세월이 갈수록 불행해질 거라는 생각이 들더라고요. 결국에는 건강도 잃고 가정도 잃고 삶의 의미도 잃어버릴 것 같았습니다.

이러한 통찰은 그 해 내내, 특히 제가 지역 단체에서 자원 봉사를 하는 동안 구체화되었어요. 회사 일이 아닌 다른 일을 해본 게 그때가 평생 처음이었죠. 그 일을 계기로 저는 지역 공동체와 가족과 더

불어 즐겁고 보람 있는 시간을 보내는 데 보다 신경을 쓰게 되었고, 제 자신에게도 관심을 기울이게 되었죠."

테드는 50세에 헌신의 대상을 다양화함으로써 의식적으로 지금까지와는 다른 궤도에 자신을 올려놓았다. 〈꼭짓점이 네 개인 인생〉 계획으로 그는 2차 성장의 모든 요소들이 포함된 변모 과정을 시작했다. 진지한 자기 성찰은 그때부터 지금까지 그의 발전의 원동력이 되어 왔다. 그것은 그로 하여금 자신의 가치와 활동들, 자신이 헌신하는 대상들을 재평가하게 해주었고, 자신의 열정이 향하는 방향을 수시로 조정하게 해주었다. 테드의 경험은 중년기 쇄신의 원칙이 지금까지 우리가 2차 성장에 대해 배운 것들을 하나로 통합하는 데 어떤 도움이 되고, 어떻게 하면 이것을 제3의 연령기에 보다 효과적으로 적용할 수 있는지를 보여준다.

자신이 지나치게 일에만 시간과 정력을 투자했음을 깨달은 테드는 근무 시간을 줄이고 다른 중요한 분야에 관심을 기울였다. 그는 점차적으로 업무 패턴을 변화시켜 그때그때 상황에 따라서 보다 자유롭게 우선순위를 조정할 수 있도록 했다. 그는 자신의 권한과 임무를 부하직원들에게 위임하는 법을 터득했고 그렇게 해서 남는 시간과 에너지를 가정과 지역 사회로 돌렸다. 그가 다니는 건축 회사가 이제 막 출발한 신설 회사였을 때는 자신이 모든 것을 도맡아 처리하고 모든 상황을 통제하고 있어야 한다고 생각했다. 부하직원들에게도 일을 나누어 주지 않고 자신이 모든 것을 하려고 했다. 그러나 인생 계획을 바꾸면서 그는 이렇게 굳어져버린 틀을 깨뜨렸다. 결국 그는 성공과 일이 자신에게 어떤 의미를 지니는지를 다시 생각해 보고 재정의해야 했다.

일의 의미를 재정의하면서 테드는 모험에 대해서도 다시 생각해 보았다. 그에게 있어서 위험을 감수한다는 것은 오랫동안 오로지 일과 관련된 것에만 국한되었다. 그러나 가족, 자기 자신, 일 그리고 지역 사회, 이렇게 네 가지가 한 세트로 이루어진 계획을 발전시키려면 그는 지금까지와는 다른 모험을 감수할 필요가 있었다.

"저는 웬만하면 위험을 피하지 않는 위험 도전형 리더였어요. 오랫동안 제가 감수하는 위험이란 늘 일과 관련된 것이었죠. 지금도 위험을 피하는 유형은 아닙니다만 예전과는 사뭇 달라졌어요. 이제는 가족 모임이 있으면 주저하지 않고 고객에게 전화를 걸어서 양해를 구합니다. 옛날과는 엄청난 차이죠. 결혼 기념일을 아내와 함께 보내기 위해 중요한 약속을 취소하는 일 따위는 예전 같으면 꿈도 못 꿨을 일이거든요. 예전에는 고객 세 명을 한꺼번에 상대하기도 했는데 이젠 그러지 않아요. 요즘은 이렇게 말하는 법을 배웠거든요.

'죄송합니다만 지금 선약이 되어 있어서 곤란한데요.'

지금은 우선순위를 정해 놓고 거기에 따라서 약속을 잡은 다음 가능한 한 지키려고 노력합니다."

이런 식으로 위험을 감수하는 것이 다른 가치에, 특히 아내와의 관계에 관심을 집중할 수 있는 사적인 영역을 확보하게 해주었다.

내가 처음에 보스턴 교외에 있는 그의 집에서 금요일 오후 늦게 그를 만났을 때, 그는 주말을 맞아 아내 엘렌과 외출을 하려고 준비하는 중이었다. 점차 일을 줄여나가던 그는 그때쯤에는 주당 40시간 정도만 업무에 할애했다. 그리고 그는 그 어느 때보다 쏠쏠하게 사는 재미를 맛보고 있는 듯했다.

"저희 부부는 동등한 입장에서 뭐든 함께하죠. 아내는 둘도 없는 제 친구예요. 함께 나누고 타협하는 동반자 관계죠."

테드와 그의 아내는 매사에 탄탄한 동반자 관계를 과시하고 있었다. 그들은 새로운 인생 계획을 함께 세우고 좀 더 많은 여가 시간을 확보해서 두 사람이 함께 있을 수 있도록 노력했으며 건전하고 즐거운 활동에도 함께 참여했다,

그들의 결혼 생활은 지금도 평등하고, 상호의존적이며, 서로 사랑하고, 삶을 함께 즐기는 진정한 동반자 관계로 발전하고 있었다. 주말에는 두 사람이 함께 즐거운 시간을 보낼 수 있도록 어떻게든 일정을 비워두려고 신경 썼다. 이 주말의 여가가 그들에게 사는 재미를 더해 주고 있음은 말할 필요도 없었다. 그들이 주말에 일에서 벗어나려면 평일 업무 시간에 그만큼 업무를 깔끔하게 처리해 둘 필요가 있었다. 이렇게 새로 확립된 생활 방식 안에서 그들은 자유를 확대하고 평범한 일상에 관심을 집중했다. 테드는 이 중요한 관계를 위해 자신을 헌신했다. 그로부터 6년 후 예순으로 접어든 그에게, 세상에서 무엇이 가장 두렵냐고 묻자 그는 망설임 없이 이렇게 대답했다.

"아내를 잃는다는 생각만 하면 두려워서 못 견디겠어요. 그것처럼 비극적인 일은 없을 것 같아요."

두 번째로 슬픈 일은 실직일 것이다. 12년 전이라면 그는 당연히 일자리를 잃는 게 가장 두렵다고 말했을 터였다.

테드의 네 가지 계획 중 다른 하나는 지역 사회에 대한 봉사였다. 해를 거듭하면서 이 계획은 여러 방향으로 뻗어나갔다. 그는 또한 젊은이들을 돕는 일에 자신의 역량을 집중했고 환경 보호 사업에도 적극 참여했다. 자연에 대한 그의 인식도 전에 비해 한층 성숙해져 있었다. 사실 자연의 아름다움을 감상하는 일은 그에게는 종교와도 맞먹는 일이었다.

"어렸을 때 저는 종교의 영향을 너무 많이 받았어요. 지금은 계절이 바뀌는 것이나 눈부신 하루하루가 주는 느낌이 예전에 어머니께서 말씀하시곤 하셨던, 종교가 우리에게 주는 감흥과 비슷한 것 같아요. 아내와 저는 자연을 벗하면서 말할 수 없는 충일감을 맛보거든요."

지역 사회와 환경 문제 등으로 관심 영역을 확대한 것이 테드의 계속되는 성장에 또 하나의 족적을 남기고 있다.

그의 마지막 목표는 자신을 잘 관리하는 것이다. 쉰 살에 그는 일주일에 적어도 사흘은 운동을 하는 섭생법을 시작했다. 처음에는 역기 운동이나 수영, 테니스 같은 격렬한 운동도 포함시켰다. 하지만 테니스는 비용이 많이 들어서 중간에 그만두고 대신 자전거 타기를 시작했다. 그는 또한 식습관도 바꿔서 칼로리를 줄이고 기름진 음식을 피했다. 담배는 아예 배우지 않았지만 술은 언젠가는 꼭 끊으리라 생각하고 있다.

"40대에 저는 친구들에 비해 일도 열심히 했지만 아마 음주도 잦은 편이었을 겁니다. 알코올 중독은 아니었지만 술이 과한 건 사실이었어요. 저녁에 퇴근 후 몇 잔 걸치면 기분이 좋아지고 두려움이 가라앉았거든요. 레스토랑이든 기내든 술집이든 쉽게 술을 마실 수 있는 기회를 굳이 피하지 않았어요. 그러나 멋진 시간을 보내는 데 마티니가 꼭 필요한 건 아니구나 하는 걸 깨달았죠. 꼭 술을 끊겠다는 것이 제 목표 중 하나였어요. 요즘은 하루에 두어 잔 정도로 자제하고 있습니다."

그는 음주를 적당한 선에서 절제하겠다는 결심을 잘 지켜오고 있었다. 갈증이 나면 알코올 대신 물을 마시는 습관을 들였노라고 했다. 식사 조절과 운동뿐만 아니라 그림 그리기나 독서, 아내와의 대화 등 조용한 시간을 갖는 것도 그가 선호하는 자기 관리 방법 중 하나였다.

직함을 잃는다는 것, 사회적 타이틀을 잃는다는 것

창조적인 개인적 성장은 우리 삶을 풍요롭게 하고 적지 않은 만족감을 더해 준다. 하지만 그것이 우리를 영원한 양지로 데려다주는 것은 아니다. 마음을 열고 경험의 외연을 넓히게 되면서 우리는 인생의 어둠과 상실, 고통을 인식하게 된다. 삶에 깃든 아름다운 허무와 은혜로운 기회를 마음 깊이 인식하게 될수록, 우리가 헛되이 낭비한 잠재력과 놓쳐버린 이득을 깨달았을 때 느끼는 슬픔도 커진다. 나는 테드의 가슴에 어떤 회한과 비애가 있을지 궁금했다. 그는 두 가지를 얘기했다. 첫째는 첫 번째 결혼에서 얻은 두 딸과의 관계가 소원해져 버린 것이다.

"아내와 이혼한 후에 제 딸들은 꽤 오랫동안 자신들을 두고 떠난 저를 용서하지 않았어요. 이혼할 당시 작은아이는 열 살이었고 큰아이는 열두 살이었거든요. 두 딸이 다 30대가 된 지금은 그럭저럭 관계가 회복되었습니다만 예전에 우리가 느꼈던 친밀감은 없습니다. 이혼할 때 겨우 여덟 살이었던 아들은 우여곡절 끝에 저와 함께 살게 되었고 지금의 제 아내와도 잘 지냅니다. 아들은 이제 스물여덟 살이고 저와는 꼭 좋은 친구 같아요. 만일 제게 혹시라도 슬픔이 있다면—사실, 그 생각만 하면 우울해져요—그건 딸들을 생각할 때죠. 대체 언제쯤 내가 그 아이들에게 가까이 다가갈 수 있을지 궁금합니다. 벌어져 버린 우리 사이의 간극을 메울 수 있는 방법이 있다면 좋을 텐데요."

그의 말이 끝나고 긴 침묵이 흐른 것을 인터뷰를 녹음한 테이프를 들으며 내용을 정리하다 알아챈 나는, 그때 그가 털어놓은 뜻밖의 이야기가 우리 두 사람의 가슴에 깊은 울림을 주었던 생각이 났다. 설사 제3의 연령기에 이르러서 우리의 행동이 많이 달라졌고 그 변화가 매우 의미 있는 것이라 해도 우리가 예전에 저지른 행동의 결과까지 피할 수는 없는 것이다. 수면 아래로 가라앉지 않고 고통스러운 짐을 지고 가야 하는 도전 과제가 우리 모두의 앞에 놓여 있는 것이다. 이혼한 지 20년이 지난 후에도 딸들과 관련해서 테드가 지고 가야 할 짐은 좀처럼 가벼워지지 않은 듯했다.

테드가 해결해야 할 또 한 가지 어려운 과제는 그의 개인적 정체성에 관한 문제였다. 대학을 졸업하자마자 입사했던 작은 건축 회사는 점차 규모가 커지고 그 분야에서 명성을 얻게 되어 직원 수가 300명이나 늘었다. 테드의 이름이 법인명에 포함되었고, 이것은 그에게 자신이 이룬 사회적 지위와 성취를 실감하게 했다. 그러나 얄궂게도 회사가 지속적으로 성장하면서 테드는 개인적으로 많은 것을 잃어야 했다. 동업자 수가 늘면서 그들은 법인명이 좀 더 단순해질 필요가 있겠다는 결정을 내렸다. 그래서 설립자의 이름만 남기고 다른 이름들은 모두 사라지게 되었다.

"회사 서류 용지 위의 인쇄 문구에서 제 이름이 빠진 게 꽤 가슴이 아프더라고요. 제가 명성을 추구해 온 사람이기 때문에 그것이 제게 필요하다고 느꼈습니다. 하지만 중요한 것은 편지지 위의 인쇄 문구에 새겨진 이름이 아니라, 바로 제 자신이라는 것을 마침내 깨닫게 되었죠. 이름 따위가 무슨 소용이 있겠습니까? 그걸 깨달은 것이 다행이었어요. 하지만 솔직히 말하면 예전이 그리웠고 지금도 가끔은 그래요.

기업의 높은 자리에서 강제로 내려올 수밖에 없게 된 친구가 있어요. 지금 그 친구의 기분은 엉망이죠. 하지만 그럴 필요 없어요. 저는 그렇게 된다고 해서 그가 왜소해지는 것이 아니라는 걸 깨닫게 해주고 싶어서 애쓰고 있습니다. 직함을 잃는다는 것이 자신의 가치나 영향력, 혹은 변화를 가져올 수 있는 능력이 훼손되는 걸 의미하진 않습니다. 이건 정체성의 문제예요. 사실 저는 현재의 제 모습에서 더 많은 의미를 발견합니다. 제가 설계한 공간을 보고 그 안에서 사람들이 얻을 기쁨을 생각하면 그걸로 만족해요."

직업적인 역할이나 체계화된 조직 속에서 너무나 많은 사람들이 그렇듯이, 테드도 자신이 하는 일이나 자신이 받는 존경을 자기 자신과 동일시했다. 회사의 법인명에서 그의 이름이 빠졌을 때, 그가 정체성과 지위 양쪽 모두에서 상실감을 느낀 것은 당연한 일이다.

성인기 정체성은 대부분 지위 상징과 연결되어 있다. 직함이나 사회적 인지도가 출세를 상징하는 무슨 증서처럼 되어버린다. 학생이 자신의 성적표에서 A를 찾아볼 수 없으면 지능을 의심할 수도 있듯이, 우리 성인들은 전통적인 성공의 징표를 갖지 못하면 종종 자신의 가치를 의심한다. 그런 것들 없이도 우리가 진정 성공한 인생을 살고 있다는 것을 어떻게 하면 믿을 수 있을까? 또 우리에게는 설사 우리가 자의에 의해서 그런 것들을 놓아버린다 해도 다른 사람들이 과연 그걸 이해할까 하는 두려움도 있다. 우리는 또한 자괴감을 느낄 수도 있다. 정체성을 형성함에 있어서 우리는 우리 자신만의 지위 상징을, 성공의 잣대가 되는 확실한 표시를 선택한다.

그러나 이런 외부적인 것들은 성공을 반영하는 상징 이상이 될 수 있으며 쉽게 성공과 동일시된다. 그것들은 종종 성공의 표시라는 사실에서 그치지 않고 우리가 추구하는 목표 자체가 된다. 설사 그런 것들이 한낱 징표에 불과하고 실체가 아니라는 것을 안다 해도 그것들이 사라지는 것을 보는 것은 고통스럽고 두려운 일이다.

성인기 정체성을 위해 지위 상징을 찾아나서는 것은 우리를 진정한 성장과는 거리가 먼 잘못된 궤도에 올려놓는다. 지위 상징에 대한 의존을 극복하기 위한 노력은 괴로운 경험이 될 수 있는데, 특히 우리가 지금까지 살아오면서 거기에 너무나 많은 의미를 부여해 왔다면 더욱 그럴 것이다. 하지만 만일 우리가 내면의 잠재 능력을 자유롭게 풀어주고, 제도를 초월한 정체성을 형성하고자 한다면, 그리고 나이가 들수록 더욱 발전하기를 원한다면 우리는 이런 외부적인 잣대들을 놓아버려야 한다. 결국 테드는 손에 잡히지 않는 내적 자산, 그의 가치, 경험, 좋아진 건강, 젊음의 활력, 돈독해진 인간관계, 그리고 타인들에게 그가 기여한 그 모든 것들이 자신의 자랑할 만한 정체성을 형성하는 데 진정 중요한 것임을 깨달았다.

우리는 우리가 언젠가 될 수 있는 그런 사람이 되기 위해서, 또한 내면의 진실을 깨닫기 위해서 지금까지 우리를 규정해 왔던 역할들을 넘어서야 한다. 그렇지 않으면 자신만의 잠재 능력을 발견하지 못할 것이다. 이 잠재 능력은 전통적인 역할들을 능가한다. 제도와 조직이 부여한 역할과 명성에 얽매이지 않고 긍정적인 정체성을 창조한다는 것은 인생의 후반기에 들어선 많은 사람들에게 〈위험성 높은〉 도전 과제가 된다. 우리 사회가 성숙에 그다지 높은 가치를 부여하지 않기 때문에 우리는 문화적 풍토를 거슬러 올라가야 하고, 사회적 지원을 거의 기대할 수 없는 상황에서 새롭고도 강력한 정체성을 만들어 나가야 한다. 이 과정이 하루아침에 이루어지는 것은 아니다. 테드 역시 자신감이 흔들린 때가 있었노라고 했다. 당당하게 내세울 사회적 타이틀이 없어 그도 때로 불안함과 불확실성을 느꼈는데, 특히 거물들을 만날 때는 더 심했다. 그러나 지위 상징을 초월해서 그들을 그저 한 명의 인간으로 보는 법을 터득하자 마음이 한결 편안해졌다.

나는 50대의 그를 인터뷰했을 때 그가 현재 자신의 모습을 진심으로 마음에 들어 한다는 것을 알 수 있었다. 그는 활기가 넘쳤고 자신이 여전히 젊다고 느꼈으며, 그 어느 때보다 자신감이 충만하고 더 현명하고 명민해졌다고 느꼈다. 또한 자신이 지금까지 할 수 있었던 일들과 미래가 그에게 제공할 것들에 대해 감사하는 마음이었다. 중년의 쇄신은 그가 편안하게 붙이고 다닐 수 있는 표시였다. 그는 자기 경력의 한계를 넘어 앞으로 나아가면서 매우 긍정적인 정체성을 확립하는 데 성공했다. 4년 정도를 애쓴 끝에 그는 균형이 잘 잡힌 네 가지 인생 계획이 자신에게 확실히 좋은 영향을 미치고 있음을 느꼈다.

"전보다 더 낙관적인 사람이 되었어요. 현실적인 낙관주의자죠. 그리고 제 스스로가 인생을 잘 제어하고 있다는 느낌이 들어요. 균형도 잘 지키고 있고요."

성장, 그리고 예기치 않은 시련

나는 이렇게 향상된 그의 자아 개념이 세월이 흘러도 여전히 유효한지 궁금해져서 그를 다시 만나보기로 마음먹었다. 첫 인터뷰가 있은 지 5년이 지났을 때 나는 그의 삶과 성장이 어떻게 전개되고 있는지 알아보려고 몇 번이나 그에게 연락을 취했다. 그런데 그와의 연락은 쉽지 않았다. 그가 도시를 벗어나 있을 때가 어찌나 많은지 혹시 예전의 강압적인 업무 패턴이 다시 돌아온 것은 아닌지 의심스러울 정도였다. 나는 그의 아내에게 남편 대신 그녀를 인터뷰해도 괜찮은지 물어보고 싶은 충동을 느꼈다. 꼬박 일 년을 노력한 끝에 마침내 테드와 약속을 잡는 데 성공했다. 악수를 하면서 나는 그의 후리후리한 키에 운동선수 같은 건장한 체격, 넘치는 자신감은 변함이 없다는 것을 느꼈다. 요즘 어떠냐고 묻자 그가 이렇게 대답했다.

"좋습니다. 활력과 에너지가 넘치는 건 여전하지만 요즘은 그 어느 때보다 조용히 혼자 생각하는 시간을 즐기게 되었죠."

"5년 전에 뵀을 때는 그때가 선생님 인생의 전성기라고 하신 걸로 기억하는데요." 내가 말했다.

그의 얼굴에 미소가 번졌다.

"그랬던가요? 그땐 잘 모르고 드린 말씀입니다. 제겐 지금이 최고의 전성기랍니다!"

그는 자신의 성장 계획에 예기치 않았던 도전들이 찾아왔었노라고 말했다.

"하지만 만약 2, 3년 전에 저를 찾아오셨다면 완전히 의기소침한 상태인 저를 보셨을 겁니다. 그때는 정말로 비참했죠."

내가 기대했던 것은 그저 부드럽게 올라가기만 하는 오르막길이었던가? 건강한 발달에는 일직선상의 전진만이 있다는 생각은 대체 어디서 왔을까? 나는 여기서 다시 2차 성장의 나선 구조 안에서 이루어지는 후퇴와 진보, 오르막과 내리막의 패턴을 만날 수 있었다. 때로는 앞으로 나아가려다 발이 미끄러져서 다시 제자리로 갈 때도 있고, 우회로로 돌아가야 하는 경우엔 좌절감을 느낄 수도 있을 것이다. 현실적 낙관주의를 잃지 말아야 하는 이유가 바로 그것이다. 왜냐하면 우리가 가려는 새로운 곳은 몹시 울퉁불퉁하고 예측이 불가능하기 때문이다.

테드는 거의 균형을 잃었고 새로운 성장을 지속하기 위해 몸부림쳐야 했다. 좌절과 극복의 과정들이 다 들어 있는 그의 이야기는 다른 이들에게서 들은 이야기와 다를 바가 없었다.

"우리가 처음 인터뷰를 했을 때 제 생활은 마치 파도의 물마루를 탄 듯 모든 것이 잘되어 갔습니다. 그런데 그 직후에 바로 물 속으로 처박혔던 거죠. 경제적 불경기를 겪고 난 후에 회사 사정이 어려워졌습니다. 결국 직원 수를 반으로 줄여야 했죠. 그때부터 저희 동료들은 전보다 훨씬 더 열심히 일했고 뭐든지 다했어요. 한 3, 4년 정도 그런 압박감 속에서 지낸 것 같아요.

제가 어렵게 이루었던 균형적 삶도 완전히 깨졌죠. 아시다시피 주당 40시간으로 업무를 줄였던 제가 다시 60에서 70시간으로 근무 시간을 늘려 잡지 않을 수 없었어요. 많은 회사들이 도산을 했지만 어쨌든 저희는 살아남았습니다. 그렇게 많은 직원들을 해고해야 했던 것은 끔찍한 고통이었지만 회사는 차츰 정상을 회복해 갔습니다. 이제야 제 생활을 되찾을 수 있는 여유가 좀 생겼네요."

테드가 겪은 시련은 그 자신의 행위와는 무관한 것이었다. 중년에 개인적으로 한창 피어나고 있을 때 경제가 무너진 것이 그와 그의 회사에 타격을 입혔다. 건축업계에서는 한 개의 프로젝트에 몇 개월씩 시간이 걸리는 경우가 많아서 계약 자체로 돈이 넉넉히 들어올 수는 없기 때문에 나중에 자금난에 몰릴 수밖에 없다. 고객은 줄고, 계획은 수정되었으며, 프로젝트는 보류가 되었다. 많은 직원들이, 특히 그가 그동안 의논 상대가 되어주었던 사람들이 해고 대상에 포함된 것이 그에겐 고통이었다. 게다가 그 역시 경제적인 압박을 느꼈다. 사느냐 죽느냐가 다시 문제가 되면서, 그의 개인적 성장이 뒷전으로 밀렸으리라는 것을 나는 짐작할 수 있었다.

역학적 균형은 비틀거렸지만 그가 무너진 것은 아니었다. 테드는 인생 계획을 완전히 잃어버리지는 않았다. 나는 그가 그 와중에도 자기 자신을 제대로 관리하고 바람직한 자아상을 유지하고 아내와도 여전히 좋은 관계를 지속하고 있다는 것을 알았다. 힘든 시기를 지내는 동안 그와 그의 아내는 서로에게 헌신했고, 그것이 두 사람의 개인적 성장을 떠받쳐 주었으며 젊은 활력을 잃지 않도록 도와주었다. 긍정적인 정체성을 수립하기 위해서 예전에 기울였던 노력들, 흔들림 없는 결혼 생활에서 오는 안정감, 그리고 그의 현실적 낙관주의가 그가 폭풍우를 이겨내는 데 힘이 되어주었다. 경기가 조금씩 살아나면서 그는 잠시 흔들렸던 삶의 균형을 되찾기 시작했고, 다시금 네 가지 목표에 고루 신경을 쓸 수 있게 되었다. 봉사 활동에도 다소 소홀해졌고 운동이나 취미 활동에도 예전만큼 많은 시간과 정력을 할애할 순 없었지만 그가 시련을 겪는 동안 가정과 결혼 생활은 오히려 더 좋아진 것을 느꼈다. 성장은 중단되지 않았다. 단지 바람 불어오는 쪽으로 진로를 바꾸다 보니 잠시 목적지에서 멀어지는 것처럼 보였을 뿐이다.

그는 바로 지난주에 가족들과 함께 주말을 어떻게 보냈는지에 대해 내게 신이 나서 이야기를 했다. 이제는 세 자녀가 모두 가정을 이룬 터였다. 테드는 드디어 두 딸과 화해를 했고, 그들은 아버지의 재혼과 새엄마라는 존재를 마음으로부터 받아들이게 되었다. 그래서 마침내 일곱 명의 손자손녀들까지 주말에 그의 집에 모두 모여서 북적대면서 지낼 수 있게 된 것이다. 가족이 함께 보낸 시간들에 대해, 그리고 사위들과 좋은 친구가 된 것에 대해 이야기하는 그의 눈빛에 기쁨이 묻어났다. 주말 내내 온 가족과 함께 지낸 그들 부부는 테드의 말마따나 행복한 결혼 생활을 즐기고 있었다.

"이젠 정말 동지의식을 느껴요. 저는 아내가 자랑스럽고 존경스러워요. 저희 부부는 정신적으로나 육체적으로나 동등합니다. 인생 계획을 함께 세우고 여러 활동들의 균형을 맞추는 일도 둘이 함께 하죠. 직장 문제 때문에 힘들었지만 주말을 함께 보낸다는 다짐은 허물어뜨리지 않고 지켜냈어요."

수년 전의 상실과 슬픔을 돌아보면 마음이 아프지만 낙관주의라는 바람과 사랑의 힘은 그를 저버리지 않았다. 우리는 2차 성장을 바라보는 관점을 확립하면서 단기적인 결과들로 인해 장기적인 가능성에 어둠이 드리워지게 해서는 안 된다.

일에 대한 의미의 변화

　테드 부부는 어느 때보다 탄탄하고 활기 넘치는 부부 관계를 과시하고 있었고, 테드는 최근에 일을 조정하면서 일에서도 더 큰 의미를 찾을 수 있게 되었다. 바로 얼마 전에 어려움을 겪고 엄청난 중압감을 견뎌내야 했지만 그는 자신이 한 일의 결과에 대해 새삼스러운 고마움을 표현했다. 예전에 내가 그에게서 느꼈던 것보다 일에 대해 한층 깊은 의미를 발견한 것이다.

　"지난 5년간은 정신없이 일에 매달려야 했고, 덕분에 어느 정도는 제 삶의 균형을 잃었던 것이 사실이에요. 하지만 우린 훌륭한 성과를 거뒀습니다. 제가 설계한 공간이 사람들에게 사랑받는 것을 보면 그 기분을 뭐라 표현할 수가 없어요. 만약 지금 제게 일을 정의해 보라고 하면, 사람들이 즐길 수 있는 멋진 공간을 만드는 것이 제 목표라고 하겠습니다.

　제 일에는 또 한 가지 아주 중요한 면이 있어요. 저희 회사에서 현재 대도시 과밀지구에 대한 재개발 사업을 진행 중인데 현재 순조롭게 진척되고 있습니다. 우리가 하는 그 일에 자연 환경을 회복하고 개선하는 일도 포함되어 있다는 것이 아주 중요하다고 생각합니다."

 전에는 그가 직업적인 도전에 대해 말할 때면 경쟁의식과 지위 획득을 추구하는 분위기를 읽을 수 있었지만, 이제 그는 자신이 하는 일이 사회와 환경에 기여한다는 데에 자부심을 느끼고 있었다. 자원 봉사뿐 아니라 직장이나 가정에서도 그는 타인을 보다 배려하는 삶의 방식을 발전시키고 있었다.

 그가 보기에, 자신이 몸담고 있는 회사는 사회적으로 책임 있는 기업으로 성장 발전해 왔다. 그는 도시 지역 환경 회복에 대해 자신이 기여할 수 있는 부분이 더 많아지고 중요성도 커졌다고 말했다. 또한 최근에 진행한 몇 가지 프로젝트에 대해 설명하면서 자신이 설계한 야외 공간이 그 장소를 이용하는 사람들의 삶의 가치를 향상시킨다는 사실이 개인적으로 얼마나 의미 있고 보람 있는 일인지 내게 말했다. 나는 그가 지금까지 내놓은 결과물들을 사진으로 살펴보면서, 만일 우리가 황폐해진 도시 환경을 회복하고 사람이 살 만한 도시로 발전시키려면 우리 사회에는 거주하기에 적당하고 건강하며 심미적으로도 아름다운 열린 공간을 창조하는 테드 같은 디자이너들이 필요하다는 생각을 했다. 테드는 환경 회복을 통해 도시 지역 재개발에 기여함으로써 일의 의미를 확대해 나가고 있었다. 일을 재정의해서 사회에 대한, 환경에 대한 책임까지 아우름으로써 그는 일에서 그 어느 때보다 큰 의미를 발견하고 있었다.

 테드는 또한 다른 면으로도 자신의 일을 재정의했는데, 그것은 그가 젊은 동료 직원들과의 관계에 대해 얘기할 때 확연히 드러났다.

"이제는 가르치고 지도하는 것이 제 일의 많은 부분을 차지합니다. 젊은이들이 따라올 수 있도록 도와줘야 하거든요. 그들 중 일부는 일을 배워서 떠나기도 하죠. 제가 그들에게 일종의 역할 모델이 되어야 합니다. 이제는 젊은이들이 발전하는 모습을 보면서 보람을 느낍니다. 그것은 마땅히 우리가 이 땅에서 노력을 기울여야 할 관심사죠."

테드의 일은 젊은이들을 지도하고 그들에게 조언을 해줌으로써 타인을 보살피는 그의 능력을 확대하고 표현할 수 있는 기회가 되고 있다. 그는 일터에서, 또한 이 사회와 환경을 위해 타인에게 도움이 되는 일을 한다는 데에서 만족과 보람을 느낀다.

일의 개념이 발전하면서 그는 전보다 더 강한 리더십을 발휘하고 있다. 그가 전에 한 친구에게 했던 조언이 옳은 것 같다. 직함을 잃음으로써 당신이 왜소해지는 것도 아니며 영향력이 줄어드는 것도 아니다. 회사의 법인명에 테드의 이름은 포함되진 못했을지라도 그럼에도 불구하고 그는 여전히 리더였다.

여정 그 자체가 중년의 목표

우리가 처음 만났을 때 그가 밝혔던 네 가지 목표는 세월을 거치면서 다소 변화하긴 했지만 여전히 그의 주된 과제로 남아 있었다. 그는 일을 뒷전으로 미뤄놓는 것을 원치 않는다. 오히려 그가 중요하게 생각하는 관심사들을 어떻게 하면 좀 더 균형 있게 끌고 갈 것인지를 생각한다. 어떤 이들은 은퇴를 꿈꾸지만, 테드는 〈재창조〉를 꿈꾼다. 그는 자신의 인생이 어떻게 흘러오고 있는지 다이어그램을 그려서 내게 보여주었다. 그의 인생은 일이 중요한 흐름을 이루면서 거기에 다른 지류들이 합류하는 형태로 발전하고 있었다. 그는 다른 관심사에 시간을 좀 더 할애하기 위해 시간을 조정하려고 노력하는 중이었다. 그가 말했다.

"아직도 할 일이 너무 많아요."

그는 다시 시간 계획을 세워서 그림 그리기, 자원 봉사, 친구들과의 만남, 운동, 그리고 아내와 함께 보내는 시간을 포함해 다른 활동을 할 수 있는 여유를 좀 더 가질 생각이다.

회사가 어려움에 처했을 때 거기에 적응하느라 테드가 소홀히 할 수밖에 없었던 부분이 몇 가지 있었다. 예를 들어, 건강을 철저히 관리하겠다는 예전의 다짐들을 다 지킬 수는 없었다. 이제 다시 정상 궤도로 돌아온 그는 규칙적으로 운동을 해 최상의 건강 상태를 유지하고 있는 것처럼 보였다. 그는 여가에도 좀 더 많은 시간을 할애하고 있었다. 대부분의 남자들이 그렇듯이 그의 여가는 운동이 주를 이루었다. 그는 산악자전거 타기에도 열심이다. 요즘은 대부분의 활동을 아내와 함께하고 있다. 그들의 여가 활동에는 종종 격렬한 활동이나 모험이 포함되기도 한다. 그들의 여가는 재미를 위한 것이기도 하지만 한편으로는 젊음을 유지할 수 있는 방편이기도 하다.

여가를 늘리는 것에서 그치지 않고 테드는 지역 사회를 위한 봉사에도 좀 더 많은 시간을 내겠다고 새롭게 마음먹었다. 회사가 어려움에 처했을 때는 봉사 활동이 뒤로 밀릴 수밖에 없었다. 그는 자신이 도움이 되어주고 싶은 몇 가지 자원 봉사 활동에 참여했다. 약간의 여유가 생기자 그는 자신이 힘이 되어줄 수 있는 다른 일을 찾고 있는 것 같았다.

인터뷰 말미에 나는 삶의 목표가 무엇인지 확인했느냐고, 그러니까 결혼 생활과 일에서 이미 찾은 삶의 목표 외에 혹시 달리 찾은 것이 있는지 테드에게 물었다.

"아직 그 생각까지는 안 해봤는데요. 만약 그 삶의 목표라는 것이 저에 대해 신이 예정하신 바를 믿느냐는 말씀이라면, 그런 거 없습니다."

처음엔 그의 대답이 좀 놀라웠다. 왜냐하면 그가 이룬 발전에 대한 설명이 목적 있는 삶에서 빛을 발했기 때문이다. 그가 사는 모습을 보면 확실한 목표의식이 느껴진다. 짧은 침묵이 흐른 후, 내가 말했다.

"어쩌면 우리 스스로 성장해 가는 창조적인 〈과정〉에 우리 목표가 있겠죠."

"저도 그렇게 생각합니다." 그가 말했다.

그러나 많은 사람들이, 특히 남자들의 경우 이런 견해를 불편하게 생각한다. 중년기 성장을 탐구하는 워크숍에서 한 남자가 이런 고백을 했다.

"저는 과정에 늘 문제가 있어요. 제 아내는 과정을 중시하는 사람이에요. 그녀는 흐름에 몸을 맡기고 나아갈 수 있죠. 하지만 저는 결과를 중시하는 사람이에요. 저는 확실한 목적지가 있어야만 방향을 잃지 않고 나아갈 수 있거든요."

나 역시 목표를 중시하는 사람이었기에 나는 그를 금세 이해했고 우리 앞에 놓인 공통의 난제가 무엇인지 알 수 있었다. 내가 말했다.

"당신의 다음 목적지는 당신의 여정 자체가 되어야 합니다."

목표란 상황과 역할의 한계를 정하기에 적절한 것이다. 목표를 설정하는 것이 새로운 방향으로 우리를 나아가게 하는 입증된 방법이긴 하지만, 오로지 목표만을 바라보고 거기에 집착하면 또 하나의 목표인 과정을 놓쳐버릴 수 있다. 자유의 신장은 때로 목표를 놓아버릴 것을 요구한다. 살아 있는 모자이크를 만들어 갈 때 그것이 나중에 어떤 식으로 발전이 될지 우리가 정확히 알 수는 없다. 우리는 그저 놀라운 발견에 마음을 열어둘 필요가 있다. 제3의 연령기에 우리가 직면하고 있는 도전 과제들을 알아보기 위한 또 다른 워크숍에서 한 참가자가 이런 말을 했다.

"이 길은 아무도 가지 않는 길이 아닙니다. 적어도 지금까지는 누구의 발자국도 닿은 적이 없는 길이죠."

우리의 여행길에는 애매하거나 깜짝 놀랄 일들이 가득 들어차 있다. 이제 우리의 주된 목표는 원래부터 신비하고 창조적인 특성을 지닌 2차 성장이라는 과정을 지원하는 데 있고, 그것을 통해 우리 내면에 있는 것을 끄집어내는 데 있다. 우리가 미래를 내다볼 수는 없다. 우리는 그저 통찰력을 갖고 새로운 가능성들을 끊임없이 모색하며 희망을 잃지 않으려고 노력할 수 있을 뿐이다. 우리의 목표는, 일부에서는 그것을 〈소명〉이라고 부르기도 하는데, 우리의 여정 자체에 놓여 있으며, 그 여정을 통해 우리는 아직 미개발로 남아 있는 삶의 가능성 속에서 진정한 자아라는 값진 다이아몬드를 발견해서 그 진가를 드높이게 하는 것이다.

나이 들어가는 과정에도 〈혁신〉이 필요할 때

앞사람이 걸어간 길을 묵묵히 따라갈 필요는 없다.
중년의 2차 성장은 나이 듦의 과정에 대한 새로운 대안을 제시한다.

테드의 인생에서 우리는 무엇을 보아야 하는가? 그는 40대 후반에 진지한 성찰의 과정을 시작했고 그것이 계기가 되어 새로운 방향으로 나아가게 되었다. 그는 끊임없이 질문을 던졌고, 탐구했고, 모색했다. 오랜 세월 동안 그는 내가 2차 성장이라고 부른 역동적이고 새로운 역설로 삶을 재설계하면서 의미 있는 성장을 지속해 나갔다. 그는 신나는 잠재 능력과 새로운 가능성을 발견했고 때론 좌절을 겪으면서도 더욱 빛나는 성장으로 개인적인 성취를 이루었다. 또 개인적인 경험이 확대와 통합의 과정을 거치는 것을 경험했는데, 그것이 곧 성인기 성장의 특징을 말해 준다. 또한 50대로 접어들면서 이전에는 결코 예견할 수 없었던 목적의식과 만족감의 향상을 경험했다. 그는 나이가 들수록 더 나은 사람이 되어가고 있다고 말한다. 자신의 성장에 전념하면서 다른 이들의 행복을 위해서도 힘 닿는 데까지 노력하고 기여했다. 제3의 연령기를 거치면서 그가 지나온 길은 이제 우리에게 무엇이 가능할 것인지를 보여주고 있다.

당신은 테드의 이야기가 고무적이라고 생각하면서 읽었을 수도 있을 것이다. 나는 그의 이야기를 통해 그보다 훨씬 큰 중요성을 발견한다. 그는 우리에게 〈새로운 선택〉을 보여주고 있다. 테드의 이야기는 앞사람이 걸어간 길을 그저 묵묵히 따라가서는 안 된다고, 우리가 가는 길에 변화를 가져오라고 우리를 부추긴다. 2차 성장은 우리가 지금껏 알고 있던 나이 듦의 과정에 〈대안〉을 제시한다. 우리는 젊음의 샘을 발견하지는 못했다. 생물학은 여전히 유효하지만 오직 그것만이 우리의 운명은 아니다. 사회 구조가 우리에게 영향을 미치고는 있지만, 우리가 어떤 사람이 될 것인지에 대해 사회가 결정적인 영향을 미치지는 못한다. 우리는 자신의 운명을 만들어 가고 미래에 영향을 미칠 수 있는 능력을 가지고 있다. 수십 명에 달하는 성인들의 삶을 추적하면서 우리는 나이 들어간다는 현실에 직면해서 우리의 삶에 이러한 통찰력을 좀 더 효과적으로 적용할 수 있게 되었다.

지난 20년 동안 과학자들은 노화에 영향을 미치는 중요한 변수들을 발견했지만 일반적인 규칙에는 예외가 있다는 사실은 거의 대부분이 간과해 왔다. 중년기와 노화 문제에 가장 빈틈없는 통찰력을 보여주었던 버니스 뉴가튼 교수는 1960년대에 인생 후반기에 대한 통념을 뒤흔들었다. 성인들에 대한 연구에서 그녀는 모든 사람들이 똑같은 방식으로 나이 들어가는 것은 아님을 보여주었다. 당시에는 50세만 되면 너나 할 것 없이 노화가 시작된다는 인식이 지배적이었다. 그녀는 사람들이 노화를 경험하는 방식은 부분적으로는 성격에 따라 달라진다고 결론지었다. 그녀는 사람들을 여덟 가지 유형으로 나누었다. 55세가 되면 여덟 가지 유형 가운데 일곱 가지 유형에 속하는 사람들이 속력을 줄이기 시작하면서 불만 속에서 살아간다. 오직 〈통합적 성격〉 유형에 속하는 사람들만 나이 들어가는 과정을 긍정적으로 경험하면서 노년의 새로운 범주를 만들어 가는데, 그녀는 나중에 이들을 〈젊은 노년(young/old)〉이라고 명명했다. 내가 2차 성장이라고 명명한 것을 그녀는 이미 그때 감지한 것이다. 1980년대에 이루어진 연구는 대체로 그녀의 견해와 일치하고 있지만, 아직 2차 성장의 개념을 꼭 집어낸 사람은 없었다. 건강한 적응에 관해서는 그간 여기저기서 언급하는 것을 볼 수 있었다. 그러나 40대 중반에서 80대까지의 사람들을 묘사하면서 장기간에 걸친 활기차고 창조적인 성장에 대해서 언급한 것은 거의 찾아볼 수 없었다.

내 친한 친구 하나가 20년 동안 노인학 분야에서 혁신적인 연구를 이끌어 왔는데 그가 내게 놀라운 통계를 보여주었다. 그가 연구해 온 노인들 중 절반 정도가 퇴화를 보이고 있고 많은 수가 때 이른 죽음으로 고통받고 있다는 것이다. 또 40퍼센트가량은 변화하는 환경에 적응하면서 그럭저럭 제대로 기능하고 있었지만 한계 생산 체감의 법칙에서 벗어나지는 못했다. 오직 그들 중 10퍼센트가 안 되는 소수만이 55세 이후에도 자아 실현을 보여주고 있었다. 대체로 노화가 진행되는 동안 많은 사람들은 당황하는 반면, 아주 극소수만이 쇄신과 회춘을 경험한다. 대부분의 사람들은 아주 짧은 기간 동안만 온전한 삶을 살 뿐 죽어가는 과정을 지나치게 길게 늘려 잡고 있다. 제3의 연령기를 맞이하면서 우리는 그 길을 묵묵히 따라갈 필요가 없다. 2차 성장은 우리에게 대안을 제시해 준다. 그것은 중년 이후의 그 길고 긴 세월 동안 우리가 전속력으로 달릴 수 있게 해준다.

  이 책에서 전하고자 하는 메시지를 실행에 옮기기 위해서 우리는 낡은 전제들을 떨쳐버리고, 자신의 한계를 확대하며, 창조적으로 사고하고, 남들과 다르게 살아야 한다. 우리는 과거의 성취에 의존해서 살 수 없다. 나이 들어가는 과정에도 혁신이 요구되고 있다. 우리가 앞으로 나아갈 길이 흐릿하게 보일지도 모른다. 그러나 우리에게는 이제 막 기회가 온 것이다. 우리 앞에는 살아가야 할 창창한 날들이 있다. 그리고 우리는 자신이 원하는 대로 그날들을 이용할 수 있다. 지금 우리에게는 새로운 성장을 도모하면서 풍요롭고 의미 있게 살 수 있는 수명이 주어져 있다. 다음 걸음을 어떻게 내딛느냐 하는 것은 전적으로 우리 자신의 몫이다.

옮긴이 김경숙

서울에서 태어나 이화여자대학교 영문과를 졸업하고 현재 전문 번역가로 활동 중이다. 『화성에서 온 남자 금성에서 온 여자』, 『화에 대하여』, 『미친 뇌가 나를 움직인다』, 『경제가 성장하면 우리는 정말로 행복해질까』 등을 우리말로 옮겼다.

서드 에이지,
마흔 이후 30년

1판   1쇄 발행 2006년 3월 7일
개정판 4쇄 발행 2020년 5월 30일

지은이 윌리엄 새들러
옮긴이 김경숙
펴낸이 권선희
펴낸곳 사이
출판등록 제313-2004-00205호
주소 03993 서울시 마포구 동교로 215 재서빌딩 501호
전화 02-3143-3770
팩스 02-3143-3774

ⓒ 사이, 2015, Printed in Seoul, Korea

ISBN 978-89-93178-58-6 03840

값 14,900원

* 잘못된 책은 구입하신 서점에서 바꿔드립니다.